gross.druck

K · G · Saur

Bücher in größerer Schrift

Philip Roth

Mein Leben als Sohn

Eine wahre Geschichte

Aus dem Amerikanischen von Jörg Trobitius

gross.druck

K · G · Saur

Die Originalausgabe erschien unter dem Titel »Patrimony« bei Simon and Schuster, New York

Die Deutsche Bibliothek - CIP-Einheitsaufnahme

Roth, Philip:
Mein Leben als Sohn : eine wahre Geschichte / Philip Roth.
Aus dem Amerikan. von Jörg Trobitius. - München : Saur, 2002
(gross.druck)
Einheitssacht.: Patrimony <dt.>
ISBN 3-598-80023-1

Lizenzausgabe mit freundlicher Genehmigung des Carl Hanser Verlags, München
© der deutschen Ausgabe by Carl Hanser Verlag, München Wien 1992

© dieser Großdruckausgabe by K.G. Saur Verlag GmbH, München 2002

Umschlaggestaltung: Zembsch' Werkstatt, München unter Verwendung eines Fotos aus dem Besitz des Autors: (li.) Herman, 36, und Sandy, 9; (re.) Sandy, 9, und Philip Roth, 4, in Bradley Beach, New Jersey, im August 1937

Gesamtherstellung: Bookwise, München
Printed in Slovakia

ISBN 3-598-80023-1

Für unsere Familie,
die Lebenden und die Toten

Inhalt

1
Nun, was hältst du davon?

Als mein Vater sechsundachtzig Jahre alt wurde, hatte er auf dem rechten Auge die Sehkraft fast völlig eingebüßt; doch er erfreute sich für einen Mann seines Alters einer phänomenalen Gesundheit, als er auf einmal Beschwerden entwickelte, die der Arzt in Florida fälschlich als Facialisparese diagnostizierte, eine Virusinfektion, die eine normalerweise vorübergehende Lähmung einer Gesichtshälfte verursacht.

Die Lähmung trat ganz unvermittelt auf, und zwar nachdem er am Vortag von New Jersey nach West Palm Beach geflogen war, wo er die Wintermonate in einer gemeinsam gemieteten Wohnung mit Lilian Beloff verbringen wollte, einer siebzigjährigen pensionierten Buchhalterin, die in Elizabeth das Apartment über ihm bewohnte und mit der er ein Jahr nach dem Tod meiner Mutter im Jahre 1981 eine Beziehung eingegangen war. Am Flughafen von West Palm hatte er sich so fit gefühlt, daß er nicht einmal einen Gepäckträger bemüht (dem er, nebenbei bemerkt, ein Trinkgeld hätte geben müssen) und seine eigenen Koffer ganz allein von der Gepäckausgabe bis hinaus zum Taxistand getragen hatte. Am nächsten Morgen sah er dann im Badezimmerspiegel, daß eine Hälfte seines Gesichts nicht mehr die seine war. Was am Vortage seine eigenen Züge gewesen waren, hatte jetzt mit niemandem mehr Ähnlichkeit – das untere Lid des rechten Auges war herabgesackt, so daß das Innere des Lids zu sehen war, die Wange hing auf dieser Seite schlaff und leblos herunter, als hätte sich der Knochen darunter vom Fleisch gelöst, und die Lippen waren nicht mehr gerade, sondern zogen sich diagonal über das Gesicht herab.

Mit der Hand schob er die rechte Wange zurück an die Stelle, wo sie sich am Vorabend befunden hatte, hielt sie dort fest und zählte bis zehn. Das tat er mehrere Male an jenem Morgen – und jeden folgenden Tag –, doch wenn er losließ, blieb sie nicht oben. Er versuchte, sich einzureden, er habe falsch im Bett gelegen, seine Haut sei einfach vom Schlaf gefurcht, doch in Wirklichkeit glaubte er, er habe einen Schlaganfall erlitten. Anfang der vierziger Jahre hatte ein Schlaganfall seinen Vater zum Krüppel gemacht, und als er selbst ein alter Mann geworden war, sagte er mehrmals zu mir: »Ich will nicht so sterben wie er. Ich will nicht so daliegen. Das ist meine schlimmste Befürchtung.« Er erzählte, wie er frühmorgens auf dem Weg zum Büro in der Innenstadt und abends auf dem Heimweg seinen Vater im Krankenhaus besucht hatte. Zweimal am Tag zündete er eine Zigarette an und steckte sie seinem Vater in den Mund, und des Abends saß er neben dem Bett und las ihm aus der jiddischen Zeitung vor. Unbeweglich und hilflos und nur mit seinen Zigaretten als Trost siechte Sender Roth fast ein Jahr lang dahin, und bis ihm eines späten Abends im Jahre 1942 ein zweiter Schlaganfall den Rest gab, saß mein Vater zweimal täglich bei ihm und sah zu, wie er starb.

Der Arzt, der meinem Vater sagte, daß er Facialisparese habe, versicherte ihm, daß die Gesichtslähmung in kurzer Zeit weitgehend verschwinden würde, wenn nicht sogar ganz. Das wurde ihm während der auf die Prognose folgenden Tage von drei verschiedenen Menschen bestätigt, die in seinem Flügel der riesigen Eigentumswohnanlage wohnten, dieselben Beschwerden gehabt hatten und genesen waren. Einer von ihnen hatte sich fast vier Monate gedulden müssen, doch schließlich war die Lähmung auf ebenso geheimnisvolle Weise verschwunden, wie sie gekommen war.

Die seine verschwand nicht.

Bald schon konnte er auf seinem rechten Ohr nichts mehr hören. Der Arzt in Florida untersuchte das Ohr und maß den Gehörverlust, sagte aber, das habe nichts mit der Facialisparese zu tun. Es sei schlicht eine Alterserscheinung – er habe wahrscheinlich das Gehör des rechten Ohres ebenso allmählich verloren wie die Sehkraft des rechten Auges, es aber erst jetzt bemerkt. Als mein Vater fragte, wie lange er nach Meinung des Arztes noch warten müsse, bis die Facialisparese verschwinde, sagte der Doktor diesmal, daß sie in Fällen, die so lange dauerten wie der seine, manchmal nie wieder verschwinde. Wissen Sie, Sie sollten sich klarmachen, wie gut Sie dran sind, sagte der Arzt; abgesehen von einem blinden Auge, einem tauben Ohr und einem halbgelähmten Gesicht sei er so gesund wie ein zwanzig Jahre jüngerer Mann.

Wenn ich sonntags anrief, hörte ich, daß seine Sprechweise infolge des herabhängenden Mundes verschwommen und er deshalb schlecht zu verstehen war – er klang manchmal wie jemand, der gerade aus dem Zahnarztsessel kam und bei dem die Betäubung noch nicht nachgelassen hatte; als ich nach Florida flog, um ihn zu besuchen, sah er zu meiner Bestürzung so aus, als könne er überhaupt nicht sprechen.

»Nun«, sagte er in der Halle meines Hotels, wo ich mich mit Lil und ihm zum Abendessen verabredet hatte, »was hältst du davon?« Das waren seine ersten Worte, noch während ich mich herabbeugte, um ihm einen Kuß zu geben. Er saß neben Lil zusammengesunken auf einem kleinen, stoffbezogenen Sofa, doch sein Gesicht war direkt zu mir emporgerichtet, so daß ich sehen konnte, was geschehen war. Während des vergangenen Jahres hatte er hin und wieder eine schwarze Klappe über seinem blinden Auge getragen, um es vor Reizung durch Licht und Wind zu schützen, und durch diese Augenklappe, die Wange, den Mund und die Tatsache, daß er stark abgenommen hatte, wirkte er auf mich grauenhaft verändert – in den fünf Wochen, seitdem ich ihn das letzte Mal gesehen hatte – zu einem hinfälligen alten Mann. Es war schwer zu glauben, daß er noch vor etwa sechs Jahren, im Winter nach dem Tod meiner Mutter, als er bei seinem alten Freund Bill Weber in Bal Harbour wohnte, keinerlei Schwierigkeiten gehabt hatte, die wohlhabenden Witwen im selben Gebäude – die sofort angefangen hatten, voller Interesse den geselligen, gerade verwitweten Mann in dem neuen Kreppleinenjackett und der pastellfarbenen Hose zu umschwärmen –, davon zu überzeugen, daß er gerade erst die

Siebzig erreicht habe, obwohl wir uns doch alle im Sommer zuvor in meinem Haus in Connecticut versammelt hatten, um seinen achtzigsten Geburtstag zu begehen.

Beim Abendessen im Hotel begann ich zu verstehen, was für eine Behinderung die Facialisparese war, von der Entstellung ganz abgesehen. Er konnte nur noch trinken, wenn er einen Strohhalm benutzte; sonst rann ihm die Flüssigkeit aus dem gelähmten Mundwinkel. Und das Essen war eine Mühe von Biß zu Biß, belastet von Frustration und Peinlichkeit. Nachdem er seine Krawatte mit Suppe bekleckert hatte, ließ er es sich widerstrebend gefallen, daß Lil ihm eine Serviette um den Hals band – es gab schon eine Serviette auf seinem Schoß, die mehr oder weniger die Hose schützte. Gelegentlich reichte Lil mit ihrer eigenen Serviette hinüber und entfernte zu seiner Verärgerung ein Stück Speise, das ihm aus dem Mund gerutscht war und am Kinn klebte, ohne daß er es merkte. Einige Male erinnerte sie ihn daran, er solle weniger auf die Gabel nehmen und bei jedem Bissen versuchen, etwas weniger als gewohnt zum Mund zu führen. »Ach ja«, murmelte er und starrte unglücklich auf seinen Teller, »ach ja, natürlich«, und nach zwei oder drei Bissen vergaß er es schon wieder. Weil das Es-

14

sen zu einer deprimierenden Qual geworden war, hatte er soviel abgenommen und sah so erbärmlich unterernährt aus.

Alles wurde zusätzlich dadurch erschwert, daß sich während der letzten Monate der graue Star in seinen beiden Augen verstärkt hatte, so daß selbst auf seinem guten Auge die Sicht verschwamm. Seit einigen Jahren hatte mein New Yorker Augenarzt, David Krohn, die Entwicklung des grauen Stars bei meinem Vater verfolgt und sich um sein abnehmendes Sehvermögen gekümmert, und als mein Vater im März von seinem unglücklichen Aufenthalt in Florida nach New Jersey zurückkehrte, fuhr er nach New York, um David zu bedrängen, er möge ihm den grauen Star aus dem guten Auge entfernen; da es nicht in seiner Macht stand, etwas wegen der Facialisparese zu unternehmen, war er besonders darauf erpicht, daß man etwas tat, um sein Sehvermögen wiederherzustellen. Doch nachdem mein Vater ihn konsultiert hatte, rief David mich am späten Nachmittag an, um zu sagen, er operiere das Auge nur ungern, ehe nicht durch weitere Tests die Ursache der Gesichtslähmung und des Gehörverlustes ermittelt worden sei. Er sei nicht so ganz überzeugt, daß es sich um Facialisparese handle.

Und damit hatte er recht. Harold Wasserman, der Arzt meines Vaters in New Jersey, hatte dafür gesorgt, daß die Kernspintomographie, die David verordnet hatte, an Ort und Stelle gemacht wurde, und als Harold den Laborbericht erhielt, rief er mich am frühen Abend desselben Tages an, um mir die Ergebnisse mitzuteilen. Mein Vater habe einen Hirntumor, »einen massiven Tumor«, wie Harold sich ausdrückte; zwar könne man anhand der Aufnahmen der Kernspintomographie nicht zwischen einem gutartigen und einem malignen Tumor unterscheiden, sagte Harold. »Doch so oder so, an solchen Tumoren stirbt man.« Der nächste Schritt sei die Konsultation eines Neurochirurgen, um die Art des Tumors exakt zu bestimmen und festzustellen, was sich unternehmen ließe, falls überhaupt. »Optimistisch bin ich nicht«, sagte Harold, »und das sollten Sie auch nicht sein.«

Es gelang mir, meinen Vater zum Neurochirurgen zu bringen, ohne ihm zu sagen, was die Kernspintomographie schon gezeigt hatte. Ich log und sagte, die Tests hätten nichts erbracht, doch da David besonders vorsichtig sei, wolle er eine letzte weitere Diagnose abwarten, ehe er sich an die Entfernung des grauen Stars mache. Inzwischen richtete ich es so ein, daß die Aufnahmen der Kernspintomographie zum

16

Essex House Hotel in New York geschickt wurden. Claire Bloom und ich lebten dort vorübergehend, während wir nach einer Wohnung suchten – wir hatten vor, etwas in Manhattan zu finden, nachdem wir zehn Jahre lang unser Leben zwischen ihrem Haus in London und meinem in Connecticut geteilt hatten.

Es traf sich, daß Claire, als die Kernspintomographie-Aufnahmen vom Gehirn meines Vaters zusammen mit dem Bericht des Röntgenologen in einem übergroßen Umschlag im Hotel eintrafen, gerade erst vor einer Woche nach London zurückgekehrt war, um ihre Tochter zu besuchen, um Instandsetzungsarbeiten an ihrem Haus zu veranlassen und um ihren Finanzberater wegen langwieriger Verhandlungen mit den britischen Steuerbehörden aufzusuchen. Sie hatte sich schrecklich nach London gesehnt, und der einmonatige Besuch war nicht nur dazu gedacht, praktische Angelegenheiten zu erledigen, sondern sollte auch ihrem Heimweh den Stachel nehmen. Hätte man den Tumor meines Vaters früher entdeckt, als Claire noch bei mir war, dann hätte, so nehme ich an, meine Besorgnis um ihn nicht jene allesverzehrenden Ausmaße angenommen und ich hätte mich wahrscheinlich – zumindest des Abends – von seiner Krankheit nicht ebenso deprimieren lassen wie von meiner eigenen. Doch selbst zur damaligen Zeit schien es mir, daß Claires Abwesenheit – neben der Tatsache, daß ich mich im Hotel im Gefühl des Provisorischen und der Unbehaustheit außerstande sah zu schreiben – ein besonders gelegener Zufall war: ich hatte keine anderen Verantwortlichkeiten, und so konnte ich mich ganz ihm widmen.

Da ich auf mich selbst gestellt war, konnte ich es mir auch erlauben, so emotional zu sein, wie mir zumute war, ohne eine mannhafte oder reife oder philosophische Fassade hervorkehren zu müssen. Ich war allein, und so weinte ich, wenn mir danach zumute war, und mir war niemals stärker danach zumute als in dem Augenblick, da ich die Aufnahmen von seinem Gehirn aus dem Umschlag nahm – und nicht weil ich sofort den Tumor hätte identifizieren können, der in das Hirn eindrang, sondern einfach weil es *sein* Hirn war, das Gehirn meines Vaters, das ihn veranlaßte, so schlicht zu denken, wie er dachte, so emphatisch zu sprechen, wie er sprach, so emotional zu diskutieren, wie er diskutierte, so impulsiv zu entscheiden, wie er entschied. Das war das Gewebe, das sein Repertoire endloser Besorgnisse hervorgebracht und das seit mehr als acht Jahrzehnten seine unbeugsame Selbstdisziplin aufrechterhalten hatte, die Quelle von alldem, was mich als seinen heranwachsenden Sohn so frustriert hatte, das Gebilde, das damals unsere Geschicke gelenkt hatte, als er allmächtig war und unser Dasein bestimmte, und jetzt wurde es zusammengedrückt und verdrängt und zerstört aufgrund einer »großen Masse, die vornehmlich im Bereich der rechten zerebellopontinen Nischen und präpontinen Höhlen angesiedelt ist. Zu beobachten ist eine Ausdehnung der Masse in die rechte Nebenhöhle unter Einschluß der Kopfschlagader ...« Ich hatte keine Ahnung, wo die zerebellopontinen Nischen oder präpontinen Höhlen zu finden waren, doch im Bericht des Röntgenologen zu lesen, daß die Kopfschlagader vom Tumor eingeschlossen war, bedeutete für mich dasselbe, als läse ich sein Todesurteil. »Unverkennbar ist auch die Zerstörung des rechten petrösen Apex. Zu beobachten ist eine signifikante Verschiebung nach hinten und eine Kompression der Pons und des rechten Kleinhirnstiels durch diese Masse ...«

Ich war allein und ohne Hemmungen, und so unternahm ich, während die aus allen Blickwinkeln aufgenommenen Photos von seinem Hirn über das Hotelbett verstreut lagen, keinerlei Anstrengung, gegen irgend etwas anzukämpfen. Vielleicht war die Wucht des Eindrucks nicht ganz dieselbe, als wenn ich jenes Gehirn in meinen Händen gehalten hätte, doch es ging in diese Richtung. Gottes Wille brach aus einem brennenden Busch hervor, und Herman Roths Wille war nicht weniger wundersam all die Jahre über aus diesem knolligen Organ hervorgegangen. Ich hatte meines Vaters Hirn gesehen, und alles und nichts wurde offenbart. Ein kaum weniger als göttliches Mysterium, das Gehirn, selbst im Falle eines Versicherungsagenten im Ruhestand mit achtjähriger Schulausbildung in Newarks Thirteenth Avenue School.

Mein Neffe Seth fuhr meinen Vater nach Millburn, wo er den Neurochirurgen, Dr. Meyerson, in seiner Vorortspraxis aufsuchte. Ich hatte es so eingerichtet, daß mein Vater ihn dort konsultieren konnte statt im Universitätshospital von Newarks, weil ich dachte, daß er allein schon aus der Lage des Arztsprechzimmers in der Klinik, das sich, wie man mir gesagt hatte, im selben Flügel wie die onkologische Abteilung befand, darauf schließen würde, er habe Krebs, während doch eine solche Diagnose gar nicht gestellt worden war und er noch nicht einmal wußte, daß er den Tumor hatte. Auf diese Weise würde er nicht heillos erschrecken, jedenfalls vorläufig nicht.

20

Und als ich an jenem Tag später mit Dr. Meyerson am Telephon sprach, sagte er mir, daß ein Tumor wie der meines Vaters, der sich vor dem Hirnstamm befinde, in etwa fünfundneunzig Prozent der Fälle gutartig sei. Laut Meyerson war es möglich, daß der Tumor dort schon seit immerhin zehn Jahren wuchs; doch das jetzige Auftreten der Gesichtslähmung und der Taubheit auf dem rechten Ohr ließ darauf schließen, daß er »in relativ kurzer Zeit«, wie er sich ausdrückte, »sehr viel schlimmer werden wird.« Es sei jedoch immer noch möglich, den Tumor chirurgisch zu entfernen. Er sagte, daß fünfundsiebzig Prozent der Operierten überleben und daß es ihnen besser geht, zehn Prozent sterben auf dem Tisch, und weitere fünfzehn Prozent sterben entweder kurz danach, oder es geht ihnen hinterher schlechter.

»Wenn er überlebt«, fragte ich, »wie sieht dann die Rekonvaleszenz aus?«

»Es ist nicht leicht. Er wird einen Monat lang in einem Genesungsheim sein – vielleicht sogar zwei oder drei Monate.«

»Es ist die Hölle, mit anderen Worten.«

»Es ist hart«, sagte er, »aber wenn man nichts tut, könnte es noch härter werden.«

Ich hatte nicht die Absicht, Meyersons Neuigkeiten meinem Vater am Telephon mitzuteilen, und so sagte ich, als ich am nächsten Morgen gegen neun Uhr anrief, daß ich nach Elizabeth kommen würde, um mit ihm zu sprechen.

»So schlimm ist es also«, sagte er.

»Ich komme mit dem Auto zu dir, und wir werden uns hinsetzen und darüber sprechen.«

»Habe ich Krebs?« fragte er mich.

»Nein, du hast keinen Krebs.«

»Was ist es dann?«

»Hab noch eine Stunde Geduld, und ich bin da und erkläre dir genau die Situation.«

»Ich will es jetzt wissen.«

»Es dauert nur eine Stunde – weniger als eine Stunde«, sagte ich in der Überzeugung, daß es für ihn besser war zu warten, wie erschrocken er auch immer war, als wenn ich mit ihm am Telephon Klartext spräche und ihn im Schock allein dort sitzenließe, bis ich eintraf.

Angesichts der Aufgabe, die vor mir lag, war es wahrscheinlich kein Wunder, daß ich, als ich in Elizabeth von der Autobahn abfuhr, die Abzweigung des Zubringers verpaßte, der mich in die North Avenue und direkt zum Apartmentgebäude meines Vater ein paar Blöcke weiter gebracht hätte. Statt dessen fand ich mich auf einem Abschnitt des New-Jersey-Highway wieder, der nach ein oder zwei Meilen direkt am Friedhof vorbeiführte, auf dem vor sieben Jahren meine Mutter beerdigt worden war. Ich glaubte nicht, daß es irgend etwas Mystisches hatte, wie ich dorthin gelangt war, doch war es gleichwohl erstaunlich zu sehen, wohin mich die zwanzigminütige Autofahrt von Manhattan aus geführt hatte.

Ich war nur zweimal auf dem Friedhof gewesen, das erste Mal am Tage ihrer Beerdigung 1981 und dann im darauffolgenden Jahr, als ich meinen Vater hinausfuhr, damit er ihren Stein sehen konnte. Beide Male waren wir direkt von Elizabeth selbst und nicht von Manhattan aus gefahren, und deshalb hatte ich nicht gewußt, daß der Friedhof sogar von der Autobahn aus zu erreichen war. Und wäre ich tatsächlich an jenem Tag aufgebrochen, um den Friedhof zu finden, ich hätte mich höchstwahrscheinlich in dem Gewirr von Abzweigungen zum Newark Airport, nach Port Newark, nach Port Elizabeth und zurück in die Stadtmitte von Newark völlig verirrt. Obwohl ich weder bewußt noch unbewußt nach jenem Friedhof suchte, hatte ich an dem Morgen, an dem ich mit meinem Vater über den Hirntumor sprechen wollte, der ihn töten würde, fehlerfrei die kürzestmögliche Strecke von meinem Hotel in Manhattan zum Grab meiner Mutter genommen und zu der Grabstelle neben der ihren, wo er beerdigt werden würde.

Ich hatte nicht vorgehabt, meinen Vater länger warten zu lassen als unbedingt nötig, doch nachdem ich nun einmal ausgerechnet dort angelangt war, konnte ich nicht einfach weiterfahren, als wäre nichts Ungewöhnliches geschehen. Ich erwartete nicht, etwas Neues zu erfahren, indem ich an jenem Morgen von der Straße abbog und vor dem Grab meiner Mutter stand; ich erwartete nicht, durch die Erinnerung an sie getröstet oder gestärkt zu werden oder irgendwie besser gerüstet, um meinem Vater in seiner Krise beizustehen; noch stellte ich mir vor, daß es mich ernstlich schwächen würde, wenn ich seine Grabstelle neben der ihren sähe. Der Zufall einer falschen Abzweigung hatte mich dorthin gebracht, und indem ich aus dem Auto stieg und den Friedhof betrat, um ihr Grab zu finden, beugte ich mich nur der zwingenden Macht dieses Zufalls. Meine Mutter und die anderen Toten waren hierhergebracht worden aufgrund der zwingenden Macht der Tatsache – die schließlich ein noch unwahrscheinlicherer Zufall ist –, daß sie einmal gelebt hatten.

24

Ich habe festgestellt, daß man bei Grabbesuchen Gedanken hat, wie sie mehr oder weniger jeder hegt und die sich, läßt man den Aspekt der Beredsamkeit beiseite, nicht sehr von Hamlets Betrachtungen angesichts von Yoricks Schädel unterscheiden. Es wird offenbar wenig gedacht oder gesagt, was nicht eine Variante von »er hat mich tausendmal auf dem Rükken getragen« wäre. Auf einem Friedhof wirst du im allgemeinen schlicht daran erinnert, wie eng und banal dein Denken zu diesem Thema ist. Oh ja, du kannst versuchen, zu den Toten zu sprechen, wenn du das Gefühl hast, daß das hilft; du kannst anfangen, wie ich es an jenem Morgen tat, indem du sagst: »Nun, Ma...«, doch es fällt schwer, sich nicht einzugestehen – selbst wenn du über einen ersten Satz hinausgelangst –, daß du dich ebensogut mit der Wirbelsäule unterhalten könntest, die im Sprechzimmer des Osteopathen hängt. Du kannst ihnen Versprechen ablegen, ihnen die neuesten Nachrichten mitteilen, um ihr Verständnis bitten, um Vergebung, um ihre Liebe – oder du kannst dich für das andere, das aktive Verhalten entscheiden, du kannst Unkraut zupfen, den Kies glätten, die in den Grabstein gemeißelten Buchstaben betasten; du kannst dich sogar hinknien und deine Hände direkt oberhalb ihrer Überreste auf das

Grab legen – und indem du den Boden berührst, *ihren* Boden, kannst du die Augen schließen und dich daran erinnern, wie sie waren, als sie noch bei dir waren. Doch nichts ändert sich durch diese Erinnerungen, außer daß die Toten noch ferner zu sein scheinen, noch unerreichbarer als auf dem Hinweg im Auto zehn Minuten zuvor. Wenn niemand auf dem Friedhof ist, der dich beobachten könnte, kannst du ein paar reichlich verrückte Dinge tun, um die Toten als etwas anderes denn als tot erscheinen zu lassen. Doch selbst wenn es dir gelingt, dich weit genug hineinzusteigern, um *ihre Gegenwart zu empfinden,* du gehst doch immer ohne sie fort. Friedhöfe bestätigen – Menschen wie mir zumindest – nicht, daß die Toten gegenwärtig sind, sondern daß sie fort sind. Sie sind fort, und wir sind es noch nicht. Das ist eine fundamentale Tatsache und, wie unannehmbar auch immer, leicht genug zu begreifen.

2
Mama, Mama, wo bist du, Mama?

Mein Vater bekam von der Metropolitan Life eine Pension, die ihm mehr als genug bescherte, um den bescheidenen, unaufwendigen Lebensstil fortführen zu können, der ihm als natürlich erschien und ausreichend für jemand, der in nahezu armen Verhältnissen aufgewachsen war, über vierzig Jahre lang geschuftet hatte, um seiner Familie ein gesichertes, wenn auch einfaches häusliches Leben zu ermöglichen, und der nicht das geringste Interesse an ostentativem Konsum verhalten, Angeberei oder Luxus hatte. Zusätzlich zu der Pension, die er mittlerweile seit dreiundzwanzig Jahren empfing, bezog er eine Rente der Sozialversicherung und die Zinsen seines gesparten Vermögens – etwa achtzigtausend Dollar an Sparbüchern, Festgeldern und Kommunalobligationen. Trotz seiner soliden finanziellen Situation war er mit fortschreitendem Alter befremdlich knauserig geworden, was Ausgaben für ihn selbst anging. Obwohl er ohne zu zögern seinen beiden Enkeln großzügige Zuwendungen machte, wann immer sie Geld brauchten, sparte er ständig unbedeutende Summen, wobei er auf

Dinge verzichtete, die ihm gefielen oder die er brauchte.

Zu den ärgerlicheren Einsparungen gehörte die Weigerung, sich seine eigene *New York Times* zu kaufen. Er verehrte diese Zeitung und verbrachte gern den ganzen Morgen damit, sie von vorne bis hinten durchzulesen, doch statt sich seine eigene zu kaufen, wartete er jetzt den ganzen Tag darauf, daß er ein gelesenes Exemplar von einem der Hausbewohner bekam, der so schwach gewesen war, die fünfunddreißig Cents dafür zu blechen. Er hatte es auch aufgegeben, den *Star-Ledger* zu kaufen, eine Tageszeitung für fünfzehn Cent, die er, seit ich mich erinnern konnte und seit sie *Newark Star-Eagle* hieß, zusammen mit den ehemaligen *Newark News* gelesen hatte. Er weigerte sich auch, die Zugehfrau auf wöchentlicher Basis zu behalten, die meiner Mutter beim Putzen der Wohnung und bei der Wäsche geholfen hatte. Die Frau kam jetzt einmal im Monat, und er putzte die Wohnung die übrige Zeit selbst. »Was habe ich denn sonst zu tun?« fragte er. Doch da er auf einem Auge nahezu blind war und im anderen einen sich verstärkenden grauen Star hatte und nicht mehr so beweglich war, wie er es gern wahrhaben wollte, war das Ergebnis seiner Arbeit, so sehr er sich auch mühen mochte, schrecklich. Die Toilette roch, die Teppiche waren schmutzig und nur wenige der Küchengeräte hätten der Prüfung durch einen nicht bestochenen Inspektor der Gesundheitsbehörde standgehalten.

Es war eine gemütlich eingerichtete, eher gewöhnliche Dreizimmerwohnung, die weder mit Flair noch mit schlechtem Geschmack eingerichtet war. Der Wohnzimmerteppich war von einem gefälligen Avocadogrün, die Möbel waren zumeist in antikem Stil gehalten, und an den Wänden gab es zwei große Reproduktionen (ausgewählt für meine Eltern vor etwa vierzig Jahren von meinem Bruder, der die Kunsthochschule besucht hatte) von Gauguin-Landschaften in Wermutholzrahmen sowie ein expressionistisches Porträt meines Vaters mit Anfang siebzig, das mein Bruder gemalt hatte. Es gab gedeihende Pflanzen vor der Fensterreihe, die auf eine ruhige, von Bäumen gesäumte Wohnstraße nach Süden hinausging; es gab Photos in jedem Zimmer – von Kindern, Enkeln, Schwiegertöchtern, Neffen, Nichten –, und die wenigen Bücher auf dem Regal in der Eßecke waren entweder von mir oder über jüdische Themen. Abgesehen von den Lampen, die ein wenig arg prunkvoll verziert und überraschend untypisch für den auf Ordnung bedachten, praktischen Schönheitssinn meiner

Mutter waren, stellte das Apartment eine warme, behagliche Wohnung dar, deren blitzblankes Aussehen – zumindest als meine Mutter noch am Leben war – einigermaßen *im* Gegensatz zu der bedrückenden Eingangshalle und den Fluren des dreißig Jahre alten Gebäudes stand, die abweisend kahl waren und immer mehr einen heruntergekommenen Eindruck machten.

Seit mein Vater allein war, ergab es sich zuweilen, wenn ich zu Besuch kam, daß ich, nachdem ich die Toilette benutzt hatte, das Waschbecken putzte, den Seifennapf reinigte und das Zahnputzglas ausspülte, ehe ich mich im Wohnzimmer wieder zu ihm setzte. Er bestand darauf, seine Unterwäsche und seine Strümpfe im Badezimmer zu waschen, statt sich von den paar Vierteldollarmünzen zu trennen, die es kostete, um die Wasch- und Trockenmaschine im Waschkeller zu benutzen; jedesmal wenn ich ihn besuchen kam, hingen seine graugewordenen, formlosen Sachen auf Drahtbügeln an der Duschstange oder den Handtuchhaltern. Obwohl er stolz darauf war, schmuck gekleidet zu sein, und es immer genoß, wenn er ein neues Sportjackett von flottem Schnitt oder einen Dreiteiler von Hickey-Freeman anzog (er genoß es besonders, wenn er sie bei einem Saisonschlußverkauf erstanden hatte), hatte er es sich angewöhnt, überall dort zu knausern, wo es für andere nicht sichtbar war. Seine Schlafanzüge und Taschentücher wie seine Unterwäsche und Strümpfe sahen aus, als wären sie seit dem Tod meiner Mutter nicht mehr ersetzt worden.

Als ich an jenem Morgen in seiner Wohnung ankam – nach dem unverhofften Besuch am Grab meiner Mutter –, entschuldigte ich mich rasch und verschwand in der Toilette. Erst hatte ich eine Abzweigung verpaßt, und jetzt ließ ich mir im Badezimmer noch ein paar Minuten, um ein letztes Mal zu proben, wie ihm die Tumordiagnose am besten beizubringen sei. Während ich über der Schüssel stand, hing seine Unterwäsche überall um mich herum wie die Lumpen, die ein Farmer aufhängt, um die Vögel zu verscheuchen. Auf den offenen Regalbrettern über der Toilette, wo es eine Ansammlung von Arzneimitteln gab sowie sein Polident, seine Vaseline und sein Ascriptin, seine Schachteln mit Papiertüchern, Q-Tips und Watte, entdeckte ich den Rasiernapf, der einmal meinem Großvater gehört hatte; darin bewahrte mein Vater sein Rasierzeug und eine Tube Rasiercreme auf. Der Napf war aus blaßblauem Porzellan; ein zartes Blumenmuster umschloß eine breite, weiße Fläche auf der Vorderseite, und auf dieser Fläche stand der Name »S. Roth« und das Datum »1912« in verblaßten gotischen Goldbuchstaben geschrieben. Von ein paar antiken Schnappschüssen abgesehen war der Napf, soweit ich wußte, unser einziges Familienerbstück, das einzig Anfaßbare aus den Jahren nach der Einwanderung in Newark, das irgend jemand der Aufbewahrung für würdig erachtet hatte. Er hatte mich immer fasziniert, schon seit mein Großvater einen Monat vor meinem siebten Geburtstag gestorben und der Napf in unser Newarker Badezimmer geraten war, damals, als mein Vater sich noch mit Rasierpinsel und -seife rasierte.

Sender Roth war für mich als kleinen Jungen eine ferne, mysteriöse Gegenwart gewesen, ein hochaufgeschossener Mann mit zu klein geratenem Kopf – der Vorfahre, dem mein eigenes Skelett am meisten ähnelt –, von dem ich lediglich wußte, daß er den ganzen Tag lang rauchte, daß er nur Jiddisch sprach und nicht allzu sehr geneigt war, die amerikanischen Enkel zu streicheln, wenn wir alle sonntags mit unseren Eltern erschienen. Nach seinem Tod machte ihn der Rasiernapf in unserem Badezimmer für mich viel lebendiger, nicht als Großvater, sondern, was damals noch interessanter war, als gewöhnlichen Mann unter Männern, als Kunden in einem Barbiergeschäft, wo sein Napf zusammen mit den Näpfen der anderen Einwanderer aus der Nachbarschaft aufbewahrt wurde. Für mich als Kind hatte der Gedanke etwas Beruhigendes, daß in jenem Haushalt, wo allen Berichten zufolge niemals ein Penny übrig war, jede Woche ein Zehner beiseite gelegt wurde, damit er in das Barbiergeschäft gehen und sich seine Sabbatrasur gönnen konnte.

Mein Großvater Roth hatte in Polnisch-Galizien Talmud studiert, um Rabbi zu werden, in einer Kleinstadt unweit von Lemberg, doch als er 1897 allein in Amerika ankam, ohne seine Frau und seine drei Söhne (meine Onkel Charlie, Morris und Ed), suchte er sich eine Arbeit in einer Hutfabrik, um das Geld für die Überfahrt seiner Familie zu verdienen, und dort arbeitete er wohl fast den größten Teil seines Lebens. Zwischen 1890 und 1914 wurden sieben Kinder geboren, sechs Söhne und eine Tochter, und bis auf die letzten beiden Jungen und das Mädchen gingen alle nach der achten Klasse von der Schule ab, um mit ihrer Arbeit zum Unterhalt der Familie beizutragen. Der Rasiernapf mit der Inschrift »S. Roth« hatte offenbar meinen Großvater – wenn auch nur einen Moment lang, wenn auch nur für jene paar Minuten, die er spät am Freitagnachmittag ruhig dasaß und sich im Barbiersessel rasieren ließ – von den harten Anforderungen befreit, in denen er gefangen war und die, so stellte ich mir vor, für sein karges, wenig mitteilsames Wesen verantwortlich waren. Sein Napf strahlte die Aura eines archäologischen Fundes aus, eines frühen Gebrauchsgegenstandes, der auf ein unerwartetes Niveau kultureller Verfeinerung schließen ließ, auf einen erstaunlichen Überfluß in einer ansonsten eingeschränkten und kärglichen Existenz – in unserem gewöhnlichen kleinen Newarker Badezimmer übte er auf mich die Wirkung einer griechischen Vase aus, auf der die mythischen Ursprünge der Rasse abgebildet waren.

Was mich 1988 an dem Napf so erstaunte, war die Tatsache, daß mein Vater ihn nicht weggeworfen oder fortgegeben hatte. Im Laufe der Jahre hatte er, wenn es in seiner Macht stand, so ungefähr alles »Nutzlose« abgestoßen, woran einer von uns, wie man hätte annehmen können, vielleicht sentimental gehangen hatte. Wenn seine Anfälle von Freigebigkeit auch ingesamt gesehen ihrer Motivation nach bewundernswürdig waren, ermangelten sie doch zuweilen eines Feingefühls gegenüber angestammten Eigentumsrechten. Er war so beflissen, das (reale oder nur eingebildete) Bedürfnis des Empfängers zu erfüllen, daß er nicht immer an die Wirkung seiner Impulsivität auf den ahnungslosen Spender dachte.

Meine zweibändige Briefmarkensammlung beispielsweise, die von mir während meiner letzten Grundschuljahre mit großem Eifer angelegt worden war – eine Sammlung, die zum Teil auch durch das Beispiel des berühmtesten Philatelisten des Landes, Franklin Delano Roosevelt, inspiriert war und für die ich praktisch all meine Reichtümer aufgewandt hatte –, gab er einem seiner Großneffen, und zwar genau in dem Jahr, als ich von zu Hause fortging, um das College zu besuchen. Das erfuhr ich aber erst zehn Jahre später, als ich für eine Episode in einer Erzählung auf meine schulischen Entdeckungen als jugendlicher Briefmarkensammler zurückgreifen wollte und zum Haus meiner Eltern in Moorestown fuhr, um die Alben vom Dachboden zu holen. Erst nachdem ich die Kartons, die ich dort zur Aufbewahrung untergestellt hatte, gründlich, aber vergeblich durchsucht hatte, erklärte mir meine Mutter widerstrebend – und erst als wir allein zusammen aus dem Haus gegangen waren –, wie es zu ihrem Verschwinden gekommen war. Sie versicherte mir, sie habe versucht, ihn aufzuhalten, sie habe zu ihm gesagt, er könne nicht einfach über meine Briefmarken verfügen, doch er habe nicht hören wollen. Er sagte zu ihr, ich sei jetzt erwachsen, ich sei fortgegangen aufs College, ich »gebrauche« die Marken nicht mehr, wogegen Chickie, sein Großneffe, sie mit zur Schule nehmen könne, et cetera, et cetera, et cetera. Ich nehme an, ich hätte herausfinden können, ob überhaupt noch irgendein Teil meiner Sammlung existierte, indem ich mich mit Chickie in Verbindung gesetzt hätte – einem Verwandten, der praktisch ein Fremder für mich und inzwischen ein verheirateter junger Mann war –, doch ich entschloß mich, die ganze Sache auf sich beruhen zu lassen. Es irritierte mich maßlos zu hören, was er getan hatte – und wenn ich daran dachte, wie viel von meiner Kindheit in jene Sammlung eingegangen war, tat es mir wirklich weh –, doch da seither schon so viel Zeit vergangen war und ich mit schwierigeren Problemen fertigzuwerden hatte (ich befand mich inmitten einer bitteren ehelichen Trennung), sagte ich nichts zu ihm. Und selbst wenn ich dazu geneigt hätte, es wäre für mich im Alter von achtundzwanzig Jahren nicht leichter gewesen, ihn von Angesicht zu Angesicht zu kritisieren, als es mit achtzehn oder mit acht Jahren der Fall war, denn selbst seine offenkundigsten Gedankenlosigkeiten rührten ausnahmslos von seinem spontanen Impuls her, zu unterstützen, beizustehen, zu retten, zu bewahren, ausgelöst von der Oberzeugung, daß das, was er tat – meine Briefmarken wegzugeben, beispielsweise –, großzügig war, hilfreich und moralisch oder erzieherisch wirkungsvoll.

Ein anderes Motiv war, wie ich glaube, in ihm wirksam – schwerer zu ergründen und zu benennen –, als wir im Mai 1981 von der Beerdigung meiner Mutter nach Hause kamen und er, selbst als Familienmitglieder und Freunde das Haus zu füllen begannen, im Schlafzimmer verschwand und anfing, ihre Kommodenschubladen zu leeren und die Kleider in ihrem Schrank auszusortieren. Ich war noch mit meinem Bruder an der Tür, um die Trauergäste zu begrüßen, die uns vom Friedhof nach Hause gefolgt waren, und so hätte ich nicht gleich erfahren, was er im Sinne hatte, wäre nicht Millie, die Schwester meiner Mutter, aus dem Schlafzimmer in den Flur gestürzt, um nach Hilfe zu rufen. »Du gehst besser da hinein und unternimmst etwas, Darling«, flüsterte sie mir ins Ohr; »dein Vater wirft alles weg.«

Nicht einmal die Tatsache, daß ich die Schlafzimmertür öffnete, den Raum betrat und mit fester Stimme sagte: »Dad, was tust du da?«, ließ ihn innehalten. Das Bett war schon übersät mit Kleidern, Mänteln, Röcken und Blusen, die er aus dem Schrank gezogen hatte, und jetzt warf er geschäftig Dinge aus der untersten Schublade ihrer Kommode in einen Plastikmüllsack. Ich legte ihm eine Hand auf die Schulter und packte fest zu. »Die Menschen sind deinetwegen hier«, sagte ich; »sie wollen dich sehen, mit dir sprechen –« »Wozu nützt das Zeug noch? Es nützt mir nichts, wenn es hier hängt. Dieses Zeug kann zur jüdischen Armenhilfe – es ist in nagelneuem Zustand –« »Hör auf damit, bitte – hör doch auf. Für all das ist später noch Zeit. Wir werden es später gemeinsam machen. Hör auf, Sachen wegzuwerfen«, sagte ich. »Faß dich doch. Geh ins Wohnzimmer, wo du gebraucht wirst.«

Doch er *war* gefaßt. Er war offenkundig weder benebelt noch von einem hysterischen Anfall geschüttelt – er tat einfach nur, was er sein ganzes Leben lang getan hatte: er erledigte die nächste schwierige Aufgabe. Dreißig Minuten zuvor hatten wir ihren Körper beerdigt; jetzt mußte man ihre Sachen loswerden.

Ich geleitete ihn aus dem Schlafzimmer, und als er erst einmal unter den Gästen war, die gekommen waren, um ihr Beileid zu bezeugen, begann er sofort, drauflos zu reden, wobei er jedermann versicherte, daß es ihm gutgehe. Ich kehrte ins Schlafzimmer zurück, um aus dem Müllsack den Stapel von Erinnerungsstücken herauszunehmen, die er schon weggeworfen hatte und die meine Mutter ordentlich und sorgsam die Jahre über aufbewahrt hatte – darunter in einem winzigen braunen Umschlag meinen Phi-Beta-Kappa-Schlüssel, den sie unbedingt hatte haben wollen, eine Sammlung von häuslichen Übungsheften für Schulabschlußprüfungen, Geburtstagsgrußkarten von meinem Bruder und mir, eine Handvoll Telegramme, die gute Nachrichten enthielten, Zeitungsausschnitte, die Freunde ihr über mich und meine Bücher geschickt hatten, besonders geschätzte Schnappschüsse von ihren beiden Enkeln als kleinen Jungen. All das waren Posten, für die sich mein Vater keine Funktion vorstellen konnte, nachdem der Mensch, der sie aufbewahrt hatte, nicht mehr war – die empfindsamen Andenken eines Menschen, dessen Empfindungen zwei Abende zuvor für immer erstickt worden waren, und zwar in einem Fischrestaurant, das sie beide ihrer Gewohnheit entsprechend mit Freunden zum sonntäglichen Abendessen besucht hatten. Meine Mutter hatte gerade ihre Muschelsuppe serviert bekommen, eines ihrer Lieblingsgerichte; zur Überraschung aller hatte sie verkündet: »Ich will diese

Suppe nicht«; und das waren ihre letzten Worte gewesen – einen Moment später war sie an einem massiven Herzinfarkt gestorben.

Es war das primitive Verhalten meines Vaters, was mich überwältigte. Wie er so ganz allein dastand und ihre Schubladen und ihre Schränke leerte, schien er getrieben von einem Instinkt, wie er für ein wildes Tier oder einen urtümlichen Stammesmenschen natürlich sein mochte, der aber so ungefähr gegen jedes Trauerritual verstieß, das sich in zivilisierten Gesellschaften entwickelt hat, um das Gefühl des Verlustes unter jenen zu mildern, die den Tod eines geliebten Menschen überleben. Doch es war auch etwas nahezu Bewundernswertes in dieser erbarmungslos realistischen Entschlossenheit, auf der Stelle anzuerkennen, daß er jetzt ein alter Mann war, der allein lebte, und daß symbolische Überreste kein Ersatz waren für den wirklichen Menschen, der fünfundfünfzig Jahre lang seine Gefährtin gewesen war. Es schien mir, daß er nicht aus Furcht vor ihren Dingen und deren geisterhafter Macht diese unverzüglich aus dem Apartment verbannen – also *diese* ebenfalls jetzt begraben – wollte, sondern weil er es ablehnte, der brutalsten aller Tatsachen auszuweichen.

Niemals in seinem Leben, soweit ich das wußte, war er ein Mensch gewesen, der der Gewalt eines furchtbaren Schlages zu entgehen versuchte, und doch war er, wie ich später erfuhr, am Abend ihres Todes vor ihrem Leichnam geflohen. Das geschah nicht im Restaurant, wo sie tatsächlich gestorben war, sondern im Krankenhaus, wo sie als tot erklärt wurde, nachdem die Notärzte auf der Krankenwagenfahrt vom Restaurant zur Notaufnahme sich vergebens bemüht hatten, sie wiederzubeleben. Im Krankenhaus schoben sie ihre Bahre in eine Einzelkammer, und als mein Vater, der dem Krankenwagen in seinem Auto gefolgt war, allein hineinging, um sie anzusehen, hielt er den Anblick dessen, was er sah, nicht aus und lief davon. Es dauerte Monate, bis er mit irgend jemandem darüber sprechen konnte; und als er es tat, war es nicht mit mir oder meinem Bruder, sondern mit Claire, die als Frau ihm die weibliche Absolution gewähren konnte, die er brauchte, um allmählich seine Scham abzulegen.

Wenn er auch selbst nicht dazu gerüstet war, sich Rechenschaft darüber abzulegen, weshalb er so davongelaufen war, fragte ich mich doch, ob es nicht vielleicht etwas damit zu tun hatte, daß ihm klarwurde, daß er möglicherweise zu ihrem Herzanfall beigetragen hatte, indem er meine Mutter an jenem Nachmittag dazu gebracht hatte, einen längeren Weg zu gehen, als ihr zuzumuten war. Sie hatte schon seit einiger Zeit an ernstlicher Kurzatmigkeit und, ohne daß ich es wußte, an Angina pectoris gelitten; während des vorangegangenen Winters hatte es auch eine lange zermürbende Phase arthritischer Schmerzen gegeben, die sie furchtbar demoralisiert hatte. In jenem Winter hatte es sie schon Mühe gekostet, sich einigermaßen bequem in einen Sessel zu setzen, doch am Tag, an dem sie starb, waren sie beide, weil das Maiwetter so schön war und sie endlich einmal draußen war und ein wenig Bewegung bekam, immerhin bis zum Drugstore gegangen, drei sehr lange Straßenblöcke entfernt, und weil er darauf bestand, daß es ihr guttue, waren sie auch den ganzen Weg zurück zu Fuß gegangen. Laut Tante Millie – mit der meine Mutter telephoniert hatte, ehe sie für den Abend ausgingen – war sie, als sie beim Drugstore ankamen, schon hoffnungslos erschöpft. »Ich dachte, zurück schaffe ich es nicht«, hatte sie meiner Tante berichtet, doch statt ein Taxi zu rufen oder auf einen Bus zu warten, hatten sie sich ein wenig auf einer Bank in der Nähe ausgeruht, und dann hatte er sie wieder für den Rückmarsch auf die Beine gebracht. »Du kennst ja deinen

Vater«, hatte meine Tante zu mir gesagt. »Er hat zu ihr gesagt, sie würde es schon schaffen.« Sie hatte den Rest des Nachmittags auf dem Bett verbracht und versucht, genügend Kraft zu sammeln, um zum Abendessen auszugehen.

Wie es sich fügte, hatte ich etwa eine Stunde, bevor sie zu ihrem Spaziergang aufgebrochen waren, meinen gewohnten Sonntagsanruf aus England gemacht und scherzhaft zu ihr gesagt, ich erwartete, daß sie mit mir eine Meile die Landstraße vor meinem Haus entlanggehe, wenn sie und mein Vater im Sommer zu Besuch kämen. Sie antwortete: »Ich weiß nicht, ob es eine Meile sein wird, Lieber, aber ich werde es versuchen.« Zum ersten Mal seit Monaten klang sie gutgelaunt und zuversichtlich, und so mag sie durchaus an jenem Nachmittag in der Hoffnung aufgebrochen sein, sich allmählich auf unseren Sommerspaziergang vorzubereiten.

Tatsächlich waren, als ich am nächsten Tag in Amerika eintraf und von Kennedy aus direkt ein Taxi nach Elizabeth nahm, die ersten Worte meines Vaters an mich: »Nun, sie wird den Spaziergang nicht machen, Phil.« Er saß hinfällig in ihrem Lehnsessel, und sein Gesicht sah verfallen aus, als sei alles Leben daraus entwichen. Ich dachte (nicht unzutreffend, wie sich

herausstellte): »So wird er aussehen, wenn *er* tot ist.«
Mein Bruder Sandy und seine Frau Helen waren früher am Tage aus Chicago eingetroffen und schon in der Wohnung, als ich ankam. Sandy war bereits beim Beerdigungsinstitut gewesen, um alles für die Beisetzung am nächsten Tag anzuordnen. Ehe er aufgebrochen war, hatte mein Vater am Telephon mit dem älteren Bestattungsunternehmer gesprochen, einem Mann, mit dem meine Mutter gegen Ende des Ersten Weltkrieges zur Battin High-School in Elizabeth gegangen war. Unter Tränen hatte mein Vater zu ihm gesagt: »Kümmern Sie sich um ihren Leichnam, kümmern Sie sich gut darum, Higgins«, und dann weinte er den Rest des Tages weiter, dort in jenem Sessel, in dem sie sich nach dem Essen auszustrecken pflegte, um die Beschwerden ihrer Arthritis zu lindern, während sie zusammen die Nachrichten anschauten.

»Sie hatte Muschelsuppe New England bestellt«, erzählte er mir, als ich neben ihm kniete, noch im Mantel und seine Hand haltend, »und ich hatte Manhattan bestellt. Als das Essen kam, sagte sie: ›Ich will diese Suppe nicht.‹ Ich sagte: ›Nimm meine – wir werden tauschen‹, doch sie war schon nicht mehr. Ist einfach vornüber gesunken. Nicht mal hingefallen.

Hat niemandem Umstände gemacht. Wie sie immer alles getan hat.«

Wieder und wieder erzählte er mir das rein Prosaische der Sekunden vor ihrer Auslöschung, während ich die ganze Zeit dachte: »Was werden wir mit diesem alten Knaben anfangen?« Für die Bedürfnisse meiner Mutter zu sorgen, wäre sie nach seinem Tod übriggeblieben, das hätte sich als durchaus machbar und natürlich dargestellt; sie war es, die das Archiv unserer Familienvergangenheit darstellte, die Historikerin unserer Kindheit und unseres Heranwachsens, und wie mir jetzt klarwurde, war sie es, um deren still wirksame Gegenwart herum unsere Familie in den Jahrzehnten, nachdem mein Bruder und ich aus dem Hause fort waren, weiterhin zusammengehalten hatte. Mein Vater war eine schwierigere Persönlichkeit, weitaus weniger um andere bemüht und weniger flexibel: sich plump Ansichten zu widersetzen, die auch nur ganz wenig von seinen eigenen Vorurteilen abwichen, war tatsächlich eine seiner rigorosesten Gedankenlosigkeiten. Während ich immer noch vor ihm kniete und seine Hand in der meinen hielt, wurde mir klar, wie sehr wir ihm einfach würden helfen müssen – doch wie wir an ihn herankommen sollten, das war mir nicht klar.

Seine obsessive Unnachgiebigkeit – seine unnachgiebige Obsessivität – hatte meine Mutter in ihren letzten Jahren bis nahe an den Rand des Zusammenbruchs gebracht: seit seiner Pensionierung im Alter von dreiundsechzig Jahren war ihre einstmals beflügelte hausfrauliche Unabhängigkeit von seinem eifernden, tyrannischen Auftreten als Boss so gut wie ausgelöscht worden. Jahrelang hatte er geglaubt, mit der Vollkommenheit höchstpersönlich verheiratet zu sein, und jahrelang hatte er sich nicht allzu sehr geirrt – meine Mutter war eine jener hingebungsvollen Töchter jüdischer Einwanderer, die die Führung eines Haushalts in Amerika zu einer großen Kunst erhoben hatten. (Sprechen Sie mit niemandem in meiner Familie über das Putzen – wir haben das Putzen auf seinem Höhepunkt gesehen.) Doch dann trat mein Vater in den Ruhestand, nachdem er zuletzt eines der großen Büros der Metropolitan Life in South Jersey mit einem Stab von zweiundfünfzig Mitarbeitern geleitet hatte, und die effiziente, klar umrissene Arbeitsteilung, die so viel dazu beigetragen hatte, daß ihre Ehe als Erfolg gelten konnte, wurde langsam und allmählich aufgehoben – von ihm. Er hatte nichts zu tun, und sie hatte alles zu tun – und damit war es eben nicht getan. »Weißt du, was ich jetzt bin?« sagte er an seinem fünfundsechzigsten Geburtstag traurig zu mir. »Ich bin Bessies Ehemann.« Und weder vom Temperament noch von seinem Werdegang her eignete er sich dazu, nur das zu sein. Und so richtete er sich nach ein paar Jahren freiwilliger Arbeit mit kleineren Aufgaben am Veteranenhospital in East Orange, bei jüdischen Armenhilfegruppen und dem Roten Kreuz – und sogar als Aushilfe für einen Freund, der ein Eisenwarengeschäft besaß –, darauf ein, Bessies Boss zu werden – nur brauchte meine Mutter nun einmal keinen Boss, da sie sich selbständig gemacht hatte, als sie eigenhändig ihre Firma für erstklassiges häusliches Management und Mutterschaft gegründet hatte, damals im Jahre 1927, als mein Bruder geboren wurde.

Im Sommer vor ihrem Tode noch hatte sie während eines Wochenendbesuches in Connecticut, als wir beide allein in der Küche eine Tasse Tee zusammen tranken, verkündet, sie trage sich mit dem Gedanken an eine Scheidung. Das Wort »Scheidung« von den Lippen meiner Mutter zu hören, erstaunte mich fast genauso, als wenn sie eine Obszönität geäußert hätte. Doch bleiben ja die innersten Verflechtungen des Zusammenlebens von Mutter und Vater, die Schwierigkeiten und Enttäuschungen und fortdauernden Beanspruchungen tatsächlich für immer mysteriös, vielleicht in besonderem Maße, wenn man als braver Junge in einem behüteten, wohlgeordneten Haus aufwächst – und zugleich als braves Mädchen. Man macht sich nicht immer klar, wie sehr wir auch als brave Mädchen aufwuchsen, die kleinen Söhne, gestillt und umgluckt von Müttern, die so gewandt in den Fertigkeiten einer nährenden Häuslichkeit waren wie meine Mutter. Während einer sehr langen und prägsamen Zeit bleibt der Mann, der den ganzen Tag nicht zugegen ist, weitaus ferner und mythologischer als die greifbare Frau von zauberischer Tüchtigkeit, die während der Jahrzehnte, da ich jung war, fest verankert in der duftenden Küche waltete, wo ihre Rechtsprechung absolut war und ihre Autorität göttlich. »Aber Ma«, sagte ich, »es ist ziemlich spät für eine Scheidung, oder? Du bist sechsundsiebzig.« Doch da weinte sie schon ganz kläglich. Auch das erstaunte mich. »Er hört gar nicht, was ich sage«, sagte sie. »Er unterbricht dauernd, um von etwas anderem zu sprechen. Wenn wir ausgehen, ist es am schlimmsten. Dann läßt er mich überhaupt nicht zu Wort kommen. Wenn ich doch anfange, fährt er mir einfach über den Mund. Vor allen Leuten. Als würde ich gar nicht existieren.« »Sag ihm doch, er soll das lassen«, warf ich ein. »Das würde gar nichts nützen.« »Dann sag es ihm ein zweites Mal, und wenn es immer noch nicht wirkt, dann steh auf und sag: ›Ich gehe nach Hause.‹ Und geh.« »Ach, Darling, das könnte ich nicht. Nein, ich könnte ihn nicht so in Verlegenheit bringen. Nicht in Gesellschaft.« »Aber du erzählst mir, daß er dich in Verlegenheit bringt, wenn du in Gesellschaft bist.« »Das ist was anderes. Er ist nicht so wie ich. Er würde es nicht verkraften, Philip. Er würde daran zerbrechen. Es würde ihn umbringen.«

★★★

Drei Monate nach ihrem Tod, es war im August 1981, kam ich von Connecticut herüber, um mit ihm zum Jewish Federation Plaza in West Orange zu fahren, wo wir uns die Wohnanlagen für pensionierte und ältere Leute anschauen wollten. Das Plaza war uns von einem alten Newarker Freund meines Bruders empfohlen worden, einem Anwalt aus New Jersey, der im Direktorium des Plaza saß. Er hatte gesagt, er könne vielleicht dafür sorgen, daß man ohne allzu lange Wartezeit eine Wohnung bekäme, falls mein Vater interessiert sei. Die Bewohner des Plaza hatten Zwei- oder Dreizimmerwohnungen ganz zu ihrer eigenen

Verfügung, doch das alltägliche Leben selbst war stark gemeinschaftlich ausgerichtet: jeden Abend aß man zusammen im Speisesaal, wo die Mahlzeit serviert wurde, und man hatte ohne weiteres Zugang zu all den Gruppenaktivitäten im regen jüdischen YMHA nebenan. West Orange war immer noch einer von Newarks angenehmen Vororten, und das Plaza, wie es mir beschrieben wurde, war an einem grünen Hügel gelegen, mit Blick auf eine Hauptdurchgangsstraße, wenige Minuten zu Fuß von einem Einkaufszentrum entfernt wie auch vom Tempel B'nai Abraham, der ebenso wie das Y aus dem verfallenden Newark hierher verlegt worden war und den Senioren als Kulturzentrum wie als Synagoge diente. Alles in allem kam mir das Plaza wie ein Ort vor, wo er Gesellschaft finden könnte, und ich hoffte, daß der Gedanke an einen Umzug ihm zusagen würde, nachdem wir uns dort umgesehen hätten. Ich befürchtete, daß er, wenn er noch länger allein in der Wohnung in Elizabeth bliebe, vielleicht buchstäblich an Einsamkeit sterben würde. Seine Mahlzeiten, wenn er sich denn überhaupt hinsetzte und sie aß, schienen hauptsächlich aus gekochten Hot Dogs und Konservenbohnen der Firma Heinz zu bestehen, und wenn ich

50

während des Tages anrief, überraschte ich ihn oft im Schlaf, oder er weinte.

Als ich an jenem Tag in der Wohnung ankam, war es unverkennbar, daß er ganz allein dagesessen und geweint hatte.

Vielleicht hatte er geweint, seit er aufgestanden war; ja, er hätte ebensogut die ganze Nacht lang geweint haben können. Er hatte im Juni und dann wieder im Juli ein paar Wochen bei uns in Connecticut verbracht, und während dieser Zeit schien es, als sei er über den schlimmsten Kummer hinweggekommen, doch jetzt, da er wieder ohne meine Mutter in der Wohnung war, hatte das Gefühl des Verlusts abermals hoffnungslos von vorn angefangen. Obwohl draußen ein schöner Augusttag war, saß er bei verdunkelten Fenstern und ohne Licht da. Mir fiel auf, daß seine Kleidung zwar sauber war, aber nicht recht zusammenpaßte, als hätte er beim Aufstehen angezogen, was ihm zuerst in die Hände kam. Als ich fragte, was er zum Frühstück gegessen habe, antwortete er: »Nichts. Irgendwas. Ich weiß nicht mehr.«

»Ich habe ein Geschenk für dich.« Ich schaltete Licht an und zeigte ihm meine Einkaufstüte aus Plastik. »Was du immer schon haben wolltest. Mach die Augen zu.«

Zu meiner Überraschung gehorchte er, wie ein Kind, das ein Geschenk erwartet, jedoch ohne daß eine erkennbare Vorfreude sein Gesicht aufgehellt hätte.

»Hier.« Ich zog aus der Tüte eine Toilettenbürste und eine Flasche Lysol hervor, die ich im Gemischtwarenladen in Connecticut gekauft hatte, ehe ich drei Stunden zuvor von dort aufgebrochen war. Ich hatte auch ein Fläschchen mit Valium 2 Milligramm mitgebracht. Meine Absicht war, ihn von den Tabletten mit 5 Milligramm herunterzubringen, die ich ihm nach ihrem Tod besorgt hatte, damit er schlafen konnte. »Los, komm«, sagte ich. »Ich werde dir jetzt etwas beibringen, was du auf der Thirteenth Avenue School nie gelernt hast.«

Er folgte mir ins Badezimmer, wo einige seiner großen Boxershorts auf ein paar Drahtbügeln zum Trocknen hingen, und dort zeigte ich ihm, wie man die Kloschüssel mit einer Bürste reinigt.

»Wenn du unbedingt deine eigene Putzfrau sein möchtest –« fing ich an, doch er schnitt mir abrupt das Wort ab.

»Wozu soll ich jemanden bezahlen, wenn ich es selbst machen kann? Ich stehe um fünf Uhr auf, und ich fange mit dem Staubsaugen an. Ich habe geschworen, ich habe es mir geschworen, als sie starb, daß ich diese Wohnung so in Schuß halten werde, wie Mutter es getan hat.« Die Worte allein schon brachten ihn wieder zum Weinen.

Im Wohnzimmer gab ich ihm das neue Fläschchen mit den Valium 2 Milligramm und sagte, wenn er es nötig habe, solle er künftig am Abend eine von diesen Tabletten nehmen und die anderen in den Ausguß schütten. Dagegen lehnte er sich nicht auf, obwohl er jemand war, der früher schon bei dem bloßen Ansinnen, er solle ein Aspirin nehmen, störrisch wurde. Weniger Glück hatte ich, als ich ihn daran erinnerte, daß wir um ein Uhr beim Jewish Federation Plaza sein wollten. Er sagte ablehnend, er habe kein Interesse. »Zum Teufel damit«, sagte er. »Mir geht's gut hier. Alles ist wunderbar.«

»Ach, wirklich?«

»Zum Teufel damit, Phil – ich will da nicht hin.«

»Hör mal, das ist aber gegen die Spielregeln. Das ist nicht fair von dir. Statt mich als Mitglied deiner Familie zu behandeln, mach mir einen Gefallen und tu so, als wärst du noch der Leiter eines Versicherungsbüros. Wenn bei der Metropolitan jemand zu dir mit einem Vorschlag käme, von dem er annimmt, daß er dir nützen könnte, dann würdest du den Kerl zumindest seine Sache darlegen lassen. Du würdest dich zurücklehnen und ihn bis zu Ende anhören, und dann würdest du darüber nachdenken und schließlich eine Entscheidung treffen. Nachdem du ihn zu einem Gespräch mit dir eingeladen hast, würdest du bestimmt nicht sagen: ›Zum Teufel damit‹ und ihm nicht einmal zuhören. Ich schlage dir ja nur vor, daß wir hinfahren und uns das Ganze anschauen, wie wir es vor einer Woche ausgemacht haben. Es ist kein Pflegeheim, und es ist kein Altersheim oder etwas, das auch nur entfernt daran erinnert – es ist eine neue Wohnanlage, bei der die Leute Schlange stehen, um aufgenommen zu werden und die konzipiert wurde, um das Leben behaglich und gesellig zu machen, unter anderem für Männer und Frauen in deiner Lage. Vielleicht ist es etwas für dich und vielleicht auch nicht, doch das können wir nicht herausfinden, wenn du nicht mitmachst. Bitte, verhalte dich wie ein Versicherungsmanager und nicht wie ein – was weiß ich, wie *wer* du dich verhältst – und vielleicht bekommen wir auf diese Weise heute irgend etwas zustande.«

Sie wirkte nicht nur, meine Rede – sie wirkte auf dramatische Weise. »Okay!«, sagte er mit großer Entschlossenheit und sprang energiegeladen vom Sofa auf. »Gehen wir.«

Ich konnte mich nicht erinnern, ihn je in meinem Leben zu etwas überredet zu haben, was er nicht wollte. Ich war mir nicht sicher, ob ich überhaupt je so töricht gewesen war, es zu versuchen.

»So gefällst du mir schon besser«, sagte ich. »Vielleicht möchtest du vorher ins Schlafzimmer gehen und deine Strümpfe wechseln. Du hast zwei verschiedenfarbige an. Und ich weiß nicht recht, ob das karierte Hemd zu dieser Plaidhose paßt. Vielleicht ersetzt du lieber eins von beiden durch etwas anderes.«

»Jesus«, sagte er und sah an seiner Aufmachung herunter, »wo bin ich denn?«

Obwohl das Federation Plaza, wie im Prospekt beschrieben, am oberen Ende eines hübschen, grasbewachsenen Hanges mit Blick auf Northfield Avenue lag, war der Gebäudekomplex selbst doch nicht so anheimelnd und einladend, wie ich gehofft hatte. Die Anlage war neu und in ausgezeichnetem Zustand, sah aber doch mehr nach einem Heim als nach einem Zuhause aus, wie eine Kreuzung zwischen einem kleinen College-Wohnheim und einem Gefängnis mit minimalen Sicherheitsanforderungen. Wir sollten uns mit einer Frau namens Isabel Berkowitz treffen, einer Bewohnerin, die sich bereit erklärt hatte, uns alles zu zeigen. Wir hatten die Nummer ihres Apartments, doch da der Zugang zum Gebäude ein Irrgarten aus Fußwegen war, hielt ich zwei sehr bejahrte Frauen an, die auf dem Hauptweg, der zur Northfield Avenue hinabführte, miteinander sprachen, und fragte, ob sie uns sagen könnten, wie man zu Isabel Berkowitz kommt.

»Ich heiße auch Berkowitz«, antwortete die eine von ihnen. Sie sprach mit jiddischem Akzent, und zusammen mit ihrem Kleid und ihrem Gebaren erweckte das den Eindruck, als habe sie mehr mit der Generation meiner Großeltern gemein als mit meiner Mutter und meinem Vater und ihren Freunden. Ich war mir ziemlich sicher, daß mein Vater dasselbe dachte – daß er nicht die Art von älterem Menschen sei wie diese Leute, und, wichtiger noch, daß er nicht hierhergehöre. »Ich bin die andere Berkowitz!« erzählte sie uns freudig.

»Berkowitz? Von wo?« fragte mein Vater.

»Von wo sonst? Aus Newark.«

Es war nur eine Sache von Sekunden und er entdeckte, daß er ihren verstorbenen Mann gekannt hatte, dem das Papiergeschäft Central Paper Supply auf der Central Avenue gehört hatte, daß sie ihrerseits den

Bruder seines Freundes Feiner gekannt hatte, und so weiter.

In seiner Wohnung war er mürrisch und wütend gewesen, auf der Fahrt nach West Orange schweigsam und düster, doch er brauchte nur jemanden zu treffen, der jemanden gekannt hatte, den er in Newark gekannt hatte, um freudig sein eigenes Schicksal zu vergessen – und gesprächig, energisch, gesellig zu werden, fast ganz der dynamische Versicherungsmann, der während seiner Jahre in Newark als Vertreter und Zweiter Manager mit nahezu jeder jüdischen Familie in der Stadt bekannt geworden war.

Er vergaß nicht nur seinen Kummer, sondern auch, wozu wir hergekommen waren, und so zählte er dieser anderen Mrs. Berkowitz all die Ladenbesitzer her, deren Geschäfte neben dem ihres Gatten in der Central Avenue vor etwa vierzig Jahren gelegen waren.

Ich stand daneben, bis er mit der Vorführung seines perfekten Gedächtnisses zu Ende war, und dann fragte ich die alte Frau noch einmal, ob sie uns sagen könnte, wie wir an unser Ziel gelangen würden. Es stellte sich heraus, daß sie es nicht konnte. Als sie es versuchte, geriet sie in Verwirrung und war ganz plötzlich unfähig, sich zu konzentrieren. »Hören Sie«, sagte sie, nachdem sie sich heftig bemüht hatte, ihre

Gedanken zu sammeln, »ich bin ein Wirrkopf – ich werde Ihnen *zeigen,* wo sie wohnt.«

Die andere Frau sagte nichts, und während die beiden uns zum Eingang von Isabel Berkowitz' Flur führten, sah ich, daß sie einen Schlaganfall gehabt hatte. Mein Vater bemerkte es auch, und ein weiteres Mal, ohne daß er es mir sagen mußte, hörte ich ihn darauf bestehen, daß er nicht dieser Typ von altem Menschen sei. »Schon wahr«, dachte ich, »doch selbst bei dem Typ von altem Menschen, der du bist – was wird aus dir, wenn du ganz allein bleibst?«

Die Mrs. Berkowitz, nach der wir suchten, war – zu meiner Erleichterung – eine intelligente, lebhafte, attraktive Frau von siebzig, die zehn Jahre jünger aussah. Ihr Zweizimmer-Apartment war zwar ein wenig arg quadratisch geschnitten, doch hell von Sonnenlicht, und an den Wänden hingen viele kleine Gemälde, die sie im Laufe der Jahre gesammelt hatte. Es gab sogar eins, das sie selbst gemalt hatte, ein farbenfrohes Stilleben, und daneben hingen ihre gerahmten Stickarbeiten. Sie schien erfreut, uns zu sehen, und bot uns sogleich etwas Kaltes zu trinken an, und wir waren kaum fünf Minuten miteinander bekannt, als mein Vater sich in einem Moment unter vier Augen zu mir wandte und sagte: »Eine bemerkenswerte

Person!« Wenngleich Isabel, die ihre Laufbahn als Krankenschwester in Brooklyn begonnen hatte und schließlich in die Verwaltung des öffentlichen Gesundheitsdienstes der Stadt New York aufgestiegen war, vielleicht einen Hauch weltläufiger war als meine Mutter, so erinnerte mich ihre Mischung aus unternehmungslustiger Vitalität und gutmütiger Vornehmheit sehr daran, wie meine Mutter gewesen war, als ich aufwuchs. Vielleicht war es sogar diese Ähnlichkeit, die meinen Vater – während wir draußen im Flur auf Isabel warteten, die ihre Wohnung abschloß, um uns in der Anlage herumzuführen – zu der spontanen Äußerung veranlaßte, als wären nun all seine Sorgen verflogen: »Ich liebe sie! Sie ist toll!«

Isabel erzählte uns, daß sie gleich bei Eröffnung des Plaza im Oktober eingezogen sei und daß sie immer noch Schwierigkeiten habe, »sich einzugewöhnen«. Es bedeute eine große Veränderung gegenüber ihrem früheren Leben. Sie und ihr verstorbener Mann – ein tüchtiger Mann, der es aus eigener Kraft zu etwas gebracht hatte, mit einem Werdegang ähnlich dem meines Vaters – hätten in einer geräumigen Wohnung in Jersey City mit Blick auf die Freiheitsstatue gelebt. Doch sie habe sich entschlossen, die Wohnung aufzugeben und ins Plaza zu ziehen, weil es ihr in letzter Zeit gesundheitlich nicht so gut gehe und sie in der Nähe der Berkowitz sein wollte.

Mein Vater überraschte mich, indem er sagte: »Ja, das ist eine wunderbare Familie.« Bis zu dem Augenblick hatte er kein Anzeichen gegeben, daß er die Berkowitz von Isabel *ebenso* gut kannte wie die Berkowitz der anderen Frau. Doch vielleicht versuchte er ja nur, sich bei einer Frau beliebt zu machen, zu der er sich durch eine nicht zu verheimlichende, überraschend stürmische Gefühlsregung hingezogen fühlte.

Während wir den Flur entlanggingen, sagte Isabel Berkowitz zu mir: »Sie sind also Philip Roth. Vielen Dank, Sie haben mich oft zum Lachen gebracht.« An meinen Vater gewandt sagte sie: »Ihr Sohn hat viel Sinn für Humor.«

»Die Witze«, sagte ich, »stammen von ihm.«

»Wirklich?« Sie lächelte und sagte zu meinem Vater: »Erzählen Sie mir einen Witz, Herman.« Sie wußte, wie Herr Mann zu nehmen war.

»Das wäre der über die beiden jüdischen Typen ... Da wäre der über den Typ, der eines Morgens aufwacht ... Da wäre der über den Burschen in Florida, der krank wird ...«

So angeregt hatte ich ihn schon seit Jahren nicht mehr gesehen, geschweige denn seit dem Tod meiner Mutter. Tatsächlich war er so sehr damit beschäftigt, sein Repertoire an jüdischen Witzen zu präsentieren, daß er sich kaum Mühe gab, die Einrichtungen anzusehen, die Isabel uns zu zeigen anfing. Wir gingen durch den Speisesaal, einen sauberen und schlichten großen Raum, der wie die Cafeteria einer Schule aussah; wir spähten durch eine offene Tür in die Küche, deren Ausstattung blitzblank und makellos war und wo eine korpulente schwarze Frau an einem langen Tisch saß und systematisch Salatstücke für einige hundert Salatbeilagen schnitt; wir gingen vom Plaza zum Y hinüber und sahen in Räume hinein, in denen verschiedene Veranstaltungen stattfanden und unter anderem Karten gespielt wurde, und obwohl ich weiterhin hoffte, daß er allmählich wenigstens mit ein wenig Neugier auf das Leben um ihn herum reagieren und darin für sich – wenn auch nicht unbedingt jetzt, so doch für künftige Tage – einen Weg aus seiner Einsamkeit heraus sehen würde, war seine Aufmerksamkeit auf Isabel fixiert, der er jetzt Geschichten aus seiner Kindheit im Einwanderermilieu von Newark erzählte, die mir nicht ganz unvertraut waren.

Ein Tageshort wurde im Y abgehalten, und als wir uns die Turnhalle ansehen gingen, waren dort etwa dreißig kleine Kinder, die auf dem Fußboden im Kreis saßen und ihren beiden Betreuern zuhörten, die ein neues Spiel erklärten. »Sind unsere jüdischen Kinder nicht schön?« sagte Isabel; doch falls sie ihn dazu bringen wollte, zu sehen, was er vor Augen hatte, so funktionierte das nicht – ohne überhaupt zu schauen, wohin sie zeigte, setzte er seine Beschreibung von Newark im Jahre 1912 fort.

Erst im Büro des Direktors des Y ließ der Erinnerungsstrom eine Zeitlang nach, als er nämlich dem Direktor und seiner Assistentin erzählte, daß der Direktor des Y in Elizabeth, wo er ein paarmal die Woche morgendlicher Stammgast war, verdammt nochmal nichts tauge: der Direktor in Elizabeth komme nie in den Gymnastikclub, um mit den Männern zu sprechen, er habe keine Ahnung, was mit ihnen los sei, und, so erzählte mein Vater ihnen unverhohlen, er selbst komme mit dem Mann überhaupt nicht klar. »Aber ich beachte ihn gar nicht. Ich habe die Roth-Rasselbande organisiert, meine spezielle kleine Gruppe von *alte kackers,* und wir haben auch so unseren Spaß. Zum Teufel mit ihm.« »Sie sind der Typ von Mensch, den wir hier brauchen«, antwortete der Direktor, doch die verschleierte Einladung rief keine Antwort hervor. Im Flur vor dem Büro des Direktors trafen wir auf Bleiberg, den Präsidenten des gesellschaftlichen Organisationskomittees des Plaza, einen Mann von etwa fünfundsiebzig Jahren, der an multipler Sklerose litt. Isabel stellte uns einander vor. »Bleiberg. Bleiberg. Ich erinnere mich an Sie, Bleiberg«, sagte mein Vater zu ihm. »Sie waren ein Juwelier in der Green Street.« Bleiberg war tatsächlich ein Juwelier in der Newarker Green Street gewesen. »Wie gefällt es Ihnen, hier zu wohnen, Mr. Bleiberg?« fragte ich. »Es ist herrlich«, sagte Bleiberg, während mein Vater sagte: »Klar, Green Street. Ich werde Ihnen sagen, wen es sonst noch in der Green Street gegeben hat«, und das tat er denn auch.

Als wir später im Auto saßen, schlug ich vor, die Straße hinaufzufahren, um das Einkaufszentrum anzuschauen, wo es eine Buchhandlung gab und eine Bank und ein Café und wohin, wie Isabel uns erzählt hatte, die Bewohner des Plaza manchmal zum Mittagessen gingen. Danach, so sagte ich, könnten wir noch das neue B'nai Abraham ansehen.

»Da gibt's nichts zu sehen«, sagte er.

»Aber willst du dir nicht die Synagoge anschauen? In Elizabeth gehst du doch Freitagabends zum Gottesdienst.«

»Laß uns nach Hause fahren.«

»Nun«, sagte ich, nachdem ich in die Northfield Avenue eingebogen war, in entgegengesetzter Richtung des Einkaufszentrums und der Synagoge, »was hältst du von dem Ganzen?«

»Nichts.«

»Überhaupt nichts?«

»Nicht für mich.«

»Naja, vielleicht hast du recht. Aber es ist ja nur ein erster Eindruck. Laß es erstmal ein bißchen auf dich einwirken. Ich hoffe, du nimmst Isabel mit ihrer Einladung beim Wort.«

Als wir aufbrachen, hatte Isabel vorgeschlagen, er möge doch in ein paar Tagen wiederkommen, dann könnten sie gemeinsam einen der Filme anschauen, die ein paarmal die Woche im Y gezeigt würden. »Das Popcorn bringe ich mit«, hatte sie mit einem bezaubernden Lächeln gesagt. Die Aussicht hatte ihn offenbar sofort verlockt, und er hatte ihre Telephonnummer notiert und gesagt, er würde anrufen; doch als wäre ihre Einladung völlig absurd gewesen, sagte er jetzt: »Also wirklich, ich fahr doch nicht den ganzen Weg hierher, um ins Kino zu gehen.«

Ein Veranstaltungskalender mit den gesellschaftlichen Aktivitäten des Y für August und September, den ihm der Direktor gegeben hatte, war ihm im Auto aus der Hand gerutscht und auf den Boden gefallen, doch als wir in Elizabeth ankamen, machte er sich nicht einmal die Mühe, ihn aufzuheben. Und ich ebensowenig. In der Wohnung ging ich herum und zog die Jalousien hoch, um das Licht hereinzulassen, und er ging ins Badezimmer. Während sein Strahl in der Toilettenschüssel plätscherte, hörte ich ihn weinen: »Mama, Mama, wo bist du, Mama?«

Seinen ersten Winter als Witwer verbrachte er unmittelbar nördlich von Miami Beach in Bal Harbour, wo er zusammen mit seinem alten Freund Bill Weber in dessen Eigentumswohnung lebte. Während meiner Kindheit hatten Bill und seine verstorbene Frau Leah unweit unserer Wohnung in der Leslie Street gleich jenseits der Newarker Eisenbahnlinie in Irvington gewohnt. Anfang der vierziger Jahre hatten sie und ihr jüngerer Sohn Herbie, der genauso alt war wie mein Bruder, mit uns und zwei anderen Familien gemeinsam ein kleines Sommerhäuschen am Jersey-Ufer bewohnt, alles Freunde meiner Eltern aus der Zeit vor dem Kriege. Bill hatte Ölheizungen installiert und gewartet und war vielleicht der einzige nahe Freund der Familie, der ein geschickter Arbeiter war und kein

Vetreter oder Ladenbesitzer und der am Ende seines Arbeitstages schmutzig nach Hause kam. Als junger Marinesoldat des Ersten Weltkrieges war Bill in Guantánamo in Kuba stationiert gewesen, wo er in der Marinekapelle Trompete gespielt hatte, und jetzt, Mitte achtzig, ein wenig schwerhörig, aber ansonsten noch recht rüstig, behauptete er, daß er die Melodien, die er in der Marinekapelle immer gespielt hatte, in seinen Zähnen spielen höre. »Das ist nicht möglich«, sagte mein Vater kategorisch zu ihm. »Herman, ich höre es«, sagte Bill. »Ich höre es jetzt.« »Das kann nicht sein.« *Ist* aber so. Es ist, als ob ein Radio in meinem Mund spielt.« Ich war von London nach Florida geflogen, um meinen Vater zu besuchen, und wir saßen zu dritt in ihrer kleinen Küche und aßen die Bologna-Sandwiches, die mein Vater zum Lunch gemacht hatte. »Was hörst du denn so im einzelnen?« fragte ich Bill. »Heute abend? ›Die Marinehymne‹«, sagte er. »›Aus den Hallen Montezumas ...‹« fing er zu singen an. »Das bildest du dir ein«, beharrte mein Vater. »Herman, es ist so wirklich wie dein Philip, der hier in dieser Küche sitzt.«

Mein Vater schien mir während seiner paar Monate in Florida all seine alte Kraft und Lebensfreude wiedergewonnen zu haben, und er sah wunderbar verjüngt aus. Vor ein paar Jahren war als Folge einer Operation seine Bauchmuskulatur in Mitleidenschaft gezogen worden, und er war ein wenig dick geworden, doch im übrigen war er ein für sein Alter völlig rüstig wirkender Mann mittlerer Größe, von dessen spontaner, unanmaßender Männlichkeit und geistig regsamer Zuvorkommenheit die Witwen der Umgebung sogleich bezaubert waren. In seiner Jugend waren die Arme und die Brust beeindruckend stark entwickelt gewesen, und ein wenig von dieser Stämmigkeit war immer noch an seinem Oberkörper zu erkennen, besonders nachdem seine Vitalität wiedergekehrt war. Wenn er auch unverblümt seine Meinung sagen und eine Gesprächsrunde mit seinen glühend antirepublikanischen Schmähreden beherrschen konnte, war er zugleich doch ein angenehm anzusehender Mensch, und die weltläufige Geradheit, die von seinem Aussehen ausging, wirkte auf die verschiedensten Leute als echter Charme. Hätte er die Muße oder den Instinkt oder das Bedürfnis dafür gehabt, dann hätte er auf eine gewisse unauffällige Weise sogar als gutaussehend gelten können, doch dort, wo er seine Schlachten schlug, war »gutaussehend« kein Vorzug, und schon vor langer Zeit hatte er auf ein Aussehen gesetzt, dem die Leute eher Vertrauen entgegenbrachten als Neid oder Lob. Jetzt war sein Haar natürlich sehr dünn und hatte nur noch einen Hauch brauner Farbe aufzuweisen; sein Gesicht hatte zwar keine Falten, war aber unterhalb des Kinns zu dem in unserer Familie ausgeprägten Hautsack erschlafft; und seine Ohren schienen irgendwie ein wenig verschoben und langgezogen zu sein, wie Sahnebonbons. Nur seine Augen blieben wirklich »schön«, doch das hätte man nicht gemerkt, falls man nicht zufällig in der Nähe war, wenn er einen Moment lang seine Brille abnahm. Dann konnte man sehen, wieviel Grau in jenen Augen war, und daß sogar ein wenig Grün dabei war – von Nahem hätte man gesehen, wie sanft und unbekümmert jene Augen waren, als hätten sie seit 1901 allein existiert, unbehelligt von den Erschütterungen des primitiven, unvollkommenen, selbstgebauten Dynamos, dessen unablässiger Kraftausstoß ihn über die Hindernisstrecke getrieben hatte, die fast sein ganzes Leben gewesen war.

Seine Erholung in Florida mochte auch der Tatsache zu verdanken sein, daß er in Bill Weber einen recht guten Stellvertreter für meine Mutter gefunden hatte – einen gutmütigen, gelassenen, verträglichen Partner, dessen Fehler und Mängel er ohne Unterlaß kritisieren konnte. Schon im Moment meiner Ankunft in Bal Harbour ertappte ich ihn dabei, wie er an Bill herumbesserte. Als ich auf ihrem Flur aus dem Fahrstuhl trat, gingen mein Vater und Bill gerade ein paar Meter vor mir den Korridor entlang. Statt ihnen etwas zuzurufen, folgte ich schweigend und hörte zu, wie mein Vater Bill wegen seines Mangels an gesellschaftlicher Gewandtheit rügte. »Lad sie ins Kino ein, lad sie zum Abendessen in ein Restaurant ein – jedenfalls sitz nicht Abend für Abend zu Hause herum.« »Ich will nicht mit ihr ausgehen, Herman. Ich will mit niemandem ausgehen.« »Du bist ungesellig.« »Wenn du es so nennen willst, okay, dann bin ich es eben.« »Du lebst wie ein Einsiedler.« »Okay.« »Eben *nicht* okay. Du mußt mehr unter Leute gehen. Es gibt hier Frauen, die lechzen nach Gesellschaft. Ich spreche nicht von Frauen mit einer Macke. Nicht alle von denen wollen dich gleich besitzen. Nicht alle von denen wollen gleich ihre Zähne in dich schlagen.« »Ich will keine Frau. Es gibt nichts, was ich für eine Frau tun könnte. Ich bin sechsundachtzig Jahre alt, Herman.« »Ich bitte dich, um Himmels willen, ich spreche doch nicht davon. Ich spreche davon, daß man mit jemandem ein angenehmes Mahl einnehmen und unter Leute gehen kann wie ein menschliches Wesen.« »In solchen Dingen bist du gut, ich aber nicht.

Ich bleibe zu Hause.« »Ich verstehe dich nicht, Bill. Ich verstehe nicht, weshalb du so mit mir streitest, wo ich doch bloß versuche, dir zu helfen.«

Am Abend meiner Ankunft sollte ein Musikprogramm von vier Bewohnern der Wohnanlage aufgeführt werden, die zu Anfang der Saison ein Kammermusikensemble gebildet hatten. Der bejahrte, in Rußland geborene Geiger, der Chef des Ensembles, war »in Wien ausgebildet«, wie sich die Leute ausdrückten, mit denen mich mein Vater an jenem Nachmittag am Swimming-pool bekannt gemacht hatte. Wenn ich Musik möge, so hatten sie gesagt, müsse ich unbedingt kommen; das Konzert solle im Anschluß an die allwöchentliche Zusammenkunft des Galahad Hall Social Club stattfinden, und es würden nahezu alle Klubmitglieder beiwohnen, die noch zu Fuß gehen könnten, und sogar einige, wie ich sehen würde, in Rollstühlen und mit Gehgestellen in Begleitung ihrer Krankenschwestern. Es gebe jede Woche eine Unterhaltungsveranstaltung oder eine Diaschau oder einen Vortrag, es würden Erfrischungen serviert, und man versicherte mir, daß ich einen schönen Abend verbringen würde.

Nach unserem aus Hot Dogs und Bohnen bestehenden Abendessen – zubereitet von meinem Vater, während Bill sorgsam den Tisch für drei deckte – forderte mein Vater Bill auf, ein Jackett und ein Paar Schuhe anzuziehen und mit uns zum »Musikabend« zu kommen. Bill wäre lieber oben geblieben und hätte sich gern das Basketballspiel im Fernsehen angeschaut, doch da mein Vater nicht aufhören wollte, Bill vorzuhalten, er bringe es nicht fertig, unter Leute zu gehen, er bringe es nicht fertig, Freundschaften zu schließen, er bringe es nicht fertig, auszugehen und einen schönen Abend zu verleben, gab Bill nach und erklärte sich einverstanden, nach der Musik zu den Erfrischungen hinunterzukommen. Doch das »danach« war nicht gut genug, und zehn Minuten später, als mein Vater ihn immer noch nicht in Ruhe ließ, holte Bill ein Jackett aus dem Schrank und zog sich Schuhe an, und wir nahmen den Fahrstuhl zum Gemeinschaftssaal hinter der Empfangshalle, wo die Zusammenkunft schon ihren Anfang genommen hatte.

Als wir drei den Saal betraten, verkündete die Vorsitzende des Matzoh-Fonds, der eine Sammlung für Lebensmittelspenden zum Passahfest an arme Juden in South Miami Beach veranstaltete, gerade die Gesamtsumme, die während der Aktion des Matzoh-Fonds zusammengekommen war. Die Vorsitzende blickte auf ihre Notizen hinab, während sie sprach, weshalb einige Leute im Saal riefen: »Können nicht hören! Wir hören Sie nicht, Belle!« Als sie aufsah, ein wenig vewirrt von dem Radau, legte ein Mann am Ende der letzten Reihe, der ihr Ehemann sein mußte, die Hand an den Mund und rief ihr zu: »Tu so, als sprichst du zu mir, Schätzchen – brüll doch.« Alle lachten, Belle am lautesten von allen, und dann verkündete sie mit einer guten, starken Stimme, daß der Fond sein Ziel von zweitausend Dollar erreicht habe, oder einen Schnitt von etwa zehn Dollar pro Bewohner des Gebäudes, und das Publikum applaudierte.

Ich bemerkte zwei Reihen vor uns die Leute, die ich am Nachmittag mit meinem Vater am Swimmingpool kennengelernt hatte – den Badeanzugfabrikanten im Ruhestand mit seiner Frau, den Kaffee- und Teeimporteur im Ruhestand mit seiner Frau und die kürzlich verwitwete Frau, die vor Jahren in New York eine Einkäuferin gewesen war und auf die meines Vaters Wahl als Gefährtin für Bill Weber gefallen war. Sie alle drehten sich um und winkten uns zur Begrüßung zu, während wir auf die Sitze hinter ihnen glitten. Unsere drei Sitze in der letzten der etwa fünfzehn Reihen waren praktisch die einzigen, die im ganzen Saal noch frei waren. Vier Notenständer und vier

Klappstühle waren vorne in einem kleinen Halbkreis angeordnet, und am anderen Ende des Saals in der Nähe der Tür war ein langer Tisch zum Kaffee gedeckt. Die Erfrischungen waren bereits dort, die Platten gestapelt voll mit Keksen und Kuchenstücken, von Plastikfolie bedeckt.

Als der Bericht des Matzoh-Fonds abgeschlossen war, beglückwünschte der Klubpräsident die Vorsitzende zum Erfolg der Aktion. Er war ein adretter, sonnengebräunter Mann von etwa siebzig – ein passionierter Golfspieler, wie man mir am Nachmittag erzählt hatte –, der, nachdem er als erfolgreicher Lederwaren- und Kofferfabrikant in den Ruhestand getreten war, für die Maklerfirma Merrill Lynch gearbeitet und indem er sein eigenes Geld verwaltete, ein zweites Vermögen gemacht hatte. Er sagte: »Meine Damen und Herren. Bevor die Musik beginnt, möchte ich Ihnen sagen, daß vor ein paar Augenblicken ein junger Mann hereingekommen ist, den ich Ihnen gerne vorstellen möchte. Junger Mann, würden Sie aufstehen?«

Mir fehlte nur noch ein Jahr zu meinem fünfzigsten Geburtstag, doch er zeigte in meine Richtung und ich stand auf.

»Meine Damen und Herren, das ist Philip Roth, der Autor, der Sohn von Herman Roth.«

Sie applaudierten, weder mehr noch weniger, als sie es für den Matzoh-Fond getan hatten, und nachdem ich mit einem Wink für den Empfang gedankt hatte, setzte ich mich wieder hin.

Doch der Präsident sagte: »Mr. Philip Roth, darf ich Ihnen eine Frage stellen?«

Ich lächelte ihn an und antwortete halb im Stehen: »Ach bitte, keine Fragen, wirklich. Ich bin einfach nur zu Gast.«

»Nur eine Frage. Können Sie uns ein klein wenig über Ihren Vater erzählen?«

»Ich kann Ihnen versichern, daß Sie meinen Vater nur zu fragen brauchen«, sagte ich und legte ihm eine Hand auf die Schulter, »und er wird Ihnen alles erzählen, was Sie wissen wollen. Vielleicht sogar mehr.«

Das gefiel meinem Vater, und ebenso seinen Freunden zwei Reihen vor uns. Der Badeanzugfabrikant im Ruhestand drehte sich auf seinem Sitz um und sagte zu ihm: »Der Knabe hat dein Format, Herm.« Am Swimming-pool zuvor hatte er scherzend von meinem Vater als »Kommandeur der Wohnanlage« gesprochen, doch während mein Vater im Wasser war und schwamm, hatte er mir anvertraut: »Ihr Daddy ist ein wirklicher Mensch – er ist derjenige, der alle anderen hier in Schwung bringt.«

»Noch eine Frage –« sagte der Präsident.

Ich unterbrach ihn: »Ach, Sie sollten mir keine Fragen stellen. Ich bin einfach heruntergekommen, um die Musik zu genießen. Lassen Sie doch die Musik anfangen!« Und ich bekam eine weitere Runde Applaus und setzte mich wieder hin.

Bill, der neben mir saß, zwinkerte mir zu und flüsterte stolz: »Hast es ihnen gegeben.«

»Du kennst mich doch, Bill – immer ein Herz für die Allgemeinheit.«

»Mein Philip«, sagte Bill, und er nahm meine Hand und hielt sie in der seinen, auch noch als die Musiker erschienen, ihre Plätze einnahmen und die Instrumente zu stimmen begannen. Bill hielt meine Hand nicht etwa deshalb, weil er dachte, ich sei immer noch sieben, sondern weil er mich seit meinem siebten Lebensjahr kannte und ein Recht hatte, meine Hand zu halten, wie alt ich inzwischen auch immer geworden war.

Während der nächsten dreißig Minuten etwa bekam ich einen Begriff davon – wie es bei Perlman oder Yo-Yo Ma niemals so ganz der Fall gewesen war –, wieviel schlichte Muskelarbeit es erfordert, ein Streichinstrument zu spielen. Schon in der Mitte des ersten Satzes fragte ich mich, ob es wirklich richtig wäre, den Violaspieler weiterspielen zu lassen. Er war vermutlich an die achtzig, ein großer, schwergewichtiger Mann mit einem strengen, ausdruckslosen Gesicht, und während die Musik hitziger wurde, wurde das Gesicht immer blasser, und ich sah, wie er zu keuchen begann. Die Aufführung war so beunruhigend wie heroisch, als versuchten diese vier bejahrten Menschen, ein steckengebliebenes Auto aus dem Schlamm zu schieben, und wenn auch die Musik nicht immer wie ein Streichquartett von Haydn klang, so applaudierten am Ende des ersten Satzes doch alle begeistert, und ein paar der Freunde der Musiker schrien »Bravo! Bravo!«, und die Hälfte des Publikums stand auf und bewegte sich in Richtung des Tisches mit den Erfrischungen.

»Nein! Nein!« rief der Klubpräsident, sprang aus der ersten Reihe auf und wandte sich zur Menge. »Bitte, es kommt noch mehr!« Die Musiker, die sich das Gesicht abgewischt und eine neue Seite ihrer Noten aufgeblättert hatten, warteten geduldig, bis alle wieder saßen und ruhig waren. Sie waren noch nicht allzu viele Takte in den zweiten Satz vorgedrungen, als die Handtaschen auf- und zuzuklicken und Paare gedämpft miteinander zu plaudern begannen. Direkt vor mir schrieb eine hübsch gekleidete alte Frau, die einen Gehstock zu ihren Füßen und einen ordentlich geschichteten Stapel von Rechnungen auf ihrem Schoß hatte, diskret Schecks aus und heftete dann jeden Scheck an die zugehörige Rechung und steckte sie zusammen in einen Umschlag. Sie hatte sogar eine Rolle von Briefmarken mitgebracht. Das war doch immerhin besser, als droben allein die Rechnungen zu bezahlen.

Bill, der immer noch meine Hand in der seinen hielt, neigte den Kopf zu meinem Ohr und flüsterte: »Das ist nicht das Richtige für dieses Publikum, Philip.«

»Du hast wahrscheinlich recht«, sagte ich zu ihm.

»Ein bißchen Victor Herbert«, flüsterte er, »ein bißchen Gershwin – eine Klarinette, eine Oboe, ein Waldhorn. So hörst du ja nur das Quietschen der Geige.«

Noch zweimal, nämlich jeweils am Ende eines Satzes, dachten viele im Publikum, es sei vorbei, und noch zweimal mußten jene, die sich in Richtung Kaffee und Kuchen auf den Weg gemacht hatten, getadelt und zur Rückkehr auf ihre Plätze veranlaßt werden, und als schließlich das lebhafte Finale wirklich kam und es vorbei *war,* wirklich und wahrhaftig endgültig vorbei, waren sie auf den Beinen, um eine Ovation zu geben, die ich dahingehend interpretierte, daß sie sich selbst ebenso zu ihrer Ausdauer wie die Musiker zu ihrem physischen Durchhaltevermögen beglückwünschten. In der Art und Weise, wie sie zu ihren Plätzen zurückgekehrt waren und dagesessen hatten, war etwas irgendwie Gutmütiges und Selbstdiszipliniertes gewesen, das mich an Menschen erinnerte, die, als ich noch ein Kind war, während der Gebete in der Synagoge durchhielten – wenn nach dem Vorlesen aus der Thora die Sache sich immer weiter hinzog und man gar keine Ahnung hatte, was irgend jemand las, doch sie blieben brav sitzen, und zwar *aus Respekt.* Gewiß gab es in der Synagoge immer ein paar Leute, die dauernd dort saßen, weil sie nicht genug davon bekommen konnten, doch bei diesem Musikabend in der Galahad Hall schien das nicht der Fall zu sein.

Der Klubpräsident ging von einem Musiker zum anderen und schüttelte jedem Spieler die Hand – der Violaspieler konnte kaum noch den Kopf heben, geschweige denn die Hand, und ich fragte mich abermals, ob nicht etwas Medizinisches für ihn getan werden sollte –, und dann wandte sich der Präsident dem Publikum zu und winkte mit beiden Armen hoch in der Luft, um uns zu noch lauterem Applaus aufzufordern. »Richtig so, meine Damen und Herren. Jeder Künstler, egal, wer er ist, möchte wissen, ob man ihn mag oder nicht. Lassen wir sie also wissen, wie wir empfinden!«

»Bravo! Bravo!« Der Applaus hatte sich in ein rhythmisches Klopfen verwandelt, mit wilden Obertönen von einer Art, wie man sie von dieser friedlichen Versammlung nicht erwartet hätte, doch ihre Erleichterung, sich in Bewegung setzen zu dürfen, war eben dermaßen groß. Am lautesten war der Applaus seitens jener, die von ihren Plätzen aufgesprungen waren und sich schon in Zweierreihe vor dem Tisch mit den Erfrischungen angestellt hatten. »Bravo!«

Das ging so weiter, bis der Präsident mit einer triumphierenden Stimme über den Tumult hinweg verkündete: »Meine Damen und Herren! Meine Damen und Herren! Gute Nachricht! Die Künstler werden Ihnen eine Zugabe bescheren!«

Ich dachte, es würde ein Aufruhr ausbrechen. Ich dachte, es würden Teller aus der Richtung des Tisches mit den Erfrischungen durch die Luft gesegelt kommen. Ich dachte, jemand würde einfach nach vorn gehen und ins Cello treten. Aber nein, das waren anständige Menschen, die schon lange gelebt hatten, die auch früher ihren Anteil an Leid gekannt und ertragen hatten, jüdische Menschen, die geboren worden waren zu einer Zeit, als Kultiviertheit selbst für ungebildete Juden immer noch ein religiöses Gewicht gehabt hatte, und so war ihre Hochachtung gegenüber jedem, der einen Bogen und eine Fiedel in die Hand nahm – im Gegensatz zu einem Bogen und einem Pfeil – schlicht unüberbietbar. So schmerzlich die Aussicht auch war, sie behielten ihren Kummer für sich und kehrten ein weiteres Mal zu ihren Plätzen zurück, wobei viele Kaffeetassen und Kuchenteller mitnahmen, die sie auf den Knien balancierten oder zu ihren Füßen absetzten, während die Frau des ersten Geigers, eine zierliche, weißhaarige Frau, die in der ersten Reihe gesessen hatte, energiegeladen aus dem Publikum hervortrat und sich an ein Klavier setzte, das seitlich von dem Quartett stand. Während der Violaspieler, der Cellist und der zweite Geiger erschöpft zusahen, begleitete der erste Geiger, ein Mann von einer für sein Alter bemerkenswerten Vitalität, seine Frau in einem Duo von Fritz Kreisler. Der Geiger lächelte ihr zu, wann immer ihre Augen sich trafen, und das veranlaßte etliche der Frauen in meiner Nähe, sich einander zuzuwenden und voller Bewunderung zu flüstern: »Er sieht seine Frau an.«

Mein Vater hatte einen Großteil von Haydn verschlafen, doch als die aufrüttelnde Zugabe vorbei war, sprang er zusammen mit allen anderen auf und sagte: »Schön. Schön.«

»Herman«, sagte Bill zu ihm, während er sich langsam von dem Platz neben mir erhob, »du hast dich zu Tode gelangweilt.«

»Naja, ich bin kein großer Liebhaber von Musik. Doch das heißt nicht, daß es nicht schön war.«

»Es *war* nicht schön, Herman«, sagte Bill unglücklich. »Es war schrecklich. Jack Benny hat besser gespielt. Ich gehe nach oben.«

»Herr Jesus, Bill, schon wieder? Um mit deiner Eiskrem und dem Fernsehen herumzusitzen? Estelle ist hier«, sagte er und zeigte in Richtung Bühne, wo man die Ex-Einkäuferin angeregt auf die Frau des ersten Geigers einreden sah, die immer noch am Klaiver saß und etwas spielte, dem niemand zuhörte. Das Publikum wagte nicht zuzuhören. Man hatte nicht einmal der Zugabe applaudiert, weil man befürchtete, das könne eine weitere nach sich ziehen. »Sprich mit Estelle, machst du das?« bat mein Vater Bill.

»Herman, ich gehe nach oben.«

»Bill, du bist ein erwachsener Mann, du bist sechsundachtzig Jahre alt – du kannst mit einer Frau sprechen.«

Doch Bill winkte mir zum Abschied zu und ging zum Tisch mit den Erfrischungen, um sich ein Stück Kuchen in einer Serviette mit nach oben zu nehmen, das er zusammen mit seiner Eiskrem essen würde, während er sich das Spiel anschaute.

»Was soll ich mit dem Kerl nur machen?« fragte mein Vater, während wir zu dem Gedränge am Tisch mit den Erfrischungen vorstießen.

»Warum nicht nichts?« schlug ich leichthin vor. »Warum ihn nicht einfach in Ruhe lassen?«

»Um ihn am Rebstock der Einsamkeit sterben zu lassen? Um ihn jeden Abend allein dort sitzen zu lassen? Kommt überhaupt nicht in Frage!«

Er hatte Bill gefunden, dem er helfen konnte, und er hatte Frauen gefunden, denen er den Hof machen konnte, und diese Affären, über deren sexuelle Einzelheiten ich mir im unklaren war, schienen ebensosehr Grund wie Folge seiner Verjüngung zu sein. Schon während der ersten paar Tage meines Besuchs dort nahm er mich in die Wohnungen dreier wohlhabender jüdischer Witwen im Alter von fünfundsechzig bis fünfundsiebzig Jahren auf einen Drink mit, alle recht gepflegt und attraktiv und meinem Vater zufolge darauf erpicht, ihre Beziehung voranzubringen. Auf dem Weg zu ihren Wohnanlagen erzählte er mir jeweils von den Geschäften, die ihre Ehemänner aufgebaut hatten, wie viele Kinder sie hatten und in welchen Geschäften die Kinder erfolgreich waren, von ihrem Gesundheitszustand, den Tragödien ihres Lebens, wieviel ihre Wohnungen wert waren, und auf dem Heimweg fragte er dann jedes Mal: »Nun ... was hältst du davon?« Jedesmal antwortete ich ganz und gar wahrheitsgemäß: »Sie schien sehr nett zu sein. Mir gefiel sie.« Dann antwortete er etwa: »Sie will, daß ich mit ihr im nächsten Herbst eine Kreuzfahrt mache«, oder: »Weißt du, was sie zu mir sagt? Ihre Wohnung ist doppelt so groß, wie sie es braucht. Sie hantiert dort ganz allein herum ...« »Und?« fragte ich dann. »Und nichts. Ich, ich höre einfach bloß zu. Ich sage nichts. Phil, es ist zu früh ...« Und an dieser Stelle brach er dann in Tränen aus, und wenn er auch nicht mehr so beunruhigend rückhaltlos schluchzte wie in den ersten Monaten nach dem Tod meiner Mutter, war der Gefühlsausbruch immer noch beträchtlich. »Ich wußte nicht, wie krank sie war«, beteuerte er. »Wenn ich nur die geringste Ahnung gehabt hätte ...« »Niemand wußte das«, versicherte ich ihm. »Es gibt nichts, was irgend jemand hätte tun können.« »Ach, Bessie«, weinte er, »Bessie, Bessie, ich wußte es nicht, mir war nicht klar ...« Später gingen wir dann zu zweit zum Abendessen aus, und nachdem er zu seinem Krabbencocktail einen Wodka Gibson getrunken hatte, legte ich ihm etwa nahe, daß es kein Verbrechen wäre, wenn er im Herbst mit Cora B. auf Kreuzfahrt ginge oder sich im nächsten Winter entschiede, bei Blanche K. zu wohnen, und er pflegte dann seinerseits mir die exemplarischen Geschichten zu erzählen, die die Bescheidenheit, Ergebenheit, Loyalität, Tapferkeit, Tüchtigkeit und Zuverlässigkeit meiner Mutter illustrierten ... und dann gingen wir zurück in die Wohnung, wo Bill in Unterhosen Fernsehen schaute, und mein Vater fing dann jedesmal an, ihm Vorhaltungen zu machen, daß er den ganzen Abend allein herumsitze.

3
Wird ein Zombie aus mir werden?

Nachdem ich also vom Besuch am Grab meiner Mutter in seiner Wohnung angelangt war, hatte ich die Toilette aufgesucht, wo ich, während ich den Rasiernapf meines Großvaters betrachtete, meinen Text zum fünfzigsten Mal probte; dann war ich ins Wohnzimmer zurückgekehrt und sah ihn an, wie er in einer Ecke des Sofas zusammengesunken dasaß und auf das Urteil wartete. Lil wartete in der anderen Ecke des Sofas. Sie sagte zu mir: »Philip, willst du, daß ich gehe?«

»Natürlich nicht.«

»Herman«, sagte sie zu ihm, »willst du, daß ich bleibe?« Doch er hörte sie nicht einmal. Und von da an war Lil so still, als wäre sie gar nicht anwesend.

»Also«, sagte er langsam mit sehr düsterer Stimme, »was ist die schlechte Nachricht?«

Ich setzte mich ihm gegenüber in den Sessel, und mein Herz klopfte, als wäre ich derjenige, dem etwas Furchtbares eröffnet werden sollte. »Du hast ein ernstes Problem«, begann ich, »doch damit läßt sich umgehen. Du hast einen Tumor im Kopf. Dr. Meyerson sagt, aufgrund der Stelle, an der er sitzt, stünden die Chancen zu fünfundneunzig Prozent, daß er gutartig ist.« Ich hatte die Absicht gehabt, so offen wie Meyerson zu sein und den Tumor als groß zu beschreiben, doch das konnte ich nicht. Er hatte sichtlich genug zu verkraften mit der Tatsache, daß es einen Tumor gab. Nicht, daß er einen Schock zeigte – er saß emotionslos da und wartete darauf, daß ich weitersprach. »Er drückt auf den Gesichtsnerv, und das hat die Lähmung verursacht.« Meyerson hatte mir gesagt, daß er sich *um den Gesichtsnerv herumgelegt* habe, doch das konnte ich ihm ebensowenig sagen. Meine ausweichende Haltung erinnerte mich an die seine an jenem Abend, als meine Mutter gestorben war. Um Mitternacht Londoner Zeit hatte er mir gesagt, daß meine Mutter einen schweren Herzanfall erlitten habe und daß es besser wäre, ich würde mich um einen Flug nach Hause bemühen, denn man wisse nicht, ob sie überleben würde. »Es sieht nicht gut aus, Phil«, hatte er gesagt; doch als ich eine Stunde später zurückrief, um ihm meine Flugdaten für den nächsten Morgen mitzuteilen, begann er zu weinen und eröffnete mir, daß sie in Wirklichkeit in dem Restaurant gestorben war, wo sie ein paar Stunden zuvor zu Abend gegessen hatten.

»Es ist nicht Facialisparese«, sagte er.

»Nein. Es ist ein Tumor. Aber er ist nicht bösartig, und man kann einen operativen Eingriff machen. Er kann operieren, wenn wir das wollen. Dr. Meyerson will mit dir über eine Operation sprechen. Ich meine, es ist ein guter Gedanke, wieder zu ihm zu gehen und mit ihm zu sprechen, jetzt, da wir wissen, worum es sich handelt. Ich meine, wir sollten uns alle in seinem Sprechzimmer zusammen hinsetzen und sehen, ob eine Operation angeraten ist. Am Ende wird es deine Entscheidung sein.« Ich fügte noch schwach hinzu: »Meyerson sagt, es sei eine Routineoperation.« Meyerson hatte tatsächlich diesen Ausdruck am Ende unseres Telephongesprächs am Tag zuvor gebraucht – und ich hatte gedacht: »Gewiß – für *Sie* ist es Routine.«

»Wird es mit meinem Gesicht besser werden, wenn er operiert?«

»Nein. Es wird einfach keine Verschlimmerung mehr geben.«

»Ich werde also so bleiben.«

»Ich fürchte ja.« Zwei Minuten, und ich hatte schon sprechen gelernt wie ein Chirurg.

»Ich verstehe«, sagte er, und dann verfiel er in Schweigen, und dann war er ganz verloren, allein und verloren, und ich wäre nicht überrascht gewesen, wenn er auf der Stelle gestorben wäre. Seine Augen blickten ins Nichts, ins Nirgends, wie jemand, den gerade eine tödliche Kugel getroffen hatte. Eine Minute lang etwa war er auf diese Weise abwesend. Und dann, als er den Schlag weggesteckt hatte, war er wieder da, mitten im Kampf, und er schätzte das Ausmaß seines Verlustes ab. »Und mein Gehör?«

»Was der Tumor zerstört hat, kann nicht wiederhergestellt werden. Wenn ich es richtig verstehe, wird die Operation dafür sorgen, daß nichts weiteres passiert.« Falls die Operation nicht selbst etwas »weiteres« verursachen würde ... doch damit fing ich gar nicht erst an. Ich wollte es Meyerson überlassen, ihn über die Risiken aufzuklären wie auch über die Größe des Tumors und den Einschluß des Gesichtsnervs.

»Wird er nachwachsen?« fragte er.

»Ich weiß es nicht. Ich glaube nicht, doch da mußt du den Arzt fragen. Wir werden eine Liste von Fragen zusammenstellen. Du wirst sie aufschreiben und mitnehmen, und dann kannst du den Arzt alles fragen, was du wissen willst.«

»Wird ein Zombie aus mir werden?«

»Ich glaube nicht, daß Meyerson die Operation vorschlagen würde, wenn er glaubte, daß das eine mögliche Folge wäre.« Aber konnte es nicht so sein? Die fünfzehn Prozent, denen es, wie Meyerson eingeräumt hatte, nach dem Eingriff schlechter ging, waren das keine Zombies oder dem sehr nahe, was mein Vater mit Zombie gemeint hatte?

»Wo sitzt er?«

»Vor dem Hirnstamm. Das ist an der Schädelbasis. Der Arzt wird dir genau zeigen, wo. Ich möchte, daß du all deine Fragen aufschreibst, damit du mit ihm am Montag alles durchsprechen kannst. Ich habe uns am Montag einen Termin bei ihm geben lassen, damit wir alles mit ihm durchgehen können.«

Zu meiner Überraschung lächelte er, ein sarkastisches halbes Lächeln eigentlich, das weltweise Lächeln eines gebrochenen Herzens, das besagt: *Aber gewiß doch.*

Er legte eine Hand an die Schädelbasis, und da er nichts Ungewöhnliches dort fühlte, lächelte er wieder. »Nun, jeder verläßt diese Erde auf seine Weise.«

»Und«, so antwortete ich, »jeder lebt in ihr auf seine Weise. Jeder kämpft seinen eigenen Kampf, und der Kampf hört niemals auf. Es wird eine schwere Prüfung, doch wenn der Eingriff uns allen als die richtige Art des Vorgehens erscheint, dann werden wir in zwei Monaten hier sitzen und sprechen, und du wirst nicht dieses Ding in dir haben, das dir die Nerven abdrückt.«

Es war ein jämmerliches Gefühl, daß ich meinen eigenen Worten nicht glauben konnte, doch ich wußte nicht, was ich sonst sagen sollte. Ich dachte: »In zwei Monaten wird er in einem Genesungsheim sein, kaum fähig, einen Löffel zu heben, um allein seine Getreideflocken zu essen; in zwei Monaten wird er ein Zombie irgendwo in einem Bett sein, wird intravenös ernährt werden, und ich werde hilflos daneben sitzen, wie er einst bei seinem Vater gesessen hat; in zwei Monaten wird er auf dem Friedhof sein, auf dem ich mich heute Morgen plötzlich wiederfand.«

Inzwischen war er ins Badezimmer gegangen, und als er wieder herauskam und versuchte, mit der Hand einen großen feuchten Urinfleck an der Innenseite seines Hosenbeins zu verbergen, sprach er über seine Blinddarmoperation im Jahre 1944, als er gegen so ziemlich alle Wahrscheinlichkeit eine schwere Bauchfellentzündung überlebt hatte. Er erinnerte sich daran, daß ich 1968 beinahe an einem geplatzten Blinddarm und einer Bauchfellentzündung gestorben wäre. Dann war er auf einmal im Jahre 1942 und beschwor meine Bruchoperation im Alter von neun Jahren herauf – wie er mich zum Hausarzt gebracht hatte, nachdem ich mich auf einem Sonntagsausflug mit der Familie plötzlich schlecht gefühlt hatte. Es war das zweite Mal innerhalb eines Monats, daß wir wegen meiner Beschwerden den Arzt aufgesucht hatten. »Ich habe es dem Arzt gesagt, ich ließ nicht locker, ›Der Junge beklagt sich nicht so leicht, es muß etwas nicht in Ordnung sein‹, und man sagte uns, es sei alles in Ordnung, aber ich habe einfach nicht lockergelassen, und schließlich fand man heraus, daß ich recht hatte. Ich habe zu Doktor Ira gesagt, möge er in Frieden ruhen – du erinnerst dich an unseren Arzt, Ira Flax?« »Aber natürlich. Ich war ganz vernarrt in ihn.« »Ich habe zu ihm gesagt, ›Ira, das ist ein ausgelassener Junge, der gern herumrennt und Ball spielt, und wenn mit ihm etwas nicht in Ordnung ist, will ich, daß man sich darum kümmert.‹ Ich werde nie vergessen, wie er die Treppe im Beth Israel Hospital herabkam, in der Nacht, als du geboren wurdest. Um drei Uhr morgens. Die Haupttreppe im Krankenhaus. Ira war in seinem weißen Kittel. Ich habe zu ihm gesagt: ›Was ist es, Ira, Phyllis oder Philip?‹, und er sagte: ›Es ist Philip, Herman, noch ein Junge.‹ Das werde ich nie vergessen. Und meinen Bruder Charlie, wie er in meinen Armen gestorben ist. Ein so gutaussehender Mann, diese ganze Energie, vier Kinder, und er ist in meinen Armen gestorben, mein älterer Bruder, den ich verehrt habe. Und mein Milton, mein Bruder Milton – erinnerst du dich an Milton?« »Nein«, sagte ich, »Milton ist in dem Jahr vor meiner Geburt gestorben. Daher habe ich ja meinen zweiten Namen.« »Milton«, sagte er, »neunzehn Jahre alt, ein glänzender Student, der helle Kopf in der Familie, sein letztes Studienjahr im Newark College of Engineering ...« Und immer so weiter, mit Erinnerungen an die Krankheiten, die Operationen, die Fieberanfälle, die Transfusionen, die Genesungen, die Komas, die Krankenwachen, die Sterbefälle, die Beerdigungen – seine Denkungsart, wie sie in gewohnter Weise funktionierte, um ihn aus der schmerzlichen Isolation eines Mannes am Rande der Vergessenheit herauszuholen und seinen Hirntumor mit einem breiteren Geschichtsverlauf zu verbinden, um sein Leiden in einen Kontext zu stellen, wo er nicht mehr mit seiner Bedrängnis auf besondere und schreckliche Weise allein war, sondern Angehöriger einer Sippe, deren Prüfungen er kannte und akzeptierte und zu teilen nicht umhinkonnte.

Auf diese Weise gelang es ihm, sein Erschrecken zu bezähmen und sein Abendessen zu verzehren und in der Nacht, wie er mir am nächsten Morgen am Telephon berichtete, sechs Stunden ununterbrochenen Schlafes zu bekommen, ehe er um fünf Uhr morgens schweißgebadet erwachte.

Dieses Glück war mir nicht beschieden. Ich konnte *überhaupt keinen* Kontext finden, der meine Befürchtungen verringert hätte. Der Gedanke, daß er eine derart schreckliche Operation im Alter von sechsundachtzig Jahren über sich ergehen lassen mußte, war unerträglich. Und selbst wenn er den Eingriff erfolgreich hinter sich bringen sollte, die Aussicht auf die Genesung – und wenn während des Eingriffs *doch* etwas schiefgehen sollte ... Ich konnte keine sechs Minuten ununterbrochen schlafen, und früh am nächsten Morgen, nachdem ich mehrere Stunden im Bett gesessen und zu lesen versucht hatte, rief ich meinen Freund C.H. Huvelle an, der mir bis zur Aufgabe seiner Praxis vor wenigen Jahren als unser Hausarzt in Connecticut über mancherlei eigene körperliche Probleme hinweggeholfen hatte. Ich erzählte C.H. von dem Hirntumor und der in Aussicht genommenen Operation.

»Hören Sie«, sagte er, nachdem er mich bis zu Ende angehört hatte, »so lassen sich die Dinge nun einmal an. Wenn er auf dem Tisch stirbt, nun gut, dann wird er im Alter von sechsundachtzig Jahren gestorben sein, was nicht das schlechteste Alter ist, in dem man sterben kann. Wenn er überlebt und die Operation ein Erfolg ist, was, wie der Kerl da sagt, in fünfundsiebzig Prozent der Fälle geschieht, dann gut. Das einzig schlechte Ergebnis wäre, soweit ich sehen kann, wenn er infolge des Eingriffs weitere neurologische Defizite erleiden würde. Nicht das wahrscheinlichste Resultat, doch immerhin möglich, und Sie müssen damit rechnen.«

»Ich muß auch damit rechnen, was geschieht, wenn wir überhaupt nichts tun. Der Hirnchirurg behauptet, es würde in sehr kurzer Zeit schlimmer werden. Wie ich es verstehe, meint er dasselbe wie Sie, wenn Sie von weiteren neurologischen Defiziten sprechen.«

»Genau das meint er. Vieles könnte schiefgehen.«

»Also könnte es so oder so zu einer Qual werden. Eine Operation könnte die eine Art von Horror auslösen, und nicht zu operieren eine andere Art von Horror.«

»Doch wenn man operiert«, sagte er, »ist es wahrscheinlicher, daß etwas dabei herauskommt, was auf einen *Aufschub* des schlimmsten Horrors hinausläuft.«

»Aber ich will ihn nicht diesem Eingriff ausliefern, ohne daß ein triftiger Grund dafür besteht. Es wäre schon Mord, sich mit vierzig solch einer Operation zu unterziehen; mit sechsundachtzig ist es undenkbar – oder etwa nicht?«

»Philip, holen Sie sich einen zweiten fachkundigen Rat, und wenn Sie wollen, rufen Sie mich wieder an, und wir können noch weiter darüber sprechen. Nur denken Sie an das eine: Sie können nicht verhindern, daß Ihr Vater stirbt, und Sie sind vielleicht auch nicht in der Lage zu verhindern, daß er leidet. Ich habe Hunderte von Leuten gesehen, die das mit ihren Eltern durchgemacht haben. Mit Ihrer Mutter ist Ihnen das erspart geblieben, und ihr blieb es auch erspart. Mit ihm sieht es nicht danach aus, als würde es so leicht werden.«

Gegen zehn Uhr, nachdem ich versucht hatte, im Central Park spazierenzugehen, um auf andere Gedanken zu kommen, rief ich meinen Vater zum zweiten Mal an jenem Morgen an. »Zombie« – ein Wort, das ich vermutlich nicht mehr gehört hatte, seit mein Bruder und ich uns als Kinder Horrorfilme im Rex-Theater in Irvington angeschaut hatten – beschwor mir dauernd die gräßlichsten medizinischen Szenarios herauf, und als ich ins Hotel zurückkehrte, noch genauso durcheinander wie zuvor, rief ich ihn an, um zu fragen, ob er mit mir eine Autofahrt machen wolle. Ich stellte mir die ganze Zeit vor, wie er in der Wohnung saß, in die Sofaecke gekauert, ohne das Radio einzuschalten oder die Jalousien hochzuziehen – und da kam es mir einfach unsinnig vor, in New York herumzuspazieren oder mit einem Freund essen zu gehen oder im Kino zu sitzen, um für ein paar Stunden meinen Vater und seinen massiven Tumor zu vergessen, drüben in Elizabeth, wo sie einander Gesellschaft leisteten.

Nein, er wolle keine Autofahrt machen.

Aber es sei ein schöner Frühlingstag. Wir könnten in die Orange-Berge fahren. Wir könnten zu Grunings zum Essen gehen.

Nein, zu Hause sei er besser aufgehoben.

Ich sagte, ich käme hinüber, und wir könnten einen Spaziergang machen.

Er wolle keinen Spaziergang machen.

Ich sagte, ich würde etwas Räucherlachs und ein paar Brezeln kaufen und hinüberkommen und mit ihm und Lil in der Wohnung essen. Ob Lil da sei?

Sie sei oben.

Also, dann sag ihr, sie soll herunterkommen, und dann werden wir zusammen essen.

Es sei nicht nötig.

»Vielleicht nicht für dich«, dachte ich, »aber für mich«, und so ging ich auf die Straße und kaufte in einem Lebensmittelgeschäft in der Sixth Avenue Räucherlachs, Bagels und Weißkäse, holte den Wagen und fuhr nach Jersey hinüber.

Als ich diesmal die Autobahn verließ, konzentrierte ich mich auf das Fahren, um nicht versehentlich auf die Straße zum Friedhof zu geraten. Es käme nichts dabei heraus, wenn ich mir das zur Gewohnheit machte, obwohl es mir nicht leid tat, daß ich am Vortag die falsche Abzweigung genommen hatte. Ich hätte nicht erklären können, inwiefern es mir gutgetan hatte – es war weder Linderung noch Trost gewesen; wenn überhaupt etwas, dann hatte es mein Gefühl verstärkt, daß er verloren war – doch war ich immer noch froh, dort gelandet zu sein. Ich fragte mich, ob meine Zufriedenheit nicht letztlich der Tatsache entsprang, daß der Besuch auf dem Friedhof *erzählerisch* richtig war: paradoxerweise hatte er die Wirkung eines Geschehens, das *nicht* ganz zufällig und unvorhersehbar war, und bot zumindest in dieser Hinsicht eine Art von seltsamer Entlastung von dem Ansturm all dessen, was so erschreckend unvorhergesehen war.

Als ich ankam, saß er, wie ich es mir vorgestellt hatte, allein auf dem Sofa und sah zum Erbarmen niedergeschlagen aus. Die Jalousien *waren* heruntergezogen, die Radiomusik spielte *nicht,* und es sah so aus, als habe er sich nicht einmal die Mühe gemacht, die gestrige Zeitung von einem seiner verschwenderischen Nachbarn auszuleihen. Als ich anfing, das Essen auszupacken, das ich mitgebracht hatte, sagte er, er habe keinen Hunger; als ich vorschlug, wir könnten, statt sofort zu essen, hinausgehen und einen Spaziergang machen, gab er ein Geräusch von sich, um mir zu bedeuten, er wolle nicht.

»Wo ist Lil?« fragte ich und schaltete eine Lampe ein; es war etwa elf Uhr morgens.

»Oben.«

»Willst du sie nicht sehen?«

Er zuckte die Achseln: so oder so, es sei ihm egal.

Ich hoffte, daß sie sich nicht gestritten hatten, obwohl ich es ihm durchaus zugetraut hätte, daß er sich selbst in einer Zeit größter Bedrängnis als erstes daranmachte, an einem oder mehreren ihrer vielen Fehler herumzubessern, die auszumerzen zu seiner Mission geworden war. Sie esse zuviel und sei übergewichtig; sie sei knauserig und würde jeden Penny umdrehen; sie spreche am Telephon stundenlang mit ihrer Schwester, die er nicht ausstehen könne; sie laufe dauernd irgendwohin – zu diesem Flohmarkt, um Schund zu kaufen, zu jenem Flohmarkt, um Schund zu kaufen; sie gehe törichte Risiken ein mit Geld, das sie in Kommunalobligationen hätte anlegen sollen; immerhin sei er zufrieden, daß sie nicht Auto fahre ... Die Liste war lang, vielleicht sogar endlos, wenngleich natürlich zu Beginn ihrer Beziehung für ihn alles so gewesen war, wie es für uns alle ist. 1982 und '83, als er seinen zweiten und dritten Winter als Witwer in Florida verbrachte und sie immer noch an ihrer Arbeit in New Jersey festhielt, hatte er ihr täg-

lich einen Brief geschrieben, im großen und ganzen
eine Sammlung kleiner Nachrichtenbulletins über seine Stunden, wenn er nicht schlief, fragmentarisch
zusammengestellt im Verlaufe des Tages. Es waren
muntere, verspielte, auffallend liebevolle, scheu sexuelle, unverhohlen romantische Briefe, gelegentlich
verschönt von unterhaltsamen Versen (abgeschriebe-
nen sowie selbst erdachten) und verziert mit Strich-
männchenzeichnungen von ihnen beiden, wie sie
Hände hielten, einander umarmten und küßten oder
Seite an Seite im Bett lagen, Briefe, die begannen
»Sweet Lilums« und »Hallo, Baby« und »Liebste,
liebe Lil« – »ein beständiger Strom«, wie er zugleich
stolz und ein wenig selbstironisch seine Korrespondenz an sie beschrieb, »aus Predigten, Philosophie,
Gedichten und Kunst.« Und Zärtlichkeit. »Ich hoffe«,
schrieb er, »daß der Winter nicht so streng ist, bitte
gib acht auf dem Weg zur Arbeit und zurück ...«
»Ohne Dich ist es wieder mal ein langweiliger
Tag ...« »Hier ist meine Hand, damit Du sie ganz fest
halten kannst ...« und direkt darunter die Zeichnung einer Hand von einem Drittkläßler. »Ich denke den ganzen Tag an Dich ...« »Ich habe das Lächeln auf Deinem hübschen Gesicht gesehen, als ich anrief, auch
das Glück in Deiner Stimme, nun, ich muß gestehen,

auch ich habe gelächelt ...« »Das Lied, das der Mann im Radio singt, heißt ›Are you lonesome tonight?‹ Bist Du es? Ich war es ...« In einen einzigen, normalen Briefumschlag stopfte er für sie Photokopien der ersten Seiten der Noten für »Love Somebody«, »Love Makes the World Go 'Round«, »Love Is a Many-Splendored Thing«, »L-O-V-E« und »Where Do I Begin« aus dem Film *Love Story*. In genauen Einzelheiten berichtete er täglich, was er gegessen hatte, wann und wie lange er geschwommen hatte, wo und wie weit er spazierengegangen war, mit wem er Karten gespielt und gekiebitzt hatte, wie viele Tage genau noch verblieben, bis er sie wiedersähe, selbst was er anzog. »Ganz in Weiß, Schuhe, Strümpfe, Hose und Hemd. Was das Jackett angeht, mal sehen. Entweder das rotweiße, von dem Du sagst, es gefällt Dir nicht besonders, oder das schwarzweiße. Nun Sweety habe ich Dich nicht hier um die Wahl zu treffen und werde die folgenschwere Entscheidung selber treffen müssen. Habe beide anprobiert das rotweiße steht mir am besten. Habe mich aber für das andere entschieden weil ich die meiste Zeit sitzen werde, und es ist das leichtere, das wär also das ...« Mehrere Male jede Woche bat er sie zu glauben (was sie offenbar nicht tat), daß die wohlhabenden, charmanten Witwen, die er während seines ersten Winters in Florida kennengelernt hatte, jetzt lediglich platonische Freundinnen seien, die er nur höchst gelegentlich sähe (was nur einen Hauch von der Wahrheit entfernt war), daß sie und nur sie seine »hübsche Lady« sei, und er hielt sie auch auf dem laufenden über seine alltägliche Bemühung, Bill Webers Horizont zu erweitern. »Bill ist ein strikt jüdischer Fleisch- und Kartoffelesser, kriege ihn nicht einmal dazu, Chinesisch essen zu gehen ...« »Habe Bill schließlich überzeugt, Chinesisch essen zu gehen ...« Es gab absolut nichts, was er ihr damals nicht erzählen wollte. Damals war sie vollkommen gewesen, selbst ihre Mängel waren schön. Ja, damals wurden sogar ihre körperlichen Proportionen mit schmeichelhafteren Begriffen charakterisiert, als er sie jetzt gebraucht hätte, um sie zu beschreiben. »Sie ist wie dieser Maler«, hatte er mir erzählt, »du weißt schon, wen ich meine ...« Ich hatte Lil noch nicht kennengelernt, doch ich riet einfach. »Rubens?« »Das ist er«, sagte er. »Naja, *zaftig* ist doch auch schön«, sagte ich. »Philip«, sagte er scheu, »ich mache Sachen, die ich nicht mehr gemacht habe, seit ich ein Knabe war.« »Solch ein Glück sollten wir alle haben«, sagte ich zu ihm.

Doch es war weniger ihr Gewicht, was Lils Geschick bestimmt hatte, als ihre Fügsamkeit, eine geduldige, schwerfällige Toleranz (oder, soweit ich das beurteilen kann, das Gemüt einer Heiligen) angesichts der Einmischungen und Ermahnungen hinsichtlich ihrer Unvollkommenheiten. Es kam allerdings vor, daß die Kritik selbst für sie zuviel wurde, und nach einem bitteren Ausbruch, von dem er völlig überrascht wurde, zog sie sich nach oben in ihre Wohnung zurück und zeigte sich einen oder sogar zwei Tage lang nicht. Dann dachte er für sich: »Zum Teufel, ich habe Hunderte von Frauen, ich brauche sie nicht«, und telephonierte mit der einen oder anderen der Witwen in Bal Harbour. Es gab auch Isabel Berkowitz, nicht weit im Jewish Federation Plaza, die ihn manchmal besuchen gekommen war, wenn Lil auf einer ihrer halbjährlichen Gruppenreisen mit ihrer Schwester unterwegs war, und mit der er jede Woche (und wenn zwischen ihm und Lil Funkstille herrschte) am Telephon sprach. Doch diese Frauen, die er anrief, waren wohlhabender und weltgewandter als Lil, es waren Frauen, die als Witwen erfolgreicher Geschäftsleute auf beträchtlich größerem Fuß zu leben gewohnt waren, als sie das je getan hatte, und die bei meinem Vater eher eine Art gesellschaftlicher Bewunderung

102

zu erregen vermochten – kurz, Frauen, die weniger gefügig waren als die Frau, für die er sich entschieden hatte, und die es sich nicht unbedingt hätten gefallen lassen, wenn er hundertmal am Tag an ihren Fehlern herumgemäkelt hätte.

Lil hatte, bis sie in den Ruhestand getreten war – wozu sie mein Vater einigermaßen gegen ihr besseres Wissen überredet hatte –, im Büro einer Autoersatzteilfirma gearbeitet, die zufällig einem meiner Freunde aus Kindertagen gehörte, Lenny Lonoff, dessen Familie auf der anderen Straßenseite wohnte, als wir auf die Grundschule gingen. Lil war kurz nach dem Tod ihres Mannes – und ein Jahr nach dem Tod meiner Mutter – in das Apartmenthaus meines Vaters eingezogen und lebte dort mit einem ihrer Stiefsöhne, Kenny, dessen finanzielle Beschlagenheit nicht ganz auf der Höhe der Maßstäbe meines Vater waren. Mein Vater mißbilligte nicht nur, wie Kenny seine Geschäfte führte, es gefiel ihm auch nicht, wie Lenny Lonoff die Autoersatzteilfirma führte. Und Lil, statt auf seine entsprechenden Einlassungen zu erwidern, er wisse nicht, wovon er rede, oder sie lege keinen Wert auf seine Meinung, saß da und hörte zu und widersprach nicht, und wie ich es sehe, war es vielleicht eher diese Nachsicht, die ihn verführte, als ihre

Rubenssche Leibesfülle, die er bald schon als Ergebnis des Umstands sehen sollte, daß sie weiterhin viel zuviel aß, trotz seiner unablässigen Vorhaltungen, Mahlzeit für Mahlzeit, Gang für Gang, Portion für Portion. Essen war ihre einzige Rache, und wie der Tumor war es etwas, dem er nicht Einhalt gebieten konnte, so sehr er auch dagegen schimpfte.

Er konnte niemals verstehen, daß eine Fähigkeit zu Verzicht und eiserner Selbstdisziplin, wie er sie selbst besaß, etwas Außerordentliches war und kein Talent, das allen mitgegeben war. Er stellte sich vor, wenn ein Mann mit all seinen Benachteiligungen und Beschränktheiten so etwas in sich hatte, dann müßte es bei allen so sein. Alles, was dazu nötig war, war Willenskraft – als wüchse Willenskraft auf Bäumen. Sein unverbrüchliches Pflichtbewußtsein gegenüber denen, für die er verantwortlich war, zwang ihn offenbar dazu, auf das, was er für ihre Fehler hielt, ebenso aus dem Bauch heraus zu reagieren wie auf das, was er – und nicht unbedingt fälschlich – als ihre Bedürfnisse ansah. Und weil seine Persönlichkeit von Entschiedenheit geprägt war und weil sich ebenfalls tief in ihm verborgen ein lauterer Klumpen von Ignoranz fand, hatte er keine Vorstellung davon, wie unproduktiv, wie nervtötend, ja, wie grausam zuweilen seine

Ermahnungen sein konnten. Er hätte einem erzählt, daß man ein Pferd zum Wasser führen und es entgegen dem Sprichwort eben auch zum Trinken bringen *kann* – du *hockst* es und *hockst* es und *hockst* es, bis es zur Vernunft kommt und tut, was du willst. *(Hock:* ein Ausdruck aus dem Jiddischen, der in diesem Kontext soviel bedeutet wie auf jemanden mit Warnungen und Vorschriften und Einsprüchen einzureden, einzuschlagen, einzuhämmern – kurz, mit Worten jemandem ein Loch in den Kopf zu bohren.)

Mein Vater schrieb, nachdem er und Lil einmal im Dezember nach West Palm Beach gefahren waren, meinem Bruder einen Brief, wobei er zwei Notizblätter auf beiden Seiten mit seinem mühseligen Gekritzel bedeckte. Sandy hatte ihn um des häuslichen Friedens willen ermahnt, doch zu versuchen, weniger kritisch mit Lil zu sein, besonders mit ihrem Essen, sobald sie in Florida allein beisammen wären. Sandy fügte hinzu, daß er vielleicht auch bei Jonathan etwas lockerlassen könnte, Sandys jüngerem Sohn, der damals gerade anfing, zum ersten Mal im Leben als Verkaufsvertreter für Kodak sein eigenes Geld zu verdienen, und den mein Vater bei wöchentlichen Telephonanrufen und in Briefen mit der üblichen

Unablässigkeit ermahnte, zu sparen und nicht zu verschwenden.

Lieber Sandy

ich glaube es gibt zwei Arten von (unter Menschen) Philosofien. Leute, die sich kümmern, und Leute, die das nicht tun, Leute die etwas *machen* und Leute die Zaudern und niemals etwas *machen* oder *helfen*.

Ich bin aus dem Büro nach Hause gekommen und fühlte mich nicht wohl, du und Phil waren sehr jung. Mutter machte das Abendessen. Ich habe mich nicht hingesetzt um zu essen, stattdessen ging ich ins Wohnzimmer. In einer Stunde war Dr. Weiss im Haus, Mutter rief ihn an. Das war das Szenario. er fragte mich, was nicht in Ordnung wäre. ich sagte ihm, ich hätte Schmerzen in der Herzgegend, nach einer Untersuchung sagte er, er könnte nichts finden, was nicht in Ordnung wäre. Dann fragte er, was ich übermäßig täte.

Ich sagte ihm, das einzige, was mir einfiel, ich rauche viel, Er sagte wie wärs wenn Sie auf drei heruntergehen statt 24 am Tag. Ich sagte, warum nicht keine und in einer Woche verschwanden meine

Schmerzen ich hörte das rauchen ganz auf. *Mutter kümmerte sich, Dr. Weiss gab seinen Rat, ich hörte darauf.* Es gibt viele Ratgeber auf dieser Welt, auch Leute die sich *kümmern* und *machen,* und Leute die darauf hören, In vielen Fällen werden Leben gerettet, und es gibt auch Leute die lassen sich gehen, die zuviel rauchen und zuviel trinken, Drogen nehmen und impulsive Esser sind. In jedem Fall können all diese Bedingungen Krankheit verursachen und manchmal gar Schlimmeres.

Du wolltest ein Haus. Ich bin sofort los und habe dir das Geld besorgt, um es zu kaufen. Warum? weil ich mich gekümmert habe. Phil brauchte eine Bruchoperation, ich brachte ihn zum Dr. und er wurde operiert. Genauso mit Mutter nachdem sie 27 Jahre lang gelitten hat. Warum weil ich mich gekümmert habe und ein Macher bin. Ob sich ihre Eltern gekümmert haben, ich nehme es an, aber ich habe den Schmerz von beiden gespürt und etwas gemacht, *ich habe nicht gezauert.* Ich sage Jon Bescheid und ich *hocke* ihn. Ich benutze alle möglichen Binsenweisheiten, ›wie‹, ein Narr und sein Geld sind bald getrennt ([Ein gesparter Penny ist ein verdienter Penny] [eines Tages wird es einen alten Herrn geben, der von dir abhängt.] und als er fragte wer, sage ich ihm daß du es bist.) etc

Ich sage ihm nicht nur einmal Bescheid, dauernd sage ich ihm Bescheid und *Hocke* ihn, warum, weil er vergißt, wie ein zwanghafter Trinker oder Drogenabhängiger, etc. Warum ich immer weiter mache und *hokke?* Es ist mir klar, daß es einem auf den Arsch geht, aber wenn es Leute sind, um die ich *mich kümmere,* werde ich versuchen zu kurieren, selbst wenn sie dagegen sind oder sich nicht $^{\text{diszepplinieren}}_{\text{dessiplinieren}}$ ich selber eingeschlossen. Ich habe viele Kämpfe mit meinem Gewissen, aber ich gehe gegen meine schlechten Gedanken an. *Ich kümmere mich* um Menschen *auf meine Weise.*

Bitte entschuldige die Rechtschreibung und die Schrift. Ich bin nie ein guter Schreiber gewesen, aber jetzt ist es schlimmer ich *sehe nicht so gut.*

> *Der Hocker,* falsche Bezeichnung
> es sollte heißen der Kümmerer
> Love
> Dad

Ich werde niemals aufhören
zu *Hocken* und mich zu Kümmern. So bin ich
für Leute, um die ich mich
      kümmere

»Hattet ihr Streit, du und Lil?« fragte ich, als ich ihn bei meiner Ankunft allein vorfand.

»Sie ist sowieso nie da, also was solls? Sie läuft hierhin, sie läuft dorthin. Als sie krank war, habe ich mich um sie gekümmert, ich habe sie von vorn und hinten bedient. Zum Teufel mit ihr. Laß sie doch gehn. Mir geht's gut. Ich brauch niemanden.«

»Ich will mich da nicht einmischen«, sagte ich, »aber ist das jetzt wirklich der richtige Moment, um einen Streit anzufangen?«

»Ich streite mit niemandem«, sagte er. »Ich streite nie. Wenn ich ihr etwas sage, dann sage ich es nur zu ihrem eigenen Besten. Wenn sie nicht auf mich hören will, zum Teufel mit ihr.«

»Hör mal, zieh dir jetzt einen Sweater an und zieh deine Straßenschuhe an, und ich werde Lil anrufen, und wenn sie mitkommen will, machen wir zu dritt einen Spaziergang. Es ist ein schöner Tag, und du kannst nicht so hier drinnen herumsitzen, bei heruntergelassenen Jalousien und so weiter.«

»Ich fühle mich wohl drinnen.«

Da sagte ich vier Worte zu ihm, vier Worte, die ich nie zuvor in meinem Leben zu ihm gesagt hatte. »Tu was ich sage«, forderte ich ihn auf. »Zieh einen Sweater und deine Straßenschuhe an.«

Und sie wirkten, diese vier Worte. Ich bin fünfundfünfzig, er ist beinahe siebenundachtzig, und wir haben das Jahr 1988: »Tu was ich sage«, fordere ich ihn auf- und er tut es. Das Ende eines Zeitalters, die Dämmerung eines anderen.

Während er zum Schrank ging und einen hellroten Sweater und seine weißen Adidas anzog, rief ich Lil an und fragte, ob sie Lust hätte, mit uns spazierenzugehen.«

»Ihr Vater will einen Spaziergang machen?« sagte sie. »Tatsächlich?«

»Will er. Kommen Sie doch mit.«

»Wenn ich vorschlage, hinauszugehen zu einem Spaziergang, weil ihm das guttun würde, dann springt er mir an die Kehle. Ich will ja nicht kritisieren, aber das ist die Wahrheit, Philip. Sie sind der einzige, auf den er hört.«

Ich lachte. »Und das hält vielleicht auch nicht allzu lange vor.«

»Ich bin sofort unten«, sagte sie.

Wir drei gingen zusammen bis zum Drugstore drei Blöcke entfernt, vorbei an den alten Apartmentgebäuden und den neuen Wohnanlagen, die dort emporgezogen wurden, wo einst die letzten der opulenten viktorianischen Villen von Elizabeth gestanden hatten. Es war derselbe Spaziergang, auf dem meine Mutter sich am Tage, als sie starb, überanstrengt hatte. Lil hielt ihn am einen Arm und ich am anderen, da er wegen seines schwachen Augenlichts nur noch sehr unsicher ging. Noch vor ein paar Monaten hatte er geduldig darauf gewartet, daß der graue Star in seinem guten Auge reif wurde, so daß er entfernt werden konnte. Statt sich auf einen kleineren Eingriff zu freuen, der sein Augenlicht wiederherstellen würde und damit auch – so nahm er zuversichtlich an – seine robuste Unabhängigkeit, hatte er jetzt eine Operation an seinem Kopf in Aussicht, die ihm das Leben kosten konnte.

Während wir gingen, begann er, auf sehr umständliche Weise seine Reminiszenzen zu erzählen. »Mein Gedächtnis taugt nichts mehr«, erklärte er.

Doch das stimmte eigentlich nicht. Die Abfolge war häufig zufallsbedingt und der Blickpunkt zuweilen verschwommen, doch andererseits war die Logik seiner Erinnerungen immer schon hin und wieder ein wenig unzuverlässig gewesen, selbst in besten Zeiten. Jedenfalls hatte er keinerlei Schwierigkeiten, sich an die Namen von Leuten zu erinnern, die jetzt zwanzig, dreißig und vierzig Jahre tot waren, oder daran, wo sie gewohnt hatten, mit wem sie verwandt waren und was sie zu ihm oder er zu ihnen bei nicht unbedingt allzu denkwürdigen Gelegenheiten gesagt hatten.

Durch die Linie der Mutter meines Vaters hatten wir einem riesigen Familienclan angehört, der sich schließlich 1939 beim Ausbruch des europäischen Krieges zu einem Familienverband organisiert hatte. Während meiner Jugend hatte der Verband aus etwa achtzig Familien in und um Newark und etwa siebzig Familien in und um Boston bestanden. Es gab eine jährliche Versammlung und einen jährlichen Sommerausflug, eine Familienzeitschrift, die vierteljährlich erschien, ein Familienlied, ein Familiensiegel und Familienbriefpapier; ein auf den neuesten Stand gebrachtes Verzeichnis der Namen und Adressen aller Familienmitglieder wurde jedes Jahr allen zugesandt, ein Happy-Day-Fond sorgte für die Kranken und die Genesenden und ein Ausbildungsfond unterstützte Kinder der Familie bei den Collegegebühren. 1943 war Herman Roth als fünftes Mitglied unserer Familie und als zweiter von seinen Brüdern zum Präsidenten gewählt worden. Sein erster Vizepräsident war Harold Chaban aus Roxbury, Massachusetts. Harold Chaban war der Sohn von Max Chaban und Ida Flaschner – Harolds Onkel war Onkel Sam Flaschner, der Familienpionier in Amerika. Sein zweiter

Vizepräsident war Herman Goldstein, der in New York lebte. Goldstein war Hutmacher wie Sender Roth, spielte gern Karten mit Liebowitz und hatte Bertha geheiratet, die Nichte, die bei der Familie in der Rutgers Street gewohnt hatte, als sie mit ihrer Schwester Celia 1913 aus der Alten Welt herübergekommen war. Als sein Schatzmeister hatte seine Frau Bess – meine Mutter – gedient und als seine Sekretärin seine Schwägerin Byrdine, Bernies Frau, seine archivarische Stütze war seine jüngere Schwester Betty ... All das bekamen Lil und ich zu hören, während wir unseren Spaziergang die North Broad Street entlang begannen.

»Unser Familien verband«, sagte er, »war damals in jenen Jahren einer der größten und stärksten Verbände seiner Art in den Vereinigten Staaten.« Es war genau der Ton, indem er mir als Knaben zu sagen pflegte, daß die Metropolitan Life »die größte Finanzinstitution der Welt« sei. Wir waren vielleicht gewöhnliche Leute, doch unsere Affiliationen waren nicht ohne eine gewisse Größe.

Völlig unvermittelt sagte er: »Früher, als Mutter und ich aus Newark hergezogen sind, lebten nur Juden in diesem Teil von Elizabeth. Nicht, als sie hier aufwuchs natürlich. Da waren es Iren. Alles Katholiken.

Ist aber vorbei. Spanisch, Koreanisch, Chinesisch, Schwarz. Das Gesicht Amerikas ändert sich von Tag zu Tag.«

»Das stimmt«, sagte ich. »Ein Freund von mir nennt die Vierzehnte Straße in Manhattan die Fifth Avenue der Dritten Welt.«

»Als mein Vater das Haus an der Rutgers Street verkaufte«, sagte er, »hat er es an eine italienische Familie verkauft.«

»Wirklich? Wieviel hat er bekommen? In welchem Jahr war das?«

»Ich bin 1901 geboren, sie sind 1902 in die Rutgers Street gezogen, dort haben wir vierzehn Jahre lang gewohnt, also muß es 1916 verkauft worden sein. Sechstausend Dollar, die hat er dafür bekommen. Der Italiener hat in Fünfcent-, Zehncent- und Vierteldollarmünzen dafür bezahlt. Es dauerte eine Woche, um es zu zählen.«

Als wir uns der Salem Avenue näherten, wies er auf das Apartmentgebäude an der Ecke hin. »Da hat Millie gelebt.«

Das wußte ich natürlich; sie und ihr Mann, Joe Komisar, und meine Cousine Ann waren vor Jahren dorthin gezogen, als ich aufs College ging. Millie war eine der beiden jüngeren Schwestern meiner Mutter;

sie war erst vor ein paar Monaten im Alter von acht-undsiebzig Jahren gestorben, und indem er auf ihr Gebäude zeigte, hatte er nicht dorthin gezeigt, wo sie gelebt hatte, sondern dorthin, wo sie, die nicht mehr lebte, nicht mehr lebte. Sie und Joe waren auf der einen Seite neben meiner Mutter beerdigt, und die Grabstelle meines Vaters war auf der anderen Seite. Das war der Ort, wo Millie jetzt lebte.

»Mein Vater«, sagte er, als wir dem Drugstore näherkamen, zu dem meine Mutter den letzten längeren Spaziergang ihres Lebens gemacht hatte, »mein Vater mußte meinen älteren Bruder Ed schlagen, um ihn davon abzubringen, eine allzu mondäne Frau zu heiraten. Hat ihn schlagen müssen.«

Mein Onkel Ed war ein leicht erregbarer Riesenkerl gewesen, der mich zu Football-Spielen mitgenommen hatte, als ich noch ein Kind war. Seine großen Hände und seine gebrochene Nase und sein rauhes, streitbares Wesen hatten eine oder zwei Stunden lang ihren Reiz auf mich ausgeübt, und ich habe ihn gern gehabt, doch am Ende eines Tagesausflugs war ich immer froh, daß er der Vater meiner Cousine Florence war.

»Das hast du mir nie erzählt«, sagte ich. »Großvater hat ihn geschlagen?«

»Mußte er. Hat ihn bewahrt. Bewahrt vor jener Frau.«

»Wie alt ist Ed gewesen?«

»Dreiundzwanzig.«

Er hatte mir diese Geschichte zum ersten Mal erzählt, als ich sechzehn war und das letzte Jahr der High-School absolvierte. Ich weiß nicht mehr, warum er sie erzählte, doch es war beim Abendessen, gegen Ende der Mahlzeit, und ich war in einem Wutanfall vom Tisch aufgesprungen und dann aus dem Zimmer gestürmt, als ich ihn abschließend sagen hörte: »Diese Art von Disziplin gibt es heute nicht mehr.« Meine Mutter war in mein Schlafzimmer gekommen, um mich dazu zu bringen, zurückzukehren und meinen Nachtisch zu essen; sie hatte mich angefleht, ihm zu verzeihen, was immer Kränkendes er auch gesagt habe. »Bitte, mein Schatz, tus mir zuliebe. Dein Vater ist kein gebildeter Mann ...« Doch ich war eisern geblieben und hatte mich geweigert zurückzukommen, um Jell-O hinunterzulöffeln am selben Tisch mit jemandem, der es als eine lobenswerte Form von Disziplin erachtete, wenn man aus einem dreiundzwanzigjährigen Mann – selbst so einem dickschädeligen wie meinem Onkel Ed – die Liebe zu einer Frau herausschlug.

Zweifellos hatte er den Zwischenfall vergessen, und ich eigentlich auch, bis zu diesem Moment neununddreißig Jahre später, als er aus irgendeinem dunklen Grunde darauf verfallen war, mir diese Geschichte wiederzuerzählen.

Doch jetzt gab es keinen Zorn gegen den Geschichtenerzähler. Tatsächlich war ich es diesmal, der philosophisch zu ihm sagte: »Nun, diese Art von Disziplin gibt es heute nicht mehr.«

»Nein. Mein Bruder Bernie, möge er in Frieden ruhen, weißt du, was er mir geantwortet hat, als ich ihm sagte, er solle Byrdine Bloch nicht heiraten? Natürlich sollte ich rechtbehalten, denn nach zwanzig Jahren Ehe und zwei wunderschönen Kindern kam es zu dieser schrecklichen Scheidung, die die Familie auseinandergerissen hat. Aber als ich ihn wegen Byrdine zur Vorsicht mahnte, als ich zu ihm sagte: ›Bernie, wie sie aussieht, könnte sie deine Mutter sein – ist das wirklich, was du willst?‹, weißt du, was er da zu mir gesagt hat, seinem älteren Bruder, der ihn doch bloß zu warnen versuchte? ›Kümmer dich um deine gottverdammten eigenen Angelegenheiten.‹ Monatelang haben wir nicht miteinander gesprochen.«

»Das war wann?« fragte ich.

»Das? Das muß ... 1927 sein. Ich habe Mutter im Februar geheiratet, und Bernie hat Byrdine im Juli geheiratet.«

»Mir war gar nicht bewußt, daß ihr beide im selben Jahr geheiratet habt«, sagte ich.

Jetzt gingen wir den Weg zurück, den wir gekommen waren. Er schwieg eine Zeitlang. Und dann, als habe er nach langem und eifrigem Bemühen die Lösung zu einem schwierig anzugehenden Problem erblickt, begann er zu sagen: »Ja ...ja ...«

»Ja was?« fragte ich.

»Ich lebe schon sehr lange.«

»Du bist der Versicherungsmann, du kennst die Statistik. Auf den versicherungsstatistischen Tabellen hast du ein großartiges Alter erreicht.«

»Wo sitzt der Tumor?« fragte er zum zweiten Mal innerhalb von zwei Tagen.

»Vor dem Hirnstamm. An der Schädelbasis.«

»Hast du die Bilder gesehen?«

Ich wollte nicht, daß er dachte, es habe sich allzuviel ohne seine Kenntnis abgespielt, und so log ich. »Selbst wenn, ich hätte sie gar nicht interpretieren können«, sagte ich. »Schau, man kann operieren – daran mußt du denken.« Doch das war es, was er nicht vergessen konnte und was ihn am meisten mit Schrekken erfüllte. »Wenn wir alle beschließen, daß es der richtige Schritt ist, dann wird er aufmachen und ihn herausholen, und nach kurzer Rekonvaleszenz wirst du wieder du selbst sein.«

»Es wäre schön, noch ein paar Jahre mehr zu haben«, sagte er.

»Du wirst sie bekommen«, sagte ich.

Ich fuhr Sonntagmorgen wieder hinüber, und er hatte ein Set von Sherrygläsern für mich, die ich mitnehmen sollte, jedes Glas einzeln in eine Seite der Sonntagsausgabe des *Star-Ledger* der vergangenen Woche gewickelt und alle klobig zusammengekeilt in einem Schuhkarton. Er benutze sie nie, sagte er, er brauche sie nicht und er wolle, daß Claire und ich auf dem Lande unsere Freude daran hätten.

Seit dem Tod meiner Mutter hatte er jedesmal, wenn er uns in Connecticut besuchen kam, irgend etwas bei sich, in einer Papiertüte oder in einem Einkaufsbeutel oder in dem kleinen karierten Koffer, den er, wenn wir einen Fahrer aus unserem Ort nach Elizabeth schickten, um ihn abzuholen, auf die dreistündige Autofahrt mitnahm. Anders als die Sherrygläser war es normalerweise ein Geschenk von mir oder von Claire und mir für meine Mutter und meinen Vater, das er jetzt,

Jahre später, zurückgab, als wären die Dinge, die sie bekommen hatten, nur geliehen oder in Verwahrung gegeben worden. »Hier sind also die Servietten.« »Was für Servietten?« »Aus Irland.« Irland? Das mußte 1960 gewesen sein, dem Jahr meines Guggenheim-Stipendiums. Meine damalige Frau und ich hatten auf der Rückfahrt einen Zwischenaufenthalt in Irland eingelegt, um im Dublin von James Joyce herumzugehen. »Es ist auch eine Tischdecke dabei«, setzte er hinzu, »aus Spanien.« 1971. Gaudís Barcelona. Oder: »Hier sind die Tischsets. Ich glaube, Mutter hat sie nicht zweimal aufgelegt. Sie waren etwas Besonderes für sie, nur für Besuch.« »Hier sind die Steakmesser« und »Hier ist die Blumenvase« und »Hier sind die Kaffeebecher«, und als ich mich am Anfang sträubte und ihm erklärte: »Aber die gehören dir, es waren Geschenke«, antwortete er normalerweise, ohne die geringste Vorstellung davon, daß all dieses Aufräumen auch etwas Kränkendes haben könnte: »Wofür zum Teufel brauche ich das? Schau dir diese Uhr an. Eine schöne Uhr, die uns jemand geschenkt hat. Muß ein Vermögen gekostet haben. Was soll ich damit?«

Die Uhr hatte 1973 in Ungarn etwa zweihundert Dollar gekostet. Ich hatte sie meiner Mutter ge-

schenkt, eine kleine Porzellanuhr mit einem Blumenmuster, wie sie es mochte, die ich in einem Anti-
quitätengeschäft in Budapest für sie gekauft hatte, auf
der Rückreise von einem Frühjahrsbesuch bei Freunden in Prag. Doch ich sagte nichts und nahm sie zurück. Nach und nach nahm ich alles zurück, jedesmal
überrascht davon, wie bedeutungslos der sentimen-
tale Wert – selbst der materielle Wert – von Dingen
war, die als Zeichen der Liebe von denen gemeint
waren, die ihm am meisten am Herzen lagen. Seltsam,
dachte ich dann, gerade diese leere Stelle bei einem
Mann zu finden, über den die Familienansprüche
emotional eine tyrannische Macht hatten – oder
vielleicht überhaupt nicht seltsam: wie konnten blo-
ße Andenken für ihn die überwältigende Kraft von
Blutsbanden beinhalten? Gegenstand um Gegenstand
nahm ich alles zurück, wie ein gutgelernter Angestellter in der Reklamationsabteilung eines erstklassigen
Warenhauses, wobei ich mich aber dennoch fragte, ob
er, wenn er diese Geschenke in altes Zeitungspapier
wickelte und in Kartons verschiedenster Provenienz
stopfte, dabei nicht doch vielleicht dachte, daß wir uns
auf diese Weise nach der Beerdigung um nicht allzu
viele seiner Besitztümer würden kümmern müssen.
Er konnte ein erbarmungsloser Realist sein, doch war

ich ja nicht umsonst sein Nachkomme, und so konnte auch ich ganz schön realistisch sein.

Statt schweigend die zurückgegebenen Güter anzunehmen, erinnerte ich ihn diesmal daran, daß ich immer noch als Durchreisender in einem New Yorker Hotel wohne, daß ich nicht wisse, wann ich das nächste Mal nach Connecticut komme und es mir lieber wäre, er würde die Gläser behalten.

»Nimm sie«, beharrte er. »Ich möchte sie loswerden.«

»Dad«, sagte ich und stellte den Schuhkarton auf die Vitrine, wo die Gläser, wie ich annahm, all die Jahre aufbewahrt worden waren, »diese Gläser sind deine geringste Sorge.«

Doch in der Wohnung umherzueilen auf der Suche nach dem nächsten Ding, das er loswerden könnte, die Gläser zu finden, sie in Zeitungspapier einzuwickeln, den Schuhkarton zu finden – einen Moment lang hatte das seinen Tag mit einer Aufgabe erfüllt, hatte ihn ein wenig abgelenkt von alldem, was sich ihm so brutal in den Weg gestellt hatte. Jetzt war er wieder völlig seinem Entsetzen ausgeliefert. Es tat mir plötzlich leid, daß ich ihm nicht seinen Willen gelassen und die verdammten Dinger einfach mit in mein Hotel genommen hatte. Doch auch ich war allmählich mit den Nerven am Ende.

»Ich bin mein ganzes Leben lang so gewesen«, sagte er und ließ sich traurig auf seinen Sofaplatz fallen.

»Wie, so?«

»Impulsiv.«

Ich war es nicht gewohnt, diese Art von Selbstkritik von ihm zu hören, und ich fragte mich, ob das eine so wunderbare Entwicklung war. Im Alter von sechsundachtzig Jahren mit einem massiven Tumor im Kopf war es besser, er trüge weiterhin zu beiden Seiten seines Zaumzeugs die Scheuklappen, die ihn sein ganzes Leben lang seine Last immer hatten geradeaus ziehen lassen.

»Darüber würde ich mir keine Sorgen machen«, sagte ich. »Es ist ja nicht so, als wärst du nur impulsiv. Du kannst ebenso vorsichtig und besonnen sein. Das schwankt eben. Wie bei allen Menschen.«

Doch irgend etwas nagte an ihm, und er ließ sich nicht trösten.

»Woran denkst du?« fragte ich.

»Ich habe meine Tefillin weggegeben. Ich habe mich meiner Tefillin entledigt.«

»Warum?«

»Sie lagen in der Schublade herum.«

Tefillin sind die beiden kleinen Lederkästchen, die kurze Auszüge aus der Bibel enthalten und die ein orthodoxer Jude zu den alltäglichen Morgengebeten mit schmalen Riemen an seinen Körper bindet – ein Kästchen wird an der Stirn befestigt, das andere am linken Arm. Damals, als mein Vater noch ein überlasteter Versicherungsvertreter war, hatte seine Identität als Jude nicht allzuviel mit formgemäßem Ritus zu tun, und wie die meisten der amerikanischen Väter der ersten Generation in unserer Nachbarschaft besuchte er die nahegelegene Synagoge nur an den hohen Feiertagen und, wenn es nötig war, als Trauergast. Und zu Hause gab es eigentlich überhaupt keine Rituale, die er einhielt. Seitdem er in den Ruhestand getreten war und insbesondere während des letzten Lebensjahrzehnts meiner Mutter hatten sie angefangen, fast jeden Freitagabend zusammen dem Gottesdienst beizuwohnen, und wenn er auch immer noch nicht so weit ging, am Morgen die Tefillin anzulegen, war sein Judentum doch ausgeprägter auf die Synagoge und den Gottesdienst und den Rabbi ausgerichtet als irgendwann sonst seit seiner Kindheit.

Der Tempel befand sich etwa hundert Meter entfernt in einer kleinen Seitenstraße abseits der North Broad Street in einem alten Haus, das die kleine Gemeinde älterer ortsansässiger Juden angemietet hatte, die kaum imstande waren, die Unterhaltungskosten aufzubringen. Zu meiner Überraschung – und vielleicht weil sie sich niemand anderen leisten konnten – war der Kantor nicht einmal ein Jude, sondern ein Bulgare, der während der Woche für ein New Yorker Auktionshaus und für diese kleine Konklave von Juden in Elizabeth an ihrem Sabbat arbeitete. Wenn der Gottesdienst beendet war, unterhielt er sie zuweilen mit Songs aus *Yentl* und *Fiddler on the Roof.* Mein Vater liebte die tiefe Stimme des Bulgaren und betrachtete ihn als guten Kumpel; er hatte ebenfalls eine hohe Meinung von dem Yeshiva-Studenten, der aus New York herüberkam und am Wochenende ihren Gottesdienst hielt – ein Dreiundzwanzigjähriger, den mein Vater höchst respektvoll mit »Rabbi« anredete und von dem er sprach wie von einem Weisen.

Diese Bedürfnisse nach einer formgemäßen Religion in seinem hohen Alter, wie bescheiden sie sich auch immer manifestierten, waren von etwas völlig anderem als von Heuchelei oder konventioneller Schicklichkeit inspiriert; der Trost, den ihm die regelmäßigen Besuche in der Synagoge zu spenden schienen – das Gefühl der Einheit, das sie seinem langen Leben verliehen und die Vereinigung mit seiner Mutter und seinem Vater, die er dort empfand, wie er mir sagte –, machte tatsächlich den Akt, daß er sich der Tefillin »entledigt« hatte, zu einem der rätselhafteren Beispiele seiner lebenslangen Gewohnheit, die geschätzten Gegenstände der Vergangenheit preiszugeben statt aufzuheben. Angesichts der Verbindung, die der jüdische Glaube jetzt zwischen der Isoliertheit des Alters und dem mühevollen und menschenreichen Leben zu stiften schien, das so gut wie vorbei war, hätte ich mir vorstellen können, daß er in der schlichten Betrachtung seiner Tefillin, statt sich von ihnen zu trennen, etwas von ihrer alten fetischhaften Macht wiederfand.

Doch meine Vorstellung, daß dieser alte Mann meditierend seine lange vernachlässigten Tefillin streicheln könnte, war nichts als sentimentaler Kitsch, wirklich, eine Szene etwa aus einer jüdischen Parodie von *Wilde Erdbeeren*. Wie mein Vater sich tatsächlich der Tefillin entledigt hatte, offenbart eine weitaus kühnere und mysteriösere Vorstellung, inspiriert von einer personalisierten symbolischen Mythologie, die so exzentrisch war wie die von Beckett oder Gogol.

»Wem hast du die Tefillin gegeben?« fragte ich ihn.

»Wem? Niemand.«

»Du hast sie weggeworfen? In den Müll?«

»Nein, nein, natürlich nicht.«

»Du hast sie der Synagoge gegeben?« Ich wußte nicht, was man mit Tefillin machte, wenn man sie nicht mehr wollte oder brauchte, doch bestimmt, so dachte ich, gäbe es eine religiöse Maßnahme, um sich ihrer zu entledigen, die von der Synagoge geregelt war.

»Du kennst das Y?« sagte er zu mir.

»Selbstverständlich.«

»Da bin ich drei- oder viermal die Woche morgens hingefahren, als ich noch das Auto hatte, um zu schwimmen, zu kiebitzen, beim Kartenspielen zuzusehen ...«

»Und?«

»Naja, da bin ich hingegangen. Zum Y ... Ich habe die Tefillin in einer Papiertüte mitgenommen. Der Umkleideraum war leer, und da habe ich sie gelassen ... In einem der Spinde.«

Die stockende Weise, wie er die Einzelheiten preisgab, die Verwirrung, die er selbst zu empfinden schien beim jetzigen Rückblick auf dieses originelle Komplott, das er für ihre Beseitigung ersonnen hatte, veranlaßten mich, ein wenig abzuwarten, ehe ich irgendwelche weiteren Fragen stellte.

»Ich bin neugierig«, sagte ich schließlich. »Wieso bist du eigentlich nicht zum Rabbi gegangen? Den kannst du doch bitten, daß er sie dir aus den Händen nimmt.«

Er zuckte die Achseln, und ich sah ein, daß er den Rabbi nicht hatte wissen lassen wollen, was er im Schilde führte, aus Angst davor, was der Dreiundzwanzigjährige, vor dem er soviel Hochachtung hatte, von einem Juden denken würde, der seine Tefillin nicht mehr haben wollte. Oder irrte ich mich da ebenfalls? Vielleicht hatte er überhaupt gar nicht an den Rabbi gedacht, wie das Achselzucken vielleicht andeuten sollte – vielleicht hatte es sich ihm einfach blitzartig offenbart, nämlich das Wissen, daß er an jenem geheimen Ort, wo jüdische Männer ohne Scham nackt einander gegenüberstanden, seine Tefillin ohne Sorge zur Ruhe legen konnte; die Einsicht, daß der rechte Ort, wo seine Tefillin nicht zu Schaden kommen würden, wo sie nicht profaniert oder entheiligt werden würden, wo sie vielleicht sogar wieder ihre Weihe erlangen würden, inmitten jener vertrauten jüdischen Bäuche und Hoden war. Vielleicht kündete der Akt nicht von seiner Scham vor dem jungen Rabbi, dessen Ausbildung noch nicht abgeschlossen war, sondern war eine Deklaration, daß der Umkleiderraum des örtlichen YMHA dem Kern jenes Judentums, demgemäß er lebte, näher war als des Rabbis Gelehrsamkeit in der Synagoge – daß es nichts *Künstlicheres* hätte geben können als mit den Tefillin zum Rabbi zu gehen, selbst wenn der Rabbi hundert Jahre alt gewesen wäre und sein Bart bis zum Boden gereicht hätte. Ja, der Umkleideraum des Y, wo sie sich auszogen, wo sie *schvitzten* und stanken, wo sie vertraut mit allen Ecken und Winkeln ihrer verbrauchten, alten, ungestalten Körper als Männer unter Männern kiebitzten und ihre schmutzigen Witze erzählten und wo sie, es war einmal, ihre Geschäfte miteinander gemacht hatten – das war ihr Tempel, das war der Ort, wo sie Juden blieben.

Ich habe nicht gefragt, warum er sie mir nicht gegeben hat. Ich habe nicht gefragt, warum er, statt mir all diese Tischservietten und -decken und -sets zurückzugeben, mir nicht lieber die Tefillin gegeben hatte. Ich hätte nicht gebetet damit, aber ich hätte sie doch in Ehren halten können, insbesondere nach seinem Tod. Aber wie hätte er das wissen sollen? Wahrscheinlich dachte er, ich hätte schon bei der bloßen Vorstellung, er könne seine Tefillin an mich weiterreichen, gespottet – und vierzig Jahre zuvor hätte er damit recht gehabt.

Ich habe nicht gefragt, weil mir klarwurde, daß das ja bedeutet hätte, uns wieder in jenes abgeschmackte Szenario zurückzuversetzen, von dem ich mich offenbar nicht befreien konnte. Nicht sehr plausibel, doch was seine Tefillin anging, war ich es, dessen Vorstellungskraft dauernd auf eine absehbare Rührszene hinsteuerte, während die seine die Integrität eines genuin ungewöhnlichen Talentes hatte, erzwungen von dem elementaren Gefühl, das noch dem törichtsten Akt eine rituelle Intensität verleihen kann.

»Nun«, sagte ich, als klar war, daß er mir nichts weiter zu sagen hatte, »einer deiner Kameraden dort muß eine große Überraschung erlebt haben, als er vom Swimming-pool heraufkam. Er muß gedacht haben, es sei ein Wunder geschehen. Da hat er seine Duschsandalen am Boden des Spinds gelassen, und siehe da, sie hatten sich in Tefillin verwandelt. Ein Beweis nicht nur für die Existenz Gottes, sondern für die Existenz eines höchst mildtätigen Gottes.«

Er brachte nicht einmal ein Lächeln zustande, als ich das sagte – vielleicht weil er es nicht verstanden hatte, oder vielleicht weil er es verstanden hatte. »Nein«, antwortete er ganz ernsthaft, »der Spind war leer.«

»Wann hast du das getan?«

»Im November. Ein paar Tage, ehe wir nach Florida gefahren sind.«

Das war es also – höchstwahrscheinlich hatte er *dies* gedacht: »Wenn ich in Florida sterbe, wenn ich nie mehr zurückkomme ... nein, die Tefillin dürfen nicht im Müll landen.«

»Dann, es war am dreißigsten November, sind wir nach West Palm geflogen. Ich habe meine Koffer von der Gepäckabholung den ganzen Weg bis zum Taxistand getragen – so gut habe ich mich gefühlt. Und am nächsten Morgen, meinem ersten Morgen in Florida, bin ich aufgewacht, und das hier war mit mir passiert.« Wieder einmal schob er die herabgesunkene Wange mit den Fingerspitzen hoch, um zu sehen, ob sie diesmal obenbleiben würde. »Ich sehe in den Spiegel, ich sehe mein Gesicht, und ich wußte, daß sich mein Leben endgültig verändert hatte. Komm mit«, sagte er, »komm mit ins Schlafzimmer.«

Ich folgte ihm vom Wohnzimmer den Flur entlang, vorbei an den vergrößerten Photoabzügen von den Söhnen meines Bruders, aufgenommen vor fünfundzwanzig Jahren, als sie kleine Kinder waren und auf Fire Island Ferien machten. Warum er nicht daran gedacht hatte, Seth oder Jonathan die Tefillin zu geben, war leichter zu verstehen, als warum er sie nicht an mich weitergegeben hatte. Meine Neffen, die mit einer weltlichen Ethik großgeworden waren und nichts vom Judentum wußten, waren Juden allein dem Namen nach; ebenso wie meine Mutter liebte mein Vater sie innig, er sorgte sich um sie, lobte sie, versorgte sie großzügig mit Geldgeschenken – und recht viel mehr Ratschlägen, als sie hören wollten –, doch er erwartete nicht wider besseres Wissen, daß sie wußten, was die Tefillin waren, geschweige denn, daß sie sie besitzen wollten.

Was meinen Bruder angeht, so stellte sich mein Vater vermutlich vor, Sandy wäre ebenso unempfänglich für ein derartiges Vermächtnis wie ich, wenngleich ich annehme, daß Sandy von jenem Memento angerührt gewesen wäre, nicht aufgrund seiner religiösen Bedeutsamkeit, sondern als solidem Stück unserer Vergangenheit, als etwas, das in seiner Erinnerung wie inder meinen jahraus jahrein ordentlich in einem Samtetui in einer Schublade des Eßzimmerschrankes in der Wohnung verwahrt lag, in der wir aufgewachsen waren. Doch konnte man von unserem Vater, wie er nun einmal war, nicht erwarten, daß er das verstand. Wie wir alle verstand er nur, was er verstand – aber das wiederum verstand er sehr heftig.

Ich konnte das Schlafzimmer meines Vaters nie mehr betreten, ohne mich an die Nacht gleich nach dem Tod meiner Mutter zu erinnern – nachdem ich am selben Nachmittag aus London eingetroffen war –, als ich mit ihm in seinem Doppelbett geschlafen hatte. Sandy und Helen waren für die Nacht zu Sandys Vorstadthaus in Englewood Cliffs gefahren, wo Seth und Jon, jetzt berufstätige junge Männer, immer noch wohnten, das Sandy aber bald verkaufen wollte, da seine Arbeit ihn inzwischen nach Chicago geführt hatte.

Im Mai 1981, im Alter von neunundsiebzig Jahren, war mein Vater bei ausgezeichneter Gesundheit und beeindruckend vital, doch nachdem seine Frau vierundzwanzig Stunden zuvor in jenem Fischrestaurant gestorben war, sah er fast so schlecht aus wie jetzt, da er von seinem Tumor entstellt war. In jener gemeinsamen Nacht hatte ich ihm vor dem Schlafengehen fünf Milligramm Valium und ein Glas warme Milch gegeben, um die Tablette hinunterzuspülen. Er war gegen Tranquilizer und Schlafmittel und kritisierte jeden heftig, der darauf zurückgriff – statt auf Willenskraft, wie er es tat –, doch seit jener Nacht akzeptierte er während den nächsten paar Wochen das Valium ohne weitere Fragen, als ich sagte, daß sie ihm helfen würden zu schlafen (wenn er auch später, vielleicht um sein Gewissen zu erleichtern, das Mittel, das er genommen hatte, als Dramamine bezeichnete). Wir gingen nacheinander ins Badezimmer, und dann legten wir uns in unseren Pyjamas Seite an Seite in das Bett, in dem er zwei Nächte zuvor mit meiner Mutter geschlafen hatte, das einzige Bett in der Wohnung. Nachdem ich das Licht gelöscht hatte, streckte ich die Hand aus und nahm die seine und hielt sie, wie man die Hand eines Kindes halten würde, das vor der Dunkelheit Angst hat. Er schluchzte ein oder zwei Minuten lang – dann hörte ich das gebrochene, schwere Atmen eines Menschen, der in tiefem Schlaf liegt, und ich drehte mich auf die Seite, um selbst ein wenig zu schlafen.

Dreißig Minuten später lag ich immer noch völlig wach da, weil ich kein Valium genommen hatte, als auf dem Nachttisch neben mir das Telephon klingelte. Ich griff zum Hörer, damit mein Vater nicht im Schlaf gestört wurde, und hörte am anderen Ende jemanden lachen. »Wer ist da?« fragte ich, doch die Antwort war weiteres verrücktes Gelächter. Ich hängte ein, in Ungewißheit, ob der Anruf eine zufällig falsche Nummer oder absichtsvoll war, das Werk irgendeines Leichenfledderers, der die Nachrufe in der lokalen Zeitung verfolgte (wo am Morgen der Tod meiner Mutter angezeigt worden war) und dann des Nachts die Familien der Toten anrief, um seinen Spaß zu haben. Als das Telephon weniger als eine Minute später wieder klingelte – die lumineszierende Radiouhr zeigte immer noch elf Uhr zwanzig –, wußte ich, daß es keine unschuldig falsch gewählte Nummer war. Weder war dort das bösartige Lachen eines Menschen, der über einen Feind triumphiert, der sich gütlich tuende Sadismus eines siegreichen Rächers.

Nachdem ich den Hörer aufgelegt hatte, erhob ich mich und lief zum zweiten Apparat im Wohnzimmer, um dort den Hörer von der Gabel zu nehmen, ehe das Telephon zum dritten Mal läutete. So ließ ich ihn bis gegen sechs Uhr morgens liegen. Dann stand ich auf und stahl mich ins Wohnzimmer, um wieder aufzulegen, damit mein Vater keine Fragen stellte. Ich war im Badezimmer, als es gegen sieben Uhr klingelte. Mein Vater nahm ab. Als ich herauskam und fragte, wer so früh am Morgen angerufen habe, sagte er wütend: »Niemand«, doch es war klar, was sich abgespielt hatte. »Wer war dran?« wiederholte ich, und diesmal beschrieb er das Lachen, das er gehört hatte. »Klingt nach irgend so einem Verrückten«, sagte ich, ohne die Anrufe zu erwähnen, die ich in der Nacht angenommen hatte. »Das ist Wilkins«, antwortete er.

»Wer ist Wilkins?« »Aus dem Haus gegenüber.«
»Woher willst du wissen, daß er es ist?« »Ich weiß
es eben.« »Was hat er gegen dich?« fragte ich. »Er ist
ein Faschistenhund. Ein echter Judenhasser. Er lebt
allein. Hat keinen Freund auf der Welt. Nur diesen
Köter. Liebt niemanden als Mr. Ray-gun und die
Plastiknancy und diesen dreckigen Köter, den er hat.
Hat Aufkleber von Ray-gun überall im Waschkeller
hingeklebt. In *unserem* Waschkeller. Fragt erst gar
nicht – kommt einfach her und klebt sie hin.« »Und
da hast du ihm gesagt, er soll das lassen.« »Ich sah
sie, und natürlich habe ich ihm gesagt, er soll das lassen. Und am nächsten Tag klebt er noch mehr hin. Als
ich sah, was er getan hatte, habe ich sie abgerissen.
Ich habe ihn angerufen. Ich habe zu ihm gesagt, daß
der Waschkeller nicht dazu da sei. Er sei für Leute da,
die dort in Frieden ihre Wäsche waschen wollten, und
nicht für politische Parolen.« »Was hast du noch zu
ihm gesagt?« »Ich habe ihm gesagt, was ich von Mr.
Ray-gun halte. Ich habe ihm gesagt, was Juden seit
zweitausend Jahren erleiden mußten, falls er noch
nicht davon gehört hat.« »Du bist sicher, daß er es
ist?« »Es ist Wilkins, ganz gewiß. Mit dem werde ich
schon fertig«, sagte er halb zu sich selbst, »mit dem
Hundesohn werde ich schon fertig.« »Dad, laß lieber

– so wie es klingt, ist er schon fertig. Weißt du, was für eine Strafe es für jemanden ist, über die Trauer eines anderen zu lachen? Vergiß ihn. Machen wir uns jetzt lieber bereit – wir haben einen ziemlichen Tag vor uns.«

Wir beerdigten meine Mutter um zwölf, er begann gegen ein Uhr, ihren Schlafzimmerschrank und ihre Schreibtischschubladen zu leeren, und um halb elf waren wir wieder im Doppelbett – und um zwanzig nach elf, während mein Vater schlief und ich wieder völlig wach dalag und mich fragte, was aus ihm werden solle, und mich fragte, wo meine Mutter war, klingelte das Telephon. Das Lachen begann, sowie ich abgenommen hatte. Ich hörte längere Zeit zu, den Hörer fest an mein Ohr gepreßt. Und dann, als der Anrufer weder zu lachen aufgehört noch aufgelegt hatte, sagte ich leise – ich tat mein Bestes, um meinen Vater nicht aufzuwecken, indem ich die Sprechmuschel halb mit der Hand abdeckte –: »Wilkins, wenn Sie diese Scheiße noch einmal machen, ein *einziges* Mal, dann bin ich mit meinem Beil an Ihrer Tür drüben. Ich habe ein großes Beil, Wilkins, und ich weiß, wo Sie wohnen. Ich werde Ihre Tür mit meinem Beil einschlagen, und dann komme ich rein und spalte Sie mitten durch wie einen Klotz. Haben Sie vielleicht zufällig einen Hund? Ich werde Ihr Hundchen zu Wurst machen, Wilkins. Und nur mit meinem Beil werde ich ihn dann Ihnen in den Arsch schieben und die Kehle hinabtreiben, bis Sie und Ihr Fido ein und dasselbe sind. Rufen Sie meinen Vater noch einmal an, bei Tag oder Nacht, *jemals wieder,* und Ihr Kopf, Sie verrückter, kranker, psychotischer Leichenfledderer, Ihr bekackter Kopf, wenn ich mit dem fertig bin ...«

Mein Herz pumpte Blut, als hätte es zehn Leute zu versorgen, und mein Pyjama war durchnäßt vom Schweiß eines Menschen, der die ganze Nacht mit Malariafieber dagelegen hatte, und am anderen Ende der Leitung war das Telephon tot.

★★★

Im Schlafzimmer – wo der Lack der Mahagonigarnitur nicht mehr so glänzte wie zu Zeiten, da meine Mutter den Haushalt versorgte, wo man statt dessen seine Initialen in den Staub malen konnte, der die waagerechten Oberflächen bedeckte – zeigte mir mein Vater in der mittleren oberen Schreibtischschublade die kleine Metallschachtel, in der er sein Testament aufbewahrte, seine Versicherungspolice und seine Sparbücher. Es gab auch ein Verzeichnis seiner Festgelder und Kommunalobligationen. »All meine Papiere«, sagte er. »Und hier – der Schlüssel zu meinem Bankschließfach.«

»Okay«, sagte ich.

»Ich habe es gemacht, wie du es wolltest«, sagte er. »Ich habe alle meine Sparkonten jetzt gemeinsam mit Sandy.«

Er nahm die Sparbücher heraus – es gab vier von ihnen –, um mir zu zeigen, wo jetzt der Name meines Bruders unter dem seinen als Kontoinhaber erschien. Als ich die Sparbücher durchblätterte, sah ich, daß sich die Ersparnisse auf etwa fünfzigtausend Dollar beliefen; die Festgelder und Kommunalobligationen ergaben noch einmal dreißigtausend – auch sie sollten meinem Bruder hinterlassen werden.

»Die Versicherungspolice über zehntausend Dollar geht an dich«, sagte er. »Ich weiß, was du mir gesagt hast, doch das mußte ich so machen – ich wollte dir nicht gar nichts hinterlassen.«

»Gut«, sagte ich.

Als ich ihn ein oder zwei Jahre nach dem Tod meiner Mutter in Florida besucht hatte, war das Thema des Testaments aufgekommen, und ich hatte ihm gesagt, er solle all sein Geld Sandy hinterlassen, aufgeteilt, wie dieser es wünschte, zwischen seinen beiden

Kindern und ihm selbst. Ich sagte ihm, daß ich kein Geld brauchte und daß das Geld, was Seth und Jonathan bekommen sollten, sehr viel mehr wäre, würde es nur zweimal oder höchstens dreimal geteilt. Ich hatte gemeint, was ich sagte, und ich hatte es hinterher in einem Brief an ihn bestätigt, und seitdem hatte ich an sein Testament nicht mehr gedacht.

Doch als ich jetzt, da sein Tod nicht mehr fern sein mochte, von ihm gesagt bekam, daß er entsprechend gehandelt und aufgrund meines Ersuchens mich als einen seiner Erben im wesentlichen ausgeschaltet hatte, rief das eine unvorhergesehene Reaktion hervor: ich fühlte mich zurückgewiesen – und die Tatsache, daß er mich auf meine eigene Veranlassung aus dem Testament eliminiert hatte, milderte ganz und gar nicht das Gefühl, von ihm verstoßen worden zu sein. Ich hatte eine großzügige Geste gemacht, die zugleich, so nehme ich an, vom Geiste jenes Anspruchs auf Gleichheit und Selbständigkeit geprägt war, den ich meinem Vater gegenüber seit meinem Heranwachsen geltend gemacht hatte. Zugegebenermaßen war es auch ein charakteristischer Versuch, den moralisch überlegenen Standpunkt in der Familie einzunehmen und mich, im Alter von über fünfzig Jahren nicht anders als in meiner Zeit auf dem College und der

Universität und später als junger Schriftsteller, als einen Sohn darzustellen, dem materielle Überlegungen weitgehend gleichgültig waren – und ich fühlte mich niedergeschmettert, weil ich das getan hatte: naiv und töricht und niedergeschmettert.

Zu meinem großen Mißvergnügen entdeckte ich, als ich mit ihm über seinen letzten Willen und sein Testament gebeugt stand, daß auch ich meinen Anteil an dem finanziellen Ertrag haben wollte, der gegen alle Widrigkeiten ein Leben lang von diesem meinem unbeugsamen, resoluten Vater angesammelt worden war. Ich wollte das Geld, weil es sein Geld war und ich sein Sohn war und ich ein Anrecht auf mein Erbteil hatte, und ich wollte es, weil es, wenn schon nicht ein authentischer Fetzen seiner schwerarbeitenden Haut, etwas wie die Verkörperung all dessen war, was er überwunden oder ausgestanden hatte. Es war, was er mir zu geben hatte, es war, was er mir hatte geben wollen, es stand mir zu nach Sitte und Gebrauch, und warum hatte ich nicht meinen Mund halten und dem, was doch nur natürlich war, seinen Lauf lassen können?

Dachte ich denn nicht, daß ich es verdiente? Hielt ich meinen Bruder und seine Kinder für verdientere Erben als mich, vielleicht weil mein Bruder, indem er ihm Enkel gegeben hatte, auf legitimere Weise Erbe eines Vaters war als der Sohn, der kinderlos geblieben war? War ich ein jüngerer Bruder, der plötzlich unfähig geworden war, seinen Anspruch gegen das höhere Alter des anderen zu vertreten, der als erster dagewesen war? Oder war ich im Gegenteil ein jüngerer Bruder, der das Gefühl hatte, er habe die Prärogative eines älteren Bruders schon zu sehr geschmälert? Wo war nur dieser Impuls hergekommen, mein Recht auf Erbschaft auszuschlagen, und wie hatte er so leicht Erwartungen überwältigen können, die zu haben, wie ich jetzt verspätet entdeckte, eines Sohnes *berechtigter* Anspruch war?

Doch das war mir mehr als einmal in meinem Leben so ergangen: ich hatte es abgelehnt, mein Verhalten von Konventionen bestimmen zu lassen, nur um, nachdem ich meinen eigenen Weg gegangen war, zu erfahren, daß meine tiefsten Gefühle zuweilen konventioneller waren als meine Auffassung von einem unerschütterlichen moralischen Imperativ.

Während des Spaziergangs, den wir an jenem Nachmittag machten und bei dem ich meinen Vater sehr langsam zweimal um den Block steuerte, war ich nicht dazu imstande, ihm zu sagen, so sehr ich es auch wollte – und so nachhaltig demütigend ein Eingeständnis des Irrtums auch gewesen wäre –, daß ich es am liebsten hätte, er würde mir den Anteil seines Vermögens wieder zuerkennen, den er mir ursprünglich in seinem Testament zugedacht hatte. Zum einen wußte mein Bruder schon von den Änderungen, weil er vor ein paar Jahren seine Unterschrift hatte leisten müssen, um Verfügungsgewalt über die gemeinsamen Sparkonten zu erlangen, und die immerhin dreißig- oder vierzigtausend Dollar schienen es doch nicht wert zu sein, die Bedingungen für eine Familienfehde oder den Ausbruch eines vergifteten Gefühls zu schaffen, wie es bekanntermaßen mit Erbschaftsmodifikationen in letzter Minute verbunden ist. Und dann war da noch mein Stolz – wenn man will, meine Hybris. Kurz, aus etwa denselben Gründen, die wahrscheinlich dazu beigetragen hatten, daß ich ihn überhaupt aufgefordert hatte, das Geld anderen zu hinterlassen, fand ich mich jetzt nicht dazu fähig, meine Instruktionen zu widerrufen.

Soviel also zum Thema, wie man aus Fehlern lernt. »Laß gut sein«, dachte ich. »Es ist beinahe den Zaster wert, noch einmal wieder die Komödie deiner eigenen automatischen Prägung höherer Dummheit genießen zu können.«

Doch wenn es zu spät war – oder einfach zu schwierig für mich –, den Anspruch auf meinen ursprünglichen Anteil am Geld zu erheben, so wußte ich immerhin, was ich statt dessen wollte. Doch dann entdeckte ich, daß ich nicht einmal fähig war, *darum* zu bitten. Jedenfalls nicht direkt. Selbständig bis zum letzten! Unabhängig bis zum Schluß! Der Sohn, der ewig seine Autonomie beteuert! *Ich brauche nichts.*

»Erzähl mir von Großpapas Rasiernapf«, sagte ich. »Ich habe ihn mir in deinem Badezimmer angeschaut. Wo war sein Barbiergeschäft? Weißt du es noch?«

»Natürlich weiß ich es noch. Bank Street. Am unteren Ende von Wallace Place, wo früher das Deutsche Krankenhaus war, Ecke Wallace Place und Bank Street. Damals gab es noch einen Barbier in der Bank Street, und als ich ein kleiner Junge war, gingen wir dorthin, und ich bekam das Haar geschnitten, und mein Vater pflegte sich rasieren zu lassen. Auf dem Napf stand ›S. Roth‹ geschrieben, und ein, wie heißt es noch, ein Datum, und sie hielten ihn dort in dem Barbiergeschäft für ihn bereit.«

»Wie bist du daran gekommen?«

»Wie ich ihn bekommen habe? Das ist ein gute Frage. Laß mich nachdenken. Ich glaube nicht, daß ich es war. Nein. Nicht ich. Ich habe ihn von meinem

Bruder Ed genommen. Ja. Als wir aus der Rutgers Street wegzogen, hat Paps ihn mitgenommen in die Hunterdon Street, und er ging zum Barbier in der Johnson Avenue Ecke Avon Avenue, und dann hat Ed ihn genommen, nachdem Paps gestorben war, und ich habe ihn von ihm genommen. Ich glaube, er war das einzige, was mir je hinterlassen wurde. Und er wurde mir nicht einmal hinterlassen. Ich habe ihn mir genommen.«

»Du wolltest ihn«, sagte ich.

»Ich wollte ihn«, sagte er und lachte kurz, »seit ich ein kleiner Junge war.«

»Weißt du was?« sagte ich. »Ich auch.«

Er lächelte mich mit der Hälfte seines Mundes an, die sich noch bewegen konnte. »Weißt du noch, wie wir dich in Rom besuchen kamen, ich und Mutter, als du mich zum Rasieren ausgeführt hast?«

»Stimmt. An der Via Giulia, in das kleine Barbiergeschäft. Das war vielleicht in dem ganzen Jahr das Beste für mich«, sagte ich, wobei ich die ehelichen Schlachten im Sinn hatte, die täglich in dem kleinen Apartment ausbrachen, das gleich um die Ecke von der Via Giulia an der Via di Sant' Eligio gelegen war und das ich unglücklich mit einer unglücklichen Frau teilte, als wir von meinem Guggenheim-Stipendium von dreitausendzweihundert Dollar in Italien lebten. »Ich bin immer die Straße hinuntergegangen, um mich am Nachmittag rasieren zu lassen, nachdem ich mit dem Schreiben fertig war. Mein großer Luxus. Der Barbier hieß Guglielmo. Er wollte dauernd über Caryl Chessman sprechen. Er war stolz aufsein Englisch. Jedesmal, wenn ich hereinkam: ›Happy Birthday, Maestro, Fourth of July.‹ Heiße Tücher, große Rasierpinsel, ausklappbares Rasiermesser, zu allem Überfluß bekam man wie verrückt Hamamelis auf die Wangen geklopft, und das alles für den Gegenwert von etwa fünfzehn Cents. 1960«, sagte ich. »Du dürftest nur ein paar Jahre älter gewesen sein, als ich es jetzt bin.«

»Ich hatte die Gewohnheit, mit Bill Eisenstadt zum Rasieren zu gehen, möge er in Frieden ruhen. Erinnerst du dich an Bill?«

»Aber klar. Bill und Lil und ihr Sohn Howie.«

»Ein Barbier am Clinton Place, gleich um die Ecke von der High-School. Hat einen Vierteldollar gekostet. Typisch Bill, die letzte Rasur für einen Vierteldollar in Newark zu finden.«

Von Bill Eisenstadt kam er auf Abe Bloch und Max Feld und Sam Kaye und J. M. Cohen, die totemartigen männlichen Gestalten aus meiner frühesten Kindheit,

Versicherungsleute und Kollegen bei der Metropolitan, Pinochle-Spieler in unserer Küche Freitagabends, Ausflugsteilnehmer mit ihren Frauen und Kindern zu den Picknick-Veranstaltungen am Memorial Day oben im South Mountain Reservat – die altgedienten Fußsoldaten, mit denen er losgezogen war, um nächtlings von Tür zu Tür Newarks »Farbigenschulden« einzutreiben, wobei er lange nach Einbruch der Dunkelheit nach Hause kam, in seiner Kleidung den säuerlichen Geruch von billigem Frittieröl. »Da gab es farbige Familien«, erzählte er mir jetzt, »die immer noch Prämien bezahlten, zwanzig, dreißig Jahre nach dem Tod des Versicherten. Drei Cents die Woche. Das war es, was wir eintreiben mußten.« »Wie kam es, daß sie immer noch zahlten?« »Sie haben dem Versicherungsagenten nie etwas gesagt. Jemand starb, und sie erwähnten es nie. Der Versicherungsmann kam vorbei und sie zahlten.« »Erstaunlich«, sagte ich, obwohl es keineswegs das erste Mal war, daß ich seine Geschichten von den unheimlichen Abenden hörte, wenn er bei den Ärmsten der Armen Newarks Pennies eintrieb – Geschichten aus achtunddreißig Jahren bei der Metropolitan, mit Bill und Abe und J. M. Cohen, die alle, wie er mir mehrere Male ins Gedächtnis rief, längst nicht mehr unter uns waren.

Und von den wenigen Freunden, die noch am Leben waren, gab es auch nicht viel Gutes zu berichten. »Louie Chesler ist im Krankenhaus, weil er Blut pißt. Ida Singer ist fast blind. Milton Singer kann nicht mehr gehen; er ist im Rollstuhl. Turro – erinnerst du dich an Dick Turro? – er hat Krebs, der arme Kerl. Bill Weber weiß nicht einmal, wer ich bin, wenn ich anrufe. ›Herman, Herman wie? Ich kenne keinen Herman.‹ Er wohnt jetzt mit Frankie zusammen, aber Frankie sagt, sie werden ihn in ein Heim stecken müssen.«

Und so gelang es ihm, sich nicht nur mit seinem Tumor zu befassen, indem er statt dessen von den alten Toten sprach und von den Sterbenden und von jenen seiner Freunde, die besser dran gewesen wären, hätten sie nicht mehr gelebt.

Am nächsten Tag fuhr ich nach Elizabeth, um meinen Vater abzuholen und ihn zur Universitätsklinik an der Springfield Avenue in Newark zu fahren; er sollte dort den Hirnchirurgen Dr. Meyerson wegen einer Operation konsultieren. Lil und er lagen einander sofort in den Haaren, als ich fragte, wie man am besten zu Meyersons Praxis kam. Es stellte sich heraus, daß Lil davon sprach, wie man zu Meyersons Praxis in

Millburn kam, wohin sie mit meinem Vater das erste Mal gefahren war, als er zu Meyerson ging, und er sprach davon, wie man zu Meyersons Kliniksprechzimmer fuhr, wo, ohne daß Lil es wußte, der zweite Termin anberaumt war. Selbst nachdem das Mißverständnis längst aufgeklärt war, gelang es ihm, die Zwistigkeit im Auto noch einige Zeit am Köcheln zu halten.

Er beruhigte sich darüber erst, als ich von der Elizabeth Avenue Richtung Bergen Street abbog und begann, die trostlosesten Straßen des schwarzen Newarks entlangzufahren. Die Häuser, die in meiner Kindheit zu den geschäftigen Einkaufs- und Durchgangsstraßen eines zumeist jüdischen Viertels der unteren Mittelschicht gehört hatten, waren jetzt nahezu gänzlich ausgebrannt oder vernagelt oder abgerissen. Die einzigen Menschen dort schienen arbeitslose Schwarze zu sein – jedenfalls standen männliche Schwarze zusammen an den Straßenecken herum und hatten allem Anschein nach nichts zu tun. Die Szenerie war nicht dazu angetan, die düstere Stimmung dreier Menschen auf dem Weg zur Konsultation bei einem Hirnchirurgen aufzuhellen, und doch vergaß mein Vater für den Rest des Weges zum Krankenhaus die bevorstehende Begegnung und erging sich statt dessen auf seine assoziative Weise in Erinnerungen daran, wer wo gewohnt und gearbeitet hatte, als er hier vor dem Ersten Weltkrieg ein Junge gewesen war und jüdische Einwanderer und ihre Familien in diesen Straßen taten, was sie konnten, um zu überleben und zu Wohlstand zu gelangen.

»Dort hat Mr. Tibor gewohnt. Ich nehme an, daß er ein Ungar war. Er hat meinen Geburtstagsanzug gemacht, und er hat die Hosen zu kurz gemacht. Und ich konnte nicht zu meiner Schulabschlußfeier gehen.«

»Weil die Hose zu kurz war?« fragte ich.

»Der Anzug war nutzlos. Und dort hat Al Schorrs Familie gewohnt. Mein Gott, das steht noch. Erinnerst du dich an Al?«

»Klar. Wie könnte ich Al vergessen, und die Stimme, die er hatte.«

»Genau, also, diese rauhe Stimme hat er sein ganzes Leben lang gehabt. So kratzend und tief. Hatte er schon als kleines Kind. Al wurde aus seiner Klasse hinausgeschmissen. Und so kam er in meine Klasse, und ich habe ihn zum Schatzmeister gemacht, er durfte die Klassenkasse führen. Ich war Klassenpräsident. Am Tag der Abschlußfeier hatten wir ein wenig Geld übrig, und da sind wir in die Stadt gegangen, um es auszugeben.«

»Ich verstehe«, sagte ich, ›»Geld übrig.‹ Wenn die Kerle mit den Masken und den Pistolen in die Banken gehen, dann sagen sie das normalerweise zum Kassierer. Sie sagen: ›Entschuldigung, haben Sie nicht zufällig Geld übrig?‹«

Es gelang mir, mit meinen Worten seine finstere Stimmung um etwa ein Milliwatt aufzuhellen. »Naja«, sagte mein Vater, »Al war ein toller Kerl. Er machte es nicht mit einer Pistole. Er machte es mit einem Lachen. Er machte alles mit einem Lachen. Er hat bei mir gearbeitet, bis wir ihn entlassen haben. Ich habe ihn ins Versicherungsgeschäft gebracht. Jeden Job, den Al je hatte, habe ich ihm besorgt. Aber er hat Geld gestohlen, und er sagt: ›He‹, sagt er, ›he, die sind hinter mir her, Herman, die Polizei ist hinter mir her.‹ ›Also‹, sag ich, ›hier sind fünf Dollar, geh nach New York ins Schwitzbad.‹ Und ich habe ihm fünf Dollar gegeben, und er ist nach New York gegangen. Und er kommt zurück, dann hat er das Geld an die Firma zurückgezahlt, und ich habe ihm einen Job bei Louie Chesler besorgt. Als Verkäufer. Ich habe zu ihm gesagt, wenn er Louie je bestehlen würde, habe ich gesagt, dann würde ich ihn erschießen. Er hat für die

Shuberts in Newark gearbeitet. Für das Theater. Er hat immer die Theaterkarten vom Boden aufgesammelt, die die Leute durchgerissen hatten. Dann hat er sie zusammengeklebt, in eine Kiste getan und das Geld gestohlen. Seine Mutter mußte dafür aufkommen, ich weiß nicht, zwei-, dreitausend Dollar. Seine Lehrerin hat ihn aus der Klasse geworfen, und so sind wir Freunde geworden. Er hat sich den ersten Tag in der achten Klasse im Klassenzimmer umgesehen – du weißt, was *eine pishka* ist«, sagte er plötzlich zu mir und unterbrach seine Geschichte.

»Natürlich weiß ich das. Eine Sammelbüchse. Was denkst du, wo ich aufgewachsen bin, in Montana?«

»Nun, Al sah sich im Klassenzimmer um, und er sagte zu seiner Lehrerin, mit dieser Reibeisenstimme: ›Wenn man diesen Raum anstreicht, stecke ich einen Zehner in die *pishka*.‹ Und *sie* wußte nicht, was *pishka* bedeutete und sie warf ihn hinaus. Und so kam er in mein Klassenzimmer, und ich habe ihn gemustert, und ich habe ihn zum Schatzmeister gemacht. Ich war Klassenpräsident. Thirteenth Avenue School. Gott, da ist sie, meine Schule.«

Meyerson, der, wie David Krohn mir versichert hatte, als einer der besten Hirnchirurgen in Jersey galt, war ein unkomplizierter, etwas rundlicher Bursche Anfang vierzig, sanft und vom ersten Augenblick an äußerst liebenswürdig. Als er sich hinter seinem Schreibtisch niedergelassen hatte, blickte er in die Richtung, wo ich saß, und fragte, was ich wissen wolle. Ich deutete auf meinen Vater, der schrecklich finster aussah auf seinem Stuhl zwischen Lil, die der Doktor »Mrs. Roth« genannt hatte, und Meyersons Oberschwester, die, so hatte man uns gesagt, bei präoperativen Konsultationen immer dabei war. »Mein Vater hat die Fragen«, sagte ich. »Also, Dad. Frag Dr. Meyerson alles, was du wissen willst.«

All die Fragen zur Operation, die er mir während der letzten paar Tage immer wieder gestellt hatte – ich hatte ihm gesagt, er solle sie aufschreiben und zur Konsultation mitbringen. Er hatte sie mit Bleistift aufgeschrieben, hatte sie mühsam in jener ungekünstelt kritzeligen, schlichten Handschrift festgehalten, wobei er die meisten Substantive mit Großbuchstaben anfing, doch ansonsten war die Rechtschreibung mit Ausnahme von ein oder zwei Wörtern korrekt. Er hatte mir die Liste gezeigt, ehe wir aus dem Haus gingen, und ich hatte gedacht: »Ich will diese Liste haben. Die Liste und der Rasiernapf genügen mir.«

Mein Vater zog das Stück liniertes Papier aus der Tasche und entfaltete es auf seinem Schoß. »Eins«, fing er an. »Wie ist die Prozedur?« Er sah auf und blickte Meyerson an. »Verzeihen Sie meine Unwissenheit, Herr Doktor.«

Meyerson griff hinter sich und holte aus einem Regal, in dem ein halbes Dutzend medizinischer Texte achtlos am einen Ende umgekippt waren, ein kleines bemaltes Plastikmodell von Hirn und Schädel hervor. Während er es in der Hand drehte und mit einem Bleistift darauf wies, erklärte er, wo der Tumor saß und wo er aufs Hirn drückte. Er zeigte uns, wo er an der Rückwand einen Einschnitt machen konnte, um hineinzugelangen und ihn zu entfernen. »Wir heben hier das Gehirn einfach ein wenig an und nehmen heraus, was darunter wächst.«

Der Gedanke, daß er das Gehirn meines Vaters »anheben« wollte, erschütterte mich. Ich hätte nicht geglaubt, daß man so etwas mit einem Hirn machen konnte, ohne eine Katastrophe herbeizuführen. Und soweit ich wußte, konnte man das auch nicht.

»Was benutzen Sie, um da hineinzukommen?« fragte mein Vater. »General Electric oder Black und Decker?«

Er hatte so alt und so besiegt ausgesehen, daß ich von seinem Sarkasmus überrascht war und von dem objektiven Mut, den dieser zu bezeugen schien.

Die Antwort des Arztes zeugte von dessen eigener ruhiger Objektivität. »Chirurgische Firmen machen die Instrumente.«

Mein Vater wandte sich der nächsten seiner vorbereiteten Fragen zu. »Zwei. Wird er wieder wachsen?«

»Das könnte eventuell passieren«, sagte Meyerson. Und diesmal war er es, der sich eine milde, sarkastische Ironie leistete. »Vielleicht müssen wir in zehn oder fünfzehn Jahren wieder operieren.«

Mein Vater reagierte darauf trocken mit einem einzigen, langsamen Kopfnicken. »Drei«, sagte er und wandte sich abermals seiner Liste zu. »Wie stark werden die Schmerzen sein?«

»Nein, die Schmerzen werden nicht allzu stark sein«, sagte Meyerson. »Sie werden hinterher ziemlich krank sein. Sie werden hohes Fieber haben. Sie werden sehr schwach sein.«

Meyersons Oberschwester, eine schmächtige, lebhafte Frau mittleren Alters, die normale Straßenkleidung trug und nicht weniger umgänglich und herzlich war als der Arzt, legte mitfühlend ihre Hand auf die meines Vaters und sagte: »Wir werden fünf oder sechs Tage danach versuchen, ob Sie aufstehen und sitzen können.«

Als Antwort murmelte mein Vater schlicht: »Junge, Junge.«

Fünf oder sechs Tage nicht allein aus dem Bett aufstehen zu können, das vermittelte ihm eine Vorstellung, wenn er sie nicht bereits hatte.

Er wurde jedoch nicht schwach, sondern kam zu seiner vierten Frage. »Wie lange dauert die Operation?«

»Je nachdem«, antwortete Meyerson, »zwischen acht und zehn Stunden.«

Er schaffte es, das hinzunehmen, ohne zusammenzuzucken, was mir nicht gelang. Acht bis zehn Stunden, dann fünf bis sechs Tage, und was würde er danach noch taugen? Nach der Kindheit in Armut und der beschränkten Schulbildung, nach der Pleite mit dem Schuhgeschäft und mit der Tiefkühlkostfirma, nach dem Kampf um eine leitende Stellung trotz der Widrigkeiten der jüdischen Quotenregelung der Metropolitan, nach dem vorzeitigen Tod so vieler seiner Lieben – der Brüder Morris, Charlie und Milton in den zwanziger und dreißiger Jahren, seiner junge Nichte Jeanette und seines jungen Neffen David und seiner geliebten Schwägerin Ethel in den vierziger

Jahren –, nach allem, dem er getrotzt und das er überlebt hatte ohne Bitterkeit oder Gebrochenheit oder Verzweiflung, waren da acht bis zehn Stunden einer Hirnoperation nicht wirklich zuviel verlangt? Gibt es denn gar keine Grenze?

Die Antwort lautet ja, absolut ja, tausendfach ja – das *war* zuviel verlangt. Auf die Frage: »Gibt es denn gar keine Grenze?« lautet die Antwort nein.

»Der Großteil der Operationszeit«, erklärte Meyerson, »geht drauf, durch den Schädel zu kommen. Dann hängt es davon ab, auf welche Art von Tumor ich stoße. In dem Bereich sind fünfundneunzig Prozent, achtundneunzig Prozent gutartig. Im allgemeinen sind die Blutungen nicht allzu stark. Falls aber doch – das hängt von der Natur des Tumors ab – kann es die Sache ein wenig verlangsamen.«

Und weiter fragte er, der stoische Vater, den ich noch nie in seinem Leben so sehr bewundert hatte wie jetzt. »Fünf. Werde ich hinterher wieder gehen lernen müssen?«

»Ja«, sagte Meyerson. Und gerade als ich geglaubt hatte, daß *ich* eine Vorstellung hätte, wurde mir klar, daß ich bisher keineswegs die Schrecklichkeit des Ganzen erfaßt hatte. »Ja«, sagte Meyerson, »das werden Sie vermutlich.«

Es gab noch weitere fünf Fragen, die auf dem Zettel niedergeschrieben waren, doch selbst mein Vater hatte genug gehört. Während er die Liste in seine Tasche zurückschob, sah er Meyerson direkt an und sagte: »Ich habe ein Problem.«

»So ist es«, pflichtete Meyerson bei.

Dieses Mal fuhren wir schweigend durch die Ruinen von Newark. Er hatte keine Fragen mehr, seine Kindheitserinnerungen waren verausgabt, er brachte es nicht einmal mehr fertig, Lil zu einem besseren Menschen machen zu wollen – es gab nur noch die zuletzt in Meyersons Sprechzimmer getauschten Worte, über die wir alle nachzudenken und nachzudenken hatten. Meyerson war damit einverstanden gewesen, die Meinung eines zweiten Neurochirurgen einzuholen, doch angenommen, der zweite Arzt bestätige seine Einschätzung, wie er wohl glaube, und wir entschieden uns für eine Operation in der Universitätsklinik, dann rate er uns, sie lieber früher als später machen zu lassen und einen vorläufigen Termin für die Operation zum ersten freien Datum in seinem Kalender festzulegen. Wie es sich herausstellte, war er der Todestag meiner Mutter vor sieben Jahren.

Wieder in der Wohnung angekommen, ging Lil in die kleine Küche, um eine Dose Campbell's Suppe zum Essen zu machen. Mein Vater folgte ihr, um die Teller zu holen, weil er den Eßzimmertisch decken wollte, und ich saß im Wohnzimmer und versuchte, mir bildlich vorzustellen, wie Meyerson das Gehirn meines Vaters anheben wollte, ohne es zu beschädigen. »Es muß so etwas geben«, dachte ich.

Lil benutzte offenbar den Dosenöffner, der neben dem Spülstein an die Wand geschraubt war, denn ich hörte meinen Vater zu ihr sagen: »Halt die Dose von unten. Du hältst sie nicht von unten.«

»Ich weiß, wie man eine Suppendose aufmacht«, sagte sie.

»Aber du hältst sie nicht richtig.«

»Herman, laß mich zufrieden. Ich *halte* sie richtig.«

»Warum kannst du nicht einfach tun, worum ich dich bitte, wenn ich darum bitte? So ist es *nicht* richtig. Halt sie von *unten.*«

Und ich vom anderen Zimmer aus mußte mit allen Kräften an mich halten, um nicht zu brüllen: »Du stehst am Rande einer Katastrophe, du Idiot – laß sie doch die beschissene Dose öffnen, wie immer sie will!«, obwohl ich mir ebenso sagte: »Natürlich. Wie man eine Suppendose öffnet. Was gibt es sonst noch, woran man denken müßte? Was gibt es sonst noch, worauf es ankäme? Das ist es, was ihn sechsundachtzig Jahre lang in Gang gehalten hat und was, wenn überhaupt etwas, ihn jetzt durchhalten läßt. Halt sie von unten, Lil – er weiß, was er sagt.«

Zugegeben, er trieb es zu weit, was die Art anging, wie sie die Suppe erhitzte – oder eben falsch erhitzte. Nachdem er für uns drei den Tisch gedeckt hatte, kehrte er in die Küche zurück und stand neben ihr über den Topf gebeugt. Sie beharrte darauf, daß die Suppe noch nicht heiß genug sei, und er beharrte darauf, sie müsse heiß genug sein – es brauche keinen ganzen Tag, um eine Dose Gemüsesuppe zu erhitzen. Dieser Wortwechsel wiederholte sich viermal, bis seine Geduld – wenn das das richtige Wort ist – erschöpft war und er den Topf vom Feuer nahm, Lil mit leeren Händen am Herd stehen ließ, ins Eßzimmer kam und die Suppe in die Suppenteller und auf die Tischsets und über den Tisch goß. Vielleicht sah er aufgrund seiner schlechten Augen nicht das Ausmaß dessen, was er angerichtet hatte.

Die Suppe war kalt. Niemand sagte das. Er bemerkte es wahrscheinlich nicht einmal.

Die stille Mahlzeit war halb vorüber, als er in ganz sachlichem Ton sagte: »Das ist das letzte Kapitel«, doch er löffelte die Suppe weiter in seinen schiefen Mund, bis der Teller leer war und sein Hemd aussah, als hätte er mit der Suppe Malerarbeiten ausgeführt.

Als ich aufbrach, um nach New York zurückzufahren, ging er ins Schlafzimmer und kam mit einem kleinen Päckchen für mich zurück. Der Inhalt war in ein paar heftig zerknüllte braune Papiertüten gestopft und dann mit verschieden langen Klebestreifen zusammengebunden worden, von denen die meisten in sich verdreht waren wie DNS-Stränge. Ich identifizierte die Verpackung als sein Werk, und ich erkannte ebenso seine Schreibarbeit – mit einem Magic Marker hatte er in ungleichmäßigen Großbuchstaben auf die oberste Schicht der Verpackung geschrieben: »Von einem Vater für seinen Sohn.«

»Hier«, sagte er, »nimm das mit nach Hause.«

Unten im Auto riß ich all die Umhüllungen ab und fand meines Großvaters Rasiernapf.

4
Ich muß wieder anfangen zu leben

Später an jenem Nachmittag rief ich vom Hotel aus Claire in London und meinen Bruder in Chicago an und berichtete, was sich in Meyersons Sprechzimmer zugetragen hatte, teilte ihnen den vorläufigen Termin für die Operation mit und erzählte ihnen von dem Vorhaben, eine zweite fachärztliche Meinung einzuholen. Doch am Abend, nachdem ich allein einen Teller Pasta essen gegangen war, die ich nicht heruntergebracht hatte, und dann die Mets angeschaut hatte, als wäre Baseball ein für mich unergründliches Spiel, stellte ich fest, daß ich Angst hatte, ins Bett zu gehen und zu versuchen zu schlafen, ehe ich nicht mit jemandem gesprochen hatte, um mich trösten zu lassen, und sei es nur von der Gegenwart eines Menschen am anderen Ende der Telephonleitung.

Ich rief meine Freundin Joanna Clark an, von der ich annahm, daß sie vielleicht noch wach war. Joanna war eine Polin, die einen Amerikaner geheiratet hatte, nach Princeton gekommen war, um dort zu leben, dem Trunk verfallen war, geschieden worden war, einen Zusammenbruch erlitten und sich wieder auf-

gerappelt hatte und von allen meinen Freunden vermutlich im Verlaufe ihres Lebens am meisten durchgemacht hatte. Sie konnte auch über uns zwei Witze
machen. »Ich verräuchere dich mit meinem Qualm,
ich überschütte dich mit finsteren Geschichten, ich
mache törichte Witze in meinem gebrochenen Englisch, und dabei willst du eigentlich nur ein osteuro-
päisches Schwätzchen halten. Nun ja, umsonst gibt
es nichts. Manche Polen sind ein verrücktes Pack, und
zu denen gehöre ich – aber harmlos, glaube ich.« Ihr
Vater war gleich zu Beginn des Krieges im September 1939 durch deutsche Artillerie umgekommen.
»Ich kann mich überhaupt nicht an meinen Vater erinnern«, hatte sie mir eines Abends erzählt, als ich in
Princeton zum Abendessen einen Zwischenhalt gemacht hatte. Ich war wie so oft auf der Fahrt von Philadelphia, wo ich an der University of Pennsylvania
einen Lehrauftrag hatte, zurück nach New York. In
jenen Jahren war Joanna gewöhnlich schon halb-
betrunken, wenn sie mich am Bahnhof mit dem Auto
abholen kam, und ihr Geplapper während der Fahrt
– über Gombrowicz, Witkiewicz, Schulz, Konwicki
– war alarmierend mythoman, glänzend exzentrisch,
unwahrscheinlich informativ und für mich nicht ohne
Reiz. Was sie von ihrem Vater erzählte, während wir

uns die Straße nach Princeton hineinschlängelten, klang streng und nüchtern. »Er wurde im Graben getroffen. Bei der Verteidigung von Warschau. Übrigens hat ihn sein jüdischer Leutnant getragen. Er war in einem Graben, und da hat es ihn erwischt. Er war nicht gleich tot. Er ist im Lazarett an seiner Verletzung gestorben.« »Wie alt ist er gewesen?« »Er war sehr jung. Er war siebenunddreißig.« »Und deshalb hast du keine Erinnerung an ihn.« »Ich war ein Baby. Nein, überhaupt keine. Außer was man mir erzählt hat.«

Ich suchte ihre Telephonnummer heraus und rief etwa um die Zeit an, um die ich in jenen Tagen ihre beunruhigenden, zwanghaften Anrufe erhalten hatte, damals, als sie, selbst nachdem sie ihr Adreßbüchlein vor sich selbst versteckt hatte, damit sie nicht anfing zu telephonieren, dennoch Opfer jener Telephonitis wurde, die mit dem Trinken zusammenhängt, und jede Nummer anrief, an die sie sich noch erinnern konnte. Alles, was ich wollte, war ihr Ohr – daß die vaterlose, tapfere, verjüngte Joanna mir einfach zuhörte, konnte mir vielleicht geben, was *ich* jetzt brauchte und was immer das war um halb zwölf Uhr abends, um mich dem Gedanken zu stellen, daß ich meinen eigenen Vater im Alter von sechsundachtzig

Jahren eine zehnstündige Operation, fünf leblose Tage im Bett, drei oder vier Monate der Rekonvaleszenz durchmachen lassen sollte, und all das ohne wirkliche Sicherheit, daß es ihm auch nur ein verdammtes kleines bißchen nützen würde.

Sechsundachtzig. Sechsundachtzig ertönte es immer wieder wie ein Grabgeläut. Ich nehme an, indem ich Joanna anrief, gestand ich mir ein, daß selbst ich wußte, daß man einen Vater nicht für immer haben kann.

Sie *war* noch wach, als ich anrief, und zwar wartete sie auf den Telephonanruf eines ihrer »Täubchen« – so nannte sie die Suchtkranken auf Entzug, die sie betreute. Im Rahmen eines lokalen Entzugsprogramms, dessen Zusammenkünfte sie regelmäßig besuchte, war sie für fünf oder sechs junge Mädchen, die versuchten, von Drogen loszukommen, Ersatzmutter geworden. Das Mädchen, auf dessen Anruf sie wartete, war im Begriff, aus der Wohnung eines Freundes auszuziehen, der sie ausnutzte und sie am Abend zuvor, als sie ihm eröffnet hatte, sie würde ihn verlassen, mit einem Boxhieb die Nase blutig geschlagen hatte.

»Nun«, so sagte ich, »mir machen selbst ein paar Unannehmlichkeiten zu schaffen. Ich bin auch eins von deinen Täubchen.«

»Worum geht es, Philip?«

»Mein Vater ist krank.«

»Ach, das tut mir leid.«

»Er hat sehr trübe Aussichten. Er hat einen großen Hirntumor. Das Arzt sagt, er wachse seit etwa fünf bis zehn Jahren. Sie sagen, daß er in sehr kurzer Zeit in einem furchtbaren Zustand sein wird. Sie werden versuchen müssen, ihn herauszuholen. Es ist eine schreckliche Operation.«

»Will er?«

»Wollen? Nein. Doch die Alternative wäre, ihn wachsen zu lassen und die Folgen hinzunehmen, und das könnte grotesk sein. Das Problem ist, daß für einen Sechsundachtzigjährigen, selbst wenn er überlebt – und der Arzt behauptet, daß drei von vieren überleben –, die Genesung ein Alptraum sein wird. Er wird niemals wieder er selbst sein, wenn auch vielleicht recht nahe seinem alten Selbst.«

»Jedenfalls näher«, sagte Joanna, »als mit dem Ding in seinem Kopf.«

»Mit dem Ding ist er verloren. Es ist eine teuflische Wahl, aber es gibt keine Wahl.«

»Am Lebensende ist es immer so.«

»Er hat sich bemerkenswert gehalten. Ich meine, nicht auf außergewöhnliche Weise, ich meine, auf seine eigene irdische, dickköpfige Weise. Seine Stärke bringt mich zum Staunen. Doch was diese Stärke speist, macht die Situation so schrecklich: das letzte, was er will, ist sterben.«

»Und deshalb sitzt du da und weinst«, sagte Joanna.

»Nun, ich weine nicht die ganze Zeit – hauptsächlich sitze ich offenbar in diesem Hotel hier und tue absolut nichts. Dann denke ich: ›Warum sitze ich hier, wenn er dort drüben ist?‹ und fahre nach Elizabeth, um ihn zu einem Spaziergang auszuführen. Morgen wird der erste Tag sein, an dem er wirklich allein sein wird. Doch ich schaffe es nicht, wieder hinzufahren. Ich brauche einen Tag Pause.«

»Er hat es auch nötig, ab und zu allein zu sein«, sagte sie.

»Da hast du es also«, sagte ich. »Hilflosigkeit ist immer schwierig, bei einem Kind, bei einem Freund, doch die Hilflosigkeit eines alten Menschen, der einmal solche Kräfte besessen hat ...«

»Besonders die eines Vaters.«

»Ja. Er hat einen solch langen« – und das Adjektiv, das mir dann auf die Lippen kam, war keines, das ich je mit seinen Mühen zu assoziieren gedacht hätte, so sehr ich auch immer seinen Mumm respektiert hatte

– »langen, langen distinguierten Kampf geführt.« Es überraschte mich, wie sehr dieses Wort zutraf.

»Das Gute ist«, sagte Joanna, »daß er diese Wahl hat, daß er an der Wahl beteiligt ist.«

»Nur ist es keine wirkliche Wahl. Die Alternative ist unakzeptabel. Die Wahl wäre, aus dem Fenster zu springen.«

»Und du bewunderst ihn dafür, daß es für ihn eine unmögliche Tat ist, aus dem Fenster zu springen.«

»Bewundere es und beneide ihn darum. Als ich im letzten Jahr selbst ganz am Ende war, habe ich jeden Tag daran gedacht zu springen.«

»Ich erinnere mich. Ich hatte auch diese dummen Anwandlungen, das für eine Lösung zu halten.«

»Er nicht. Er sieht es nicht einmal in seiner Phantasie als eine Lösung an. Ich bin heute dort gewesen, um ihn zum Arzt zu bringen. Ich mußte ihn durch das arme, arme, arme alte Newark fahren. Er kennt jede Straßenecke. Wo Gebäude zerstört sind, erinnert er sich an die Gebäude, die dort waren. Du sollst nichts vergessen – das ist die Inschrift auf seinem Wappen. Am Leben zu sein, heißt für ihn, aus Erinnerung zu bestehen – für ihn besteht ein Mensch, der nicht aus Erinnerung besteht, aus nichts. ›Siehst du die Stufen dort, 1917 habe ich mit Al Borak auf der Schräge gesessen – erinnerst du dich an Al Borak? Er hatte das Möbelgeschäft – ich habe dort mit Al gesessen am Tage, als Amerika in den Krieg eintrat. Es war Frühling, April oder Mai, das habe ich vergessen. Da drüben hatte deine Großtante den Süßigkeitenladen. Und dort hatte mein Bruder Morris sein erstes Schuhgeschäft. Mensch, das steht immer noch?‹ sagt er. Und immer so weiter. Wir sind an seiner Schule vorbeigekommen, Thirteenth Avenue School, wo er der Liebling der Lehrerin war. ›Meine Lehrerin, die hat mich gemocht. „Herman“, hat sie gesagt –‹ Und weiter erzählt er den ganzen Weg durch die Stadt hindurch.«

»Nun ja, das Leben.«

»Das kannst du zweimal sagen. Wir kommen zum Krankenhaus, und er sagt: ›Was für ein Segen für die Stadt Newark, als man dieses Krankenhaus gebaut hat.‹ Er denkt also nicht an seinen Tumor, sondern an die Stadt Newark. *Er* ist der Barde von Newark. Dieser wirklich reichhaltige Newark-Stoff ist nicht meine Geschichte – es ist die seine.«

»Er ist ein guter Bürger.«

»Ich fahre ihn herum, ich sitze bei ihm, ich esse mit ihm, und die ganze Zeit denke ich, daß die wirkliche

Arbeit, der unsichtbare, riesige Job, den er sein ganzes Leben lang verrichtet hat, den diese ganze Generation von Juden verrichtet hat, darin bestand, sich zu Amerikanern zu machen. Zu den *besten* Bürgern. Europa hat mit ihm aufgehört.«

»Oh, nicht ganz. Er hat Europa nicht ganz aufgegeben«, sagte sie. »Das Europa in ihm ist seine Überlebenskunst. Das sind Menschen, die niemals aufgeben werden. Doch sie sind auch besser als Europa. Es gab Dankbarkeit in ihnen und Idealismus. Dieser grundlegende Anstand.«

Das war der Grund, weshalb ich Joanna angerufen hatte – das war es, was sie mit meinem Vater gemeinsam hatte und was ich an ihnen beiden schätzte: Überlebenskunst, Überlebensdrang, Überlebenskraft.

»Habe ich dir je erzählt, was geschah, als er vor ein paar Jahren überfallen wurde? Er hätte sich um Kopf und Kragen dabei bringen können.«

»Nein. Erzähl.«

»Ein schwarzes Bürschchen von etwa vierzehn Jahren kam in einer Seitenstraße, die zu ihrem kleinen Tempel führt, mit einer Pistole auf ihn zu. Es war am Nachmittag. Mein Vater war im Büro des Tempels gewesen, um bei der Erledigung der Post oder dergleichen zu helfen, und er war auf dem Weg nach Hause.

Die schwarzen Kids berauben ältere Juden in seinem Viertel selbst bei hellichtem Tage. Sie kommen mit dem Fahrrad aus Newark herüber, so sagt er, nehmen ihnen ihr Geld ab, lachen und fahren nach Hause. ›Geh in die Büsche‹, fordert er meinen Vater auf. ›Ich gehe in gar keine Büsche‹, sagt mein Vater. ›Du kannst haben, was du willst, und du brauchst dazu nicht das Ding da. Du kannst das Ding wegstecken.‹ Der Knabe senkt die Pistole, und mein Vater gibt ihm seine Brieftasche. ›Nimm das ganze Geld‹, sagt mein Vater, ›aber wenn du mit der Brieftasche nichts anfangen kannst, hätte ich sie lieber wieder.‹ Der Knabe nimmt das Geld, gibt die Brieftasche zurück und läuft auf und davon. Und weißt du, was mein Vater tut? Er ruft über die Straße: ›Wieviel hast du gekriegt?‹ Und der Knabe gehorcht – er *zählt* es für ihn. ›Dreiundzwanzig Dollar‹, sagt der Knabe. ›Gut‹, sagt mein Vater zu ihm – ›jetzt zieh aber nicht los und gib es für irgendeinen Mist aus.‹«

Joanna lachte. »Nun, er ist nicht schuldig, dein Vater. Natürlich behandelt er ihn wie einen Sohn. Er weiß, daß die Juden in Bia|lystok nicht für den Sklavenhandel von New England verantwortlich waren.«

»Das ist es – es ist mehr. Er erlebt Machtlosigkeit nicht auf die übliche Weise.«

»Ja, daran denkt er gar nicht«, sagte sie. »Er läßt sich darauf nicht ein. Das ist der Stoff für eine tolle Unsensibilität, aber auch für einen tollen Mumm.«

»Ja, es ist nicht alles hübsch, was zum Überleben gehört. Womit er es besonders weit gebracht hat, war, daß er nie die Unterschiede zwischen Menschen erkannt hat. Mein ganzes Leben lang habe ich versucht, ihm zu sagen, daß die Menschen sich voneinander unterscheiden. Meine Mutter hat das verstanden, wie er es nie verstanden hat. Konnte es einfach nicht. Danach habe ich mich früher gesehnt bei ihm, ein wenig von ihrer Nachsicht und Toleranz, diese schlichte Erkenntnis, daß Menschen verschieden sind und daß dieser Unterschied legitim ist. Doch das konnte er nicht begreifen. Alle mußten sie auf dieselbe Weise funktionieren, auf dieselbe Weise Bedürfnisse haben, auf dieselbe Weise pflichtbewußt sein, und wer immer es anders machte, war *meschugge* – verrückt.«

»Ich verstehe, was *meschugge* heißt, Philip, selbst wenn ich eine Polin bin.«

»Natürlich ist er nicht der erste Mensch, der solche Gedanken hat. Doch er hatte seinen eigenen, ganz besonderen jüdischen Stil des Beharrens auf seinen absolut totalitären Vorstellungen davon, was gut und was richtig ist, und als Kind hat mich das wirklich furchtbar mitgenommen. Jeder muß es auf genau dieselbe Weise machen. Aufseine Weise.«

»Naja, du bist auch ganz schön unerbittlich, weißt du. Das gibt es auch bei dir, diese gewisse Unerbittlichkeit, die du von ihm hast. Auch du bist nicht immer gar so taktvoll, wenn du meinst, du seist im Recht.«

»Das sagt auch Claire.«

»Du hast ihm vergeben. Du hast ihm diese Unerbittlichkeit und diese Taktlosigkeit und daß er jeden über denselben Leisten schlagen wollte, vergeben. Alle Kinder bezahlen einen Preis, und die Vergebung schließt auch die Vergebung für den Preis ein, den du bezahlt hast. Du sprichst auf sehr versöhnte Weise über ihn.«

»Das möchte ich hoffen. Seit meine Mutter gestorben ist, bin ich ihm wahnsinnig nahegekommen. Anders wäre es leichter gewesen.«

»Wäre es nicht. Der Tod eines Elternteils, das ist furchtbar. Als meine Mutter starb«, sagte sie, »hatte ich keine Ahnung, daß ich so empfinden würde. Das halbe Leben oder noch mehr verschwindet. Du fühlst dich ärmer, weißt du: jemand, der mich in all jenen Jahren gekannt hat ...«

»Ich habe mit ihm und mit dem Neurochirurgen heute zusammengesessen – er gilt als der beste in New Jersey, ein sehr netter Bursche von etwa vierzig, fünfundvierzig Jahren, ein dicklicher, freundlicher jüdischer Knabe, hat gute Noten, nicht besonders athletisch – wenn ich ihn so vor mir sehe, würde ich ihn nicht mal meinen Thanksgiving-Truthahn tranchieren lassen.« Ich erzählte ihr, wie der Arzt mich gefragt hatte, ob ich irgendwelche Fragen hätte, und ich ihm gesagt hatte, daß mein Vater die Fragen habe, und wie mein Vater dagesessen und die Liste mit den Fragen vorgelesen hatte und wie der Arzt ihm am Modell des Hirns die verrückte Sache gezeigt hatte, die er beabsichtigte. »Er beabsichtigt, ihm den Kopf aufzuhakken, sein Gehirn hochzuschieben und in seinem Schädel mit einem Laser herumzuschneiden, mit einem Lichtstrahl – und ich dachte: ›Ich weiß, wo die Schwächen der Menschen herkommen, das wissen wir alle, aber wo ist die Quelle der Stärke? Wo kommt die Stärke her bei zwei Männern, die sich auf solche Weise dieser Situation stellen?«

»Aus der Selbstachtung«, sagte sie. »Sie halten etwas von sich.«

»Liegt es daran? Ich weiß nicht. Ich bin sicher, daß das alles ganz elementar ist, doch es hat mich heute

Abend aus der Fassung gebracht. Man braucht keine surrealistische Kunst, weißt du. Das heute ist surreal für mich. Diese beiden Männer, die dasitzen und sich der Situation gestellt haben, der sie sich stellen mußten.«

»Und wo ist Claire?« fragte Joanna.

»In London. Zu Hause. Sie regt sich auf, wenn ich anrufe. Sie hat gesagt, sie wolle zurückkommen, um zu helfen, aber ich habe ihr gesagt, sie solle bleiben, wo sie ist, und tun, was sie dort zu tun hat. In einer Hinsicht ist es tatsächlich besser, ohne sie allein apathisch dazusitzen, als wenn sie hier wäre und ich sie auch deprimieren würde. Ich würde bloß von Jersey zurückfahren und dann dasitzen und sie anstarren – da ist es schon besser, ich sitze allein da und starre. Es ist besser, sich darauf zu konzentrieren, was getan werden muß. Obwohl es mit der ganzen Konzentration auch nicht so weit her ist. Ich kann nicht lesen, Gott weiß, daß ich nicht schreiben kann – ich kann mir nicht einmal ein blödsinniges Baseballspiel anschauen. Ich kann absolut nicht denken. Ich bringe nichts, aber auch gar nichts zustande.«

»Mußt du doch auch gar nicht. Du bist wie dein Vater«, sagte sie und lachte mich jetzt aus. »Du mußt nicht die ganze Zeit arbeiten.«

»Es wird fremd und einsam ohne ihn sein. Und wer kann das verstehen?«

»Nun, du mußt ja auch nicht alles verstehen.«

»Ich verstehe überhaupt nichts.«

Später duschte ich mich, wobei ich diese Worte wiederholte. Ich schnitt mir auf dem Bettrand sitzend die Fußnägel – die erste Sache seit Tagen, auf die ich mich, von ihm abgesehen, konzentrieren konnte – und wiederholte diese Worte. Wieder vier Worte, ganz, ganz grundlegendes Zeug, doch in jener Nacht, als Joanna mir den Gefallen getan hatte, mich bis zu Ende anzuhören, klang es mir nach aller Weisheit der Welt. Ich verstand überhaupt nichts. Als ich am Nachmittag nach Manhattan zurückgefahren war, die eine Hand um den Rasiernapf meines Großvaters gepreßt, hätte mir gewiß nichts klarer sein können als der Gedanke, wie wenig ich wußte. Es war nicht so, daß ich nicht verstanden hatte, daß die Verbindung mit ihm verwickelt und tief war – was ich nicht gewußt hatte, war, wie tief tief sein kann.

Ich schlief mit Unterbrechungen bis vier Uhr morgens, dann schaltete ich das Licht an, stand auf und sah mir wieder die Röntgenaufnahmen seines Hirns an, und davon verstand ich auch nichts.

Wäre es die Kernspintomographie von Yoricks Hirn gewesen, was Hamlet betrachtet hätte, dann wäre vielleicht sogar er sprachlos gewesen.

Ein paar Tage später bekamen wir die zweite fachärztliche Meinung, und mein Vater zog sie der ersten vor. Vallo Benjamin, ein Neurochirurg an der NYU-Klinik in Manhattan hatte sich auf Ersuchen von David Krohn bereit erklärt, für uns einen Termin einzuschieben – David hatte ihn mir als »Weltklasse« beschrieben. Benjamin war ein autoritärer, weltgewandter Mann etwa meines Alters, ein elegant gekleideter, dunkeläugiger Fremder von männlich gutem Aussehen, wie direkt aus der Schule von Picasso, dem er ähnelte. Er hörte sich die medizinische Vorgeschichte aus dem Munde meines Vaters an, fragte, ob er Kopfschmerzen oder Schwindelanfälle habe, berührte dann mit einer Nadelspitze beide Seiten des Gesichts meines Vaters, um festzustellen, wieviel Gefühl er auf der schlimmen Seite verloren hatte. Benjamin sah aus, als mustere er meinen Vater sehr sorgfältig, während dieser alle Fragen beantwortete, seine eigenen Fragen stellte und darauf wartete zu hören, ob ihm vielleicht ein Hinrichtungsaufschub gewährt und sein Urteil aufgehoben würde, was es ihm erlauben würde, sich wieder wie vierzig zu fühlen. »Ich fühle mich wie vierzig«, war etwas, das er bis vor wenigen Monaten jedem erzählt hatte, selbst an Tagen, wenn das nicht stimmte.

Benjamin steckte die Bilder der Kernspintomographie des Gehirns auf den Leuchtschirm hinter seinem Schreibtisch und forderte mich auf, um den Tisch herumzukommen und mit ihm einen Blick darauf zu werfen. Mein Vater saß fügsam neben Lil, den Zettel mit der Liste von Fragen in der Hand, während der Arzt, der so leise sprach, daß nur ich ihn hören konnte, mit einem Finger über die Bilder fuhr, um mir die Ausdehnung des Tumors zu zeigen. Genaugenommen, so sagte er, sei es kein Hirntumor. Es habe wahrscheinlich als Tumor an einem Gesichtsnerv angefangen und sich so ausgebreitet, daß es jetzt nicht nur gegen den Hirnstamm drücke, sondern sich auch durch den Knochen an der Nasenrückwand ausgedehnt habe. Meyerson hatte geschätzt, daß die Operation acht bis zehn Stunden dauern würde und eine Routinesache wäre. Jetzt bekam ich zu hören, es sei wahrscheinlicher, daß sie dreizehn oder vierzehn Stunden dauern würde und daß dabei an Stellen gearbeitet werden müsse, wo alle Arterien und Nerven zusammengeballt seien – »riskantes Terrain«, sagte der Arzt. »Wollen Sie damit sagen, daß es unmöglich ist?« fragte ich ihn. »Ganz und gar nicht«, gab er ein wenig heftig zurück, als hätte ich sein fachmännisches Geschick in Zweifel gezogen. »Natürlich ist es zu machen.«

Als wir uns wieder hinsetzten, sagte mein Vater zu Benjamin: »Herr, Doktor, ich habe einen Freund in dem Haus, wo ich wohne. Sein Schwager hatte einen Tumor wie ich, und man hat ihn bestrahlt. Man hat Bestrahlungen gemacht, und er ging weg. Ich will nicht sagen, daß das die Lösung für alles ist, und auf Dauer. Doch wenn ich einfach noch ein, zwei Jahre haben könnte ...«

»Mr. Roth«, antwortete er sehr sanft, »ich weiß nicht, ob Bestrahlung wirksam wäre, ehe ich nicht weiß, mit welcher Art von Tumor wir es zu tun haben. Um das zu wissen, brauche ich zusätzlich zu diesen Aufnahmen eine Computertomographie, um ein Bild vom Schädel wie auch von der Lage des Gehirns zu haben. Dann brauche ich eine Biopsie des Tumors. Bei Ihnen kommen drei Arten von Tumoren in Frage, und erst nach einer Biopsie kann ich bestimmen, um welchen es sich handelt und was ich Ihnen raten würde, Sir.«

»Ich verstehe«, sagte mein Vater finster.

»Die Biopsie wird mit einer Nadel gemacht«, sagte der Arzt. »Es ist eine Prozedur, die nicht länger als eine Stunde dauert. Ich würde empfehlen, daß Sie die Nacht über im Krankenhaus bleiben, damit wir Sie anschließend unter Beobachtung haben. Sie würden dann am folgenden Tag nach Hause gehen.«

»Wo stechen Sie die Nadel hinein?« fragte mein Vater, wobei sein Ton signalisierte, daß niemand ihn quälen würde, ohne vorher alles erklärt zu haben.

Meines Vaters ungekünstelter Stil und die Kampfbereitschaft, die er trotz seines Alters und alldem, wogegen er angehen mußte, unverkennbar noch hatte, schienen den verfeinerten Neurochirurgen doch ein wenig zu betören und sogar eine Saite persönlicher Sympathie anzurühren. Mehrere Male war mein Vater, während er seine Krankheitsgeschichte erzählte, abgeschweift in eine Anekdote aus seiner Newarker Kindheit vor etwa fünfundsiebzig Jahren, eine Erzählung, deren unterirdische Botschaft offenbar war, daß er in der Rutgers Street gelernt hatte, realistisch zu sein und daß er vorbereitet war auf alles, was immer ihm jetzt bevorstand. Er und das Leben reichten gemeinsam weit, weit zurück, und er wollte, daß Benjamin das auch wußte.

Jeder Geschichte – handelte sie nun davon, wie man sich gegen die irischen Raufbolde aus »down neck« in Newark behauptete, oder davon, wie er nach der Schule in der Schmiede seines Cousins gearbeitet hatte – hörte der Arzt mit beinahe ebenso viel Neugier wie Ungeduld zu, und er wartete freundlicherweise, bis mein Vater sein Anliegen veranschaulicht hatte, um ihn wieder auf das Bevorstehende zurückzulenken. Dann erklärte er ihm im Detail, wie die Nadel durch das Gaumendach aufwärts geführt und mit ihr Gewebe aus dem Tumor entnommen werde, und so fort, Schritt für Schritt.

»Und Bestrahlung?« fragte mein Vater wieder, diesmal ein wenig verzweifelt.

»Die Biopsie wird erweisen, ob es die Art von Tumor ist, die auf Bestrahlung reagiert. Es gibt immer eine Chance, wenn sie auch bei der Größe Ihres Tumors und der Länge der Zeit, die Sie ihn wahrscheinlich schon haben, nicht sehr groß ist.«

»Verstehe«, sagte mein Vater, »ich spreche ja einfach bloß von noch drei oder vier Jahren ...«

Der Arzt nickte; er verstand sehr gut. Das ursprüngliche Ersuchen um ein oder zwei zusätzliche Jahre hatte sich innerhalb weniger Minuten auf drei oder vier ausgedehnt, wie ich bemerkte. Mein Vater war offensichtlich dabei, zu diesem Arzt Vertrauen zu fassen und ihn sogar mit einer gewissen göttlichen Gewalt auszustatten, da er um so viel aristokratischer und mächtiger aussah als der *haimische,* gedrungene Dr. Meyerson, der ja eher mehr vorgeschlagen hatte als ihn bloß mit einer Nadel durch das Gaumendach zu stechen. Mir kam der Gedanke, wenn wir alle ein oder zwei Tage zusammen in Benjamins Sprechzimmer säßen und redeten, dann würde mein Vater schließlich seine Furcht überwinden, er könne, indem er als sündhaft gierig erschiene, noch schlimmeres Unheil auf sich herabbeschwören, und er würde diesem Arzt verkünden, was in seinem Herzen sein mußte, nämlich daß er nicht bloß drei oder vier Jahre zusätzlich haben, sondern die ganze verdammte Sache noch einmal von vorne in Angriff nehmen wolle: »Ich habe mich selbst ohne eine Ausbildung in der High-School aus den Einwandererstraßen emporgearbeitet, ich habe mich niemals unterworfen, habe niemals das Gesetz gebrochen, niemals den Mut verloren oder gesagt: ›Ich schmeiße es hin.‹ Ich bin ein treuer Ehemann gewesen, ein loyaler Amerikaner, ein stolzer Jude, ich habe zwei wunderbaren Jungen alle Chancen gegeben, die ich selber nie hatte, und was ich verlange, ist nur, was ich verdiene – noch einmal sechsundachtzig Jahre! Warum«, so würde er ihn fragen, »sollte ein Mensch eigentlich überhaupt sterben?« Und natürlich hätte er ein Recht, das zu fragen. Es ist eine gute Frage.

»Eine Nadel«, sagte mein Vater, »mit einer Nadel hineinstechen – ist das nicht gefährlich?«

»Im allgemeinen ist es eine sehr sichere Prozedur«, sagte der Arzt. »Sie werden nichts spüren. Sie werden eine Vollnarkose bekommen. Danach wird sich Ihr Mund zwei oder drei Tage lang ziemlich wund anfühlen, doch das geht vorbei.«

»Und dann«, sagte mein Vater, »wenn es der richtige Tumor ist, Bestrahlung ...?«

Der Arzt hob beide Hände als Zeichen von Hilflosigkeit, wobei er zum ersten Mal nicht wie ein Neurochirurg von Weltklasse aussah, sondern wie ein um den Preis handelnder Geschäftsmann in einem orientalischen Basar. »Es ist nicht völlig unmöglich, und ich kann es nicht ganz ausschließen, doch im Moment weiß ich es einfach nicht.«

»Was sind die Auswirkungen einer Bestrahlung?« fragte mein Vater.

»Wenn Sie ein junger Mensch wären, könnte es etwa dreißig Jahre später irgendwelche Folgen haben.«

»Aber eins ist sicher, wenn ich richtig verstehe – Sie wollen nicht operieren.«

»Ich würde nicht und ich könnte nicht. Ich muß zuerst ganz genau wissen, was ich drinnen vorfinde.«

Als wir das Sprechzimmer des Arztes verließen, schlug ich vor, nicht direkt nach Hause zu fahren, sondern den Fahrstuhl hinab in die Cafeteria der Klinik zu nehmen und alles durchzugehen, was der Arzt gesagt hatte, während die Konsultation uns noch frisch im Gedächtnis sei.

Wir fanden einen Tisch für vier Personen – auch mein Neffe Seth war da, der mit seiner Frau in Jersey City wohnt und der Lil und meinen Vater aus Elizabeth hergefahren hatte und sie wieder zurückbringen würde. Seth hatte während der Konsultation draußen im Wartezimmer gesessen, und teils zu seiner Information, hauptsächlich aber um sicherzugehen, daß mein Vater nichts mißverstanden hatte, ging ich in der Cafeteria noch einmal jede Einzelheit durch, wobei ich betonte, der Arzt habe zwar die Möglichkeit offengelassen, daß der Tumor auf Bestrahlung reagieren könne, doch das sei nicht sehr wahrscheinlich.

»Mir gefällt dieser Mann«, sagte mein Vater, als ich zu Ende war. »Ich bin beeindruckt von diesem Mann.

Der andere Kerl wollte einfach gleich loslegen und schneiden. Dieser Mann will erst alle Informationen. Ich bin von ihm beeindruckt. Du nicht auch?« fragte er Lil. »Bist du nicht von ihm beeindruckt?«

»Ja«, sagte Lil. »Er schien sehr nett zu sein.«

»Und du, Phil?«

»Ja. Ich bin sicher, er ist ein ausgezeichneter Arzt. David hat mir das auch versichert.«

»Das ist richtig. Und er sagte, wir sollten abwarten. Was ist er?« fragte mich mein Vater. »Ein Jude?«

»Ich glaube ja. Ich vermute, ein persischer Jude.«

»Ein gutaussehender Mann«, sagte mein Vater.

Vor dem Fahrstuhl in der Hauptetage gab es sehr viele Menschen, und während wir uns durch die belebte Klinikhalle schoben, hielt ich ihn an einem Arm, während Seth den anderen Arm nahm. »Ich muß wieder anfangen zu leben«, sagte mein Vater plötzlich zu mir. »Ich kann mich nicht mehr in der Wohnung vergraben. Ich kann nicht als Einsiedler leben.«

»Unbedingt«, sagte ich.

»Ich muß wieder ins Y gehen. Der Kantor aus der Synagoge ist mich besuchen gekommen – habe ich dir das erzählt? Zwei Männer aus der Synagoge und der Kantor. Sie hatten von dem Tumor gehört. Sie haben gesagt, sie würden mich jeden Tag zum Y fahren.«

»Gut. Geh doch hin.«

»Ich wußte gar nicht, daß ich so viele Freunde habe«, sagte er.

»Ein Aufschub«, dachte ich, »und möge er ihn genießen. Genieß ihn selbst«, dachte ich, »und sei es nur, bis morgen die nächste Entscheidung getroffen werden muß.« Und so gelang es mir an diesem Abend, das Spiel der Mets mit einigem Vergnügen anzuschauen, wobei ich mich wie jeder gewöhnliche, schlichte Eskapist auf Darlings Three-hitter und McReynolds Home Run konzentrierte statt auf meinen Vater und den Tumor, der immer noch dort in seinem Kopf saß, trotz des Sieges der Mets, blind und massiv anwesend, und der, wenn er dort gelassen würde, am Ende ebenso gnadenlos sein würde wie jede beliebige blinde Masse im Vormarsch.

Zwei Jahre zuvor, am 14. Oktober 1986, als die Mets im fünften Spiel der Entscheidungskämpfe gegen Houston antraten, mußte ich leider in London sein. Es war Viertel nach elf Uhr abends Londoner Zeit, als ich in Elizabeth anrief, und mein Vater war ekstatisch. Es war mir erst im vorangegangenen Frühjahr gelungen, ihn für die Mets zu interessieren, als er etwa einen Monat lang bettlägerig war aufgrund einer entkräftenden Krankheit, die niemand diagnostizieren konnte und die wahrscheinlich etwas mit dem Hirntumor zu tun gehabt hatte. Seine Kraft hatte ihn nahezu völlig verlassen, er hatte keinen Appetit, und manchmal, wenn er aufstand, schwankte er von einer Seite zur anderen. Ich war von London zurückgeflogen, um herauszufinden, was es mit seinem Zustand auf sich hatte, und während der Wochen, die ich in New York verbrachte, hatte ich versucht, seine Aufmerksamkeit von dieser unerklärlichen Krankheit abzulenken, indem ich ihn für die Mets interessierte, die gerade dabei waren, den Wimpel zu gewinnen. Ich kam dann manchmal am Abend zum Essen zu ihm, und wir schauten gemeinsam das Spiel an, und als ich ein paarmal zum Spiel ins Shea-Stadion ging, hatte ich zu ihm gesagt, er solle die Augen offen halten und schauen, ob er mich auf der Tribüne sehen könne. Als ich wieder fortfuhr, waren all seine Symptome so gut wie verschwunden, er war fast genesen, und er war ein ausgesprochener Fan geworden – eigentlich zum ersten Mal wieder seit meiner Kindheit, als er sonntags meinen Bruder und mich ins Newarker Ruppert-Stadion mitnahm, um ein Doppelspiel der alten Triple-A Newark Bears gegen unsere Rivalen von der anderen Seite der Sümpfe, die Jersey City Giants, anzuschauen.

Als ich mich während der Entscheidungsspiele in London aufhielt, rief ich ihn jeden Abend an, um von den Spielen zu hören. Ich liebte seine überschwenglichen Beschreibungen.

»Die Mets haben gewonnen«, sagte er, als wäre es auch für ihn ein Triumph gewesen. »Zwölftes Inning. Ein Höllenspiel. Gooden gegen Ryan. Strawberry hat einen Home Run geschlagen. Dann haben sie ausgeglichen. *Höllenspiel.*«

»Whow. Nun mal langsam«, sagte ich. »Wann hat Strawberry den Home Run geschlagen?«

»Im sechsten. Gewonnen haben sie im zwölften. Backman schlägt einen Ball, der für den dritten Basemann zu heiß ist. Konnte ihn nicht festhalten. Er kam zuerst zur Base. Dann warf der Pitcher für die Houston Astronauts einen ganz wilden Pitch zur ersten, und er kam bis zur zweiten. Deshalb hatte es keinen Sinn, zu Hernandez zu werfen, und er täuschte ihn. Dann war Carter an der Reihe. Er hat einen Schnitt von null zu zweiundzwanzig oder dreiundzwanzig. Und er hat den Ball ins hintere Mittelfeld geschlagen, Backman konnte punkten, und das war's. Die Mets haben zwei zu eins gewonnen.«

»Toll. Seit wann ist es zu Ende?« fragte ich.

»Etwa seit einer halben Stunde. He, hast du das von deinem Freund Elie Wiesel gehört?«

»Nun ja, jemand hat mir davon erzählt.« Der Romanschriftsteller Elie Wiesel, mit dem ich vor Jahren ein wenig bekannt gewesen war, hatte an jenem Tag den Friedensnobelpreis erhalten.

»Hundertzwanzigtausend Bucks, plus die Ehre«, sagte mein Vater. »Er ist also dieses Jahr der dritte Jude, der einen bekommt.«

»Tatsächlich? Wer sind die anderen beiden?«

»Dieser eine Cohen und diese italienisch-jüdische Frau namens Levyirgendwas.«

»Nun«, sagte ich, »es ist ein großer Tag für die Juden und ein großer Tag für die Mets. Die Mets zwei, Houston eins – Juden drei, Gojim null. Jetzt fahren sie nach Houston hinunter, nicht wahr? Und spielen morgen?«

»Stimmt. Sie brauchen bloß noch eins zu gewinnen«, sagte er.

»Nun«, sagte ich, »es sind schon seltsamere Dinge passiert als zweimal hintereinander zu verlieren.«

»Nein«, sagte er, »sie können nicht zwei abgeben, dazu sind sie zu gut. Heute war ein *Höllenspiel.*«

»Wenn es bis sieben geht, müssen sie es wieder mit Scott aufnehmen«, sagte ich.

»Phil, sie werden ihn schlagen. Zunächst einmal, er wirft zum zweiten Mal nach drei Tagen Pause. Oder sind es vier Tage Pause? Da war der Regenausfall, dann heute, Mittwoches werden drei Tage sein.«

»Okay«, sagte ich, »wenn du sagst, daß sie ihn schlagen, dann glaube ich dir. Ich werde morgen mit dir sprechen. Und Glückwunsch zu Elie Wiesel. Ihr Juden solltet stolz sein.«

»Ach, hör auf mit dem Mist, okay?« sagte er, doch er lachte, als er auflegte.

Und er lachte, als ich am nächsten Abend anrief. »Also, was ist passiert?« fragte ich.

»Es ist noch im Gang. Du würdest es nicht glauben. Dreizehntes Inning.«

»Mein Gott.«

»Sie haben im neunten drei zu eins zurückgelegen, doch jetzt haben wir das dreizehnte Inning, und es steht gleich. Ich schaue immer noch zu. Ich habe nicht mal gegessen.«

»Ein Spiel knapper als das andere«, sagte ich.

»Es ist herrlich«, sagte er.

»Nun, ich gehe schlafen«, sagte ich. »Es ist halb zwölf hier. Ich habe mir vorgestellt, es wäre jetzt vorbei, weil sie doch um drei angefangen haben.«

»Nein, es sind zwei draußen in der ersten Hälfte des dreizehnten Inning.«

»Wer wirft für die Mets?«

»McDowell wirft, und Anderson wirft für die Houstons.«

»Nun, ich werde wohl schlafen gehen müssen«, sagte ich.

Doch um Mitternacht, nachdem ich mir die Zähne geputzt hatte und ins Bett gegangen war, stand ich wieder auf und ging in die Küche hinunter, um ihn abermals anzurufen. Ich rief nicht bloß wegen der Mets an. »Was ist passiert?« fragte ich.

»Phil? Oh, mein Gott, es ist *unglaublich.*«

»Sie spielen immer noch?«

»Die Mets sind vier zu drei in Führung gegangen, direkt nachdem du aufgelegt hast. Strawberry – und ich glaube, Dykstra hat dafür gesorgt, daß er herumkam. Und dann schlägt dieser Kerl einen Home Run im zweiten Halbinning des vierzehnten für die Houstons. Und jetzt haben wir das erste Halbinning des fünfzehnten. Es steht vier vier, und irgend so ein dicker Mexikaner wirft.«

»Ach ja, ein äußerst attraktiver Kerl.«

»Für die Mets kommt jetzt dieser ganz junge Shortstop, der nur ein Strike out machen kann ... Nein – eine Bogenlampe. Er hat einen Bogenball geschlagen. Naja, das ist kein Strike out. He, ich berichte dir das Pitch für Pitch nach London, das wird dich ein Vermögen kosten.«

Doch Pitch für Pitch genoß ich es außerordentlich, vielleicht sogar mehr, als wenn ich dortgewesen wäre. »Nur weiter, Herm. Ich bin ein reicher Mann. Pitch für Pitch. Wer ist dran?«

»Sie haben Hernandez und Carter, die kommen sollen. Es ist bisher ein unglaubliches Spiel gewesen, doch es stand drei null, als es ins neunte ging. Die Mets hatten nur zwei Hits bis dahin. Weißt du was? Es ist bald Zeit, daß die Red Sox anfangen. Es soll um acht Uhr losgehen, und hier ist es schon sieben. Upps, Keith hat hochgeschlagen.«

»Er hat hochgeschlagen? Das Spiel wird noch die ganze Nacht dauern.«

Er lachte laut. »Ich glaube fast.«

»Okay. Ich rufe dich morgen an, um zu erfahren, was passiert ist. Es gibt noch Hoffnung.«

»Mach dir keine Sorgen, sie werden gewinnen. Du schlaf nur erst mal«, sagte er.

Um sieben Uhr seiner Zeit am nächsten Morgen –
zwölf Uhr mittags Londoner Zeit – rief er an, um mir
die Ergebnisse mitzuteilen.

»Phil?«

»Ja.«

»Hier ist Dad. So etwas hast du noch nie gesehen.
Die Mets haben im sechzehnten gewonnen.«

»Toll. Ich wollte dich ein bißchen später anrufen.«

»Ich bin gerade erst aufgestanden. Ich wußte, daß
du gespannt sein würdest. Sie lagen im neunten drei
zurück. Habe ich dir das gestern Abend erzählt, über
das neunte?«

»Mach dir keine Gedanken. Erzähl mir alles.«

»Hör zu. Sie haben drei Runs im neunten. Sie gehen vier drei in Führung. Dieser eine Pitcher ist dran.«

»Kerfeld, für Houston?«

»Nein. Für die Mets. Sein Name fällt mir nie ein.«

»McDowell.«

»Nein. Der andere Typ.«

»Orosco.«

»Ja, Morosco. Die Mets gehen vier drei in Führung.
Dann hat Houston einen Home Run, Ausgleich vier
zu vier. Im sechzehnten Inning haben die Mets drei
Runs. Sie gehen sieben vier in Führung. Houston
ist dran. Der eine Typ kommt auf die Base, und der

nächste hat einen Home Run. Sieben sechs. Und dann schlägt Kevin Bass hoch, und sie haben das Spiel sieben sechs gewonnen.«

»Dann haben sie also die Meisterschaft gewonnen.«

»Sie haben die Meisterschaft gewonnen.«

»Wie haben die Mets die drei Home Runs gemacht?«

»Dykstra! Ich kann dir sagen! Nachdem Morosco im sechzehnten die Runs abgeben mußte, kam Hernandez heraus zur Wurfstelle – ich habe das gerade in der Zeitung gelesen –, und weißt du, was er zu ihm gesagt hat? ›Wenn du noch einen schnellen Ball wirfst, bringe ich dich um.‹«

»Ich frage mich, ob er es getan hätte.«

»*Ich* hätte es getan«, sagte mein Vater lachend, und er klang, als wäre das, was ihn im Frühjahr bettlägerig gemacht hatte, nur ein Zufall gewesen, und als würde er tausend Jahre leben.

Unser Aufschub währte etwa vierundzwanzig Stunden. Dann übernahm der Hirntumor wieder das Regiment.

Während der nächsten eineinhalb Monate geschah nichts und wurde nichts unternommen – niemand von uns wußte genau, *was zu tun* war. Da der erste Neurochirurg gesagt hatte, der Tumor würde auf Bestrahlung nicht reagieren, und der zweite angedeutet hatte, die Aussichten seien sehr gering, daß Bestrahlung helfen würde, sah die Biopsie allmählich wie eine Prüfung aus, die ihm aufzuzwingen wir keinerlei Veranlassung hatten, insbesondere als ich durch Herumfragen erfahren hatte, daß sie sehr schmerzhaft sein konnte und in Anbetracht der Stelle, wo die Nadel blind eingeführt werden sollte, nicht ohne einiges Risiko. Und wenn das Ergebnis uns nur mit jener Option konfrontieren würde, vor der wir ohnehin schon zurückschreckten – einer Operation, nach der er vielleicht schlechter dran war statt besser –, was war dann zu gewinnen, wenn wir ihn dem aussetzten?

Alles wurde noch dadurch erschwert, daß Dr. Benjamin schon wenige Tage nach unserer Konsultation Amerika zu einer vierwöchigen Vortragsreise in Europa verließ, und vor seiner Rückkehr am 20. Juni gab es keine Möglichkeit, ihm gegenüber meinen Zweifeln Luft zu machen. Er hatte uns den Namen eines Kollegen gegeben, den er mit der Biopsie zu betrauen bereit war, doch obwohl mein Vater wieder nach New York fuhr, um diesen Arzt aufzusuchen – diesmal von meinem Bruder begleitet, der von Chicago hergeflogen war, um eine Woche bei ihm zu sein und mich ein wenig abzulösen –, hatten wir alle das Gefühl, daß zu viele Fragen unbeantwortet waren, um vor Dr. Benjamins Rückkehr weitere Schritte zu unternehmen, falls überhaupt.

Und mein Vater war kaum dazu gerüstet, die Entscheidung für den nächsten Schritt allein zu treffen. Er hatte sich den beiden Hirnchirurgen gegenüber wacker gehalten, doch jetzt, gefangen im Schraubstock ihrer abweichenden Vorschläge, verfiel er in eine unbeherrschbare Hilflosigkeit. Er begann, Dinge zu mir zu sagen, die nicht viel Sinn ergaben, und dann sagte er manchmal lange gar nichts oder ging plötzlich ohne Anlaß so unkontrolliert auf Lil los, daß er hinterher selbst über seine Heftigkeit erschrak und sich sanft entschuldigte. Sich Lil gegenüber zu entschuldigen wäre als gar keine so unselige Entwicklung erschienen, hätte sich darin nicht eher Demoralisierung als Reue gezeigt. Er wiederholte mir, meinem Bruder, allen gegenüber, er wolle keine Biopsie oder eine Operation durch die Rückseite seines Kopfes oder das Gaumendach – er wolle ja nur, was er von Anfang an gewollt habe: in die Lage versetzt werden, sein Essen zu sehen und seine Zeitung zu lesen und, wie er es formulierte, allein zu »navigieren«. Warum könne man nicht einfach den grauen Star aus seinem guten Auge entfernen und ihm das Augenlicht wiedergeben? Ich fand eines Tages, als ich zum Mittagessen herüberkam, den Entwurf zu einem Brief an den Augenarzt auf dem Eßzimmertisch: »Sehr geehrter Dr. Krohn, ich will mein Augenlicht wiederhaben. Ich will, daß man mein Auge in Ordnung bringt. Das ist alles, was ich will. Herman Roth«

Während die Tage vergingen und er machtlos in Verzweiflung hin und her schwankte, konnte ich natürlich nicht vergessen, daß Dr. Meyerson, der auf mich nie wie ein Narr gewirkt hatte, uns gewarnt hatte, daß sich die Dinge »in relativ kurzer Zeit« verschlimmern würden, wenn man nichts unternähme. Meyerson hatte uns gesagt, daß er die Rückwand des Schädels aufmachen würde, um den Tumor zu entfernen, und daß er acht bis zehn Stunden brauche, um ihn herauszuholen, und Benjamin hatte uns gesagt, um den Tumor zu entfernen, würde er durch einen Einschnitt im Gaumendach vorgehen – er würde in etwa dem Weg der Biopsienadel folgen – und ihn in dreizehn oder vierzehn Stunden extrahieren, und mein Vater sagte mir, daß die eine Aussicht ebenso schreckenerregend sei wie die andere und daß es undenkbar wäre, sich darauf einzulassen. »Ich will mein Augenlicht wiederhaben, das ist alles. Ich will sehen!«

Im Bett dachte ich immer wieder: »Hör auf ihn. Hör auf das, was er sagt. Er sagt dir, was er will, und es ist sehr einfach. Er will, daß sein Auge in Ordnung gebracht wird. Er ist kein Kind – er hat mit seiner eigenen Art von Weisheit sechsundachtzig Jahre bestanden, also ehre diese Weisheit und gib ihm einfach, was er will.« Doch dann, schon in der nächsten Minute, kam es mir so vor, daß ich, indem ich seiner unrealistischen Einschätzung der Krise nachgab, nur versuchte, der schweren Wahl auszuweichen ... und so fing ich wieder von vorne an, wenig überzeugt, daß es einen Lohn gab, der für die Risiken stünde, die mit dem Eingriff verbunden waren, doch im Bewußtsein, daß sich sein Befinden, wenn nichts unternommen würde, *in relativ kurzer Zeit* furchtbar verschlimmern konnte.

Eines Morgens, nachdem mein Bruder nach Chicago zurückgeflogen war, telephonierte ich nach Palm Beach; ich wollte nämlich mit Sandy Kuvin sprechen, einem Cousin von uns, der Arzt ist. Während der letzten Jahre hatte er auf mein Bitten hin meinen Vater untersucht, wenn dieser in Florida Ferien machte, und er hatte uns sinnvolle Ratschläge für die gesundheitlichen Probleme gegeben, mit denen mein Vater dort unten zu tun hatte. Sandy war ein paar Jahre älter als ich, Vater dreier Kinder, die das College besuchten, und er trat energisch für Israel ein – er verbrachte nahezu die Hälfte seines Arbeitsjahres an einer medizinischen Forschungsklinik in Jerusalem, für deren Ausrüstung er das Geld zusammengebracht hatte und die nach ihm benannt war. Ich hatte sie unter Führung eines seiner Mitarbeiter besichtigt, als ich das letzte Mal in Jerusalem war. Wir waren alle zusammen im selben Stadtteil von Newark aufgewachsen, wir waren in den vierziger Jahren auf dieselbe High-School gegangen, und obwohl er und ich einander erst vor kurzem wiedergetroffen hatten – als ich anfing, meinen Vater jeden Winter in Florida zu besuchen –, waren unser gemeinsamer Abend einmal pro Jahr in einem Restaurant der Stadt und unsere Nachmittage in seinem luftigen Haus an einer kleinen Bucht von Palm Beach freundlich und angenehm gewesen, wobei wir beide unseren Spaß daran hatten zu sehen, wie weit es uns von den Hallen der Weequahic High verschlagen hatte.

Nachdem ich die Situation erklärt und ihm meine Unentschiedenheit beschrieben hatte, sagte Sandy: »Er ist ein alter Mann, Philip – er hat ein langes Leben gelebt, und inzwischen wächst dieser Tumor ziemlich langsam. Innerhalb von zehn Jahren etwa hat er nicht mehr Schaden verursacht als den Gehör Verlust auf einem Ohr und die Lähmung einer Gesichtshälfte. Vielleicht kommen seine Kopfschmerzen zum Teil daher, und vielleicht rührt seine Unsicherheit beim Gehen nicht nur vom schlechten Augenlicht, sondern zum Teil ebenso von dem Ding her, das auf den achten Nerv drückt. Doch die Schädigung ist bisher nicht katastrophal gewesen und wird es vielleicht auch niemals sein.«

»Doch die Schädigung, von der du sprichst, ist allein während der letzten sechs Monate eingetreten. Was wird in den nächsten sechs Monaten passieren?«

»Das weiß niemand. Vielleicht nichts«, sagte er, »und vielleicht alles. Wenn er sein Augenlicht wiederhaben will, dann gib ihm sein Augenlicht wieder, und wenn er es nur einen Monat lang hat, ehe er stirbt, nun ja, dann wird er wenigstens einen Monat lang gehabt haben, was er wollte. Vielleicht hat er Glück und es währt länger.«

»Das habe ich auch gedacht – wenn ich nicht gerade wieder das Gegenteil denke. Doc, kannst du mir einen Gefallen tun? Kannst du ihn anrufen? Sag nicht, daß wir miteinander gesprochen haben. Ruf ihn aus heiterem Himmel an und laß ihn dir seine Geschichte erzählen, und dann sag ihm, was du mir gesagt hast – daß es langsam wächst und daß er es vergessen soll. Denn es wird mit ihm wirklich bergab gehen, wenn ihn nicht bald etwas aufrichtet. Er könnte einfach zusammenklappen und aus schierer emotionaler Agonie draufgehen.«

Innerhalb einer halben Stunde rief mich mein Vater an, und er klang so energisch und unternehmungslustig, als hätte er alle seine Kräfte wiedergefunden. *Wieder* einen Klimmzug zum Leben hinauf.

»Rate mal, wer mich eben zur Hochzeit seiner Tochter im November eingeladen hat?«

»Wer?«

»Sandy Kuvin hat aus Palm Beach angerufen. Weißt du, was er gesagt hat? Ich habe ihm erzählt, was passiert, und er hat gesagt: ›Herman, vergiß es. Du hast es zehn Jahre lang gehabt, und das Tempo, mit dem es wächst, ist so langsam, daß du es noch zehn Jahre haben kannst, ehe es weiteren Schaden anrichtet.‹ Kuvin hat gesagt, ich könne an zehn anderen Sachen sterben, ehe der Tumor größer würde.« In einem Ton, der nach wirklicher Freude klang, zählte er mir die potentiellen Killer auf. »Ich könnte einen Herzinfarkt bekommen, ich könnte einen Schlaganfall bekommen, ich könnte Krebs bekommen – bevor das Ding mich umbringt, könnten mir hundert andere Sachen den Garaus machen.«

Ich mußte lachen. »Na, das ist ja eine tolle Nachricht.«

»Kuvin sagt, ich soll es vergessen und mit meinem Leben weitermachen.«

»Tatsächlich? Dann solltest du das vielleicht wirklich tun.«

»Seine Michelle, seine Tochter, heiratet am – hier, ich habe es aufgeschrieben – am Dienstag, den 27. Dezember 1988. In ihrem Haus. Elf Uhr dreißig vormittags. Er will, daß auch du zur Hochzeit kommst. Mit mir und Lil.«

Bis zum Dezember waren es noch sieben Monate. War das »eine relativ kurze Zeit« zu nennen oder nicht? »Wenn du hinfährst, fahre ich auch«, sagte ich.

»Phil, ich will wieder sehen können. Ich will, daß Dr. Krohn mein Auge in Ordnung bringt. Genug herumgemurkst mit dieser anderen Sache.«

5
Vielleicht kann Ingrid
sich auf Dauer um mich kümmern

Doch eine Woche nach Benjamins Rückkehr aus Europa ging mein Vater ins Krankenhaus, um die Biopsie machen zu lassen, nicht als Vorspiel zur Operation – inzwischen hatten wir uns alle entschieden gegen eine Operation ausgesprochen –, sondern aufgrund der Möglichkeit, wie gering auch immer sie sein mochte, daß die Biopsie einen Typus von Tumor zutage bringen könnte, den die Bestrahlung schrumpfen lassen würde. Ich meinte, wir konnten nicht guten Gewissens den Tumor einfach ignorieren, ehe wir nicht sicher wußten, daß es nichts gab, mit dem er zu behandeln war, außer jener Metzelei, die für uns alle nicht akzeptabel war. Ich fürchtete mich vor dem Gedanken, daß die Nadel, die durch sein Gaumendach gestochen werden sollte, etwas in seinem Schädel beschädigen könnte, doch ich ließ mich von Benjamin überzeugen, daß Dr. Persky, der die Prozedur durchführen sollte, ein geschickter Praktiker war, wie wir kaum einen besseren finden konnten.

Der Hausmeister seines Gebäudes fuhr meinen Vater und Lil nach Manhattan ins Krankenhaus, wo ich sie traf, ihn nach endloser bürokratischer Verzögerung in der Aufnahme registrieren lassen konnte und zu seinem Zimmer hinaufbrachte. Dort bekam er ein Abendessen; zu meiner Überraschung war er in der Lage, sich völlig auf die Mahlzeit zu konzentrieren. Dann nahm Lil Abschied, und ich begleitete ihn hinab, wo er von einem jungen Pfleger befragt wurde, dem er seine Krankheitsgeschichte erzählte sowie etliche kurze Anekdoten aus seiner Kindheit. Als wir wieder in seinem Zimmer waren, nahmen wir seinen Pyjama aus seinem kleinen Koffer, und nachdem er im Badezimmer gewesen war, half ich ihm ins Bett. Er war erschöpft, und sein Gesicht sah ohne die Klappe über dem blinden Auge auf der schlaffen Seite schrecklich aus. Doch falls ich mich nicht täuschte, schien er weniger niedergeschlagen zu sein als während der Zeit, als gar nichts unternommen wurde. Es war eine neue Prüfung, der er sich stellen mußte, und sich Prüfungen zu stellen, ließ Hoffnungslosigkeit nicht zu. Es rief vielmehr jenes Amalgam aus Trotz und Resignation auf den Plan, mit welchem er gegen die Demütigungen des hohen Alters anzugehen gelernt hatte.

Unten in der Aufnahme hatte man ihm gesagt, daß man für drei Dollar fünfzig einen Fernsehapparat auf das Zimmer bekommen könne, und er hatte es abgelehnt, so viel dafür auszugeben. Als ich ihn auf dem Bett liegen und mit dem einen funktionierenden Auge an die Decke starren sah, sagte ich, ich würde es bezahlen. »Los doch«, sagte ich, »ich bin ein Kumpel – ich geb dir 'ne Nacht Fernsehen aus.«

»Dreieinhalb Dollar fürs Fernsehen? Die sind verrückt.«

»Wir können uns das Spiel ansehen. Die Mets spielen gegen die Reds.«

»Nicht für drei fünfzig«, antwortete er eisern. »Zum Teufel damit.«

»Es ist besser, als so auf dem Bett zu liegen und sich wegen morgen Gedanken zu machen.«

»Ich mach mir keine Gedanken. Den Luxus erlaube ich mir nicht. Und du geh nach Hause.«

»Es ist erst sieben. Du kannst *MacNeil/Lehrer* anschauen.«

»Mach dir keine Gedanken um mich. Mir geht nichts ab. Hol dir was zu essen und geh nach Hause ins Hotel und schau dir die Mets an.«

Im Sessel neben seinem Bett fing ich an, die Spätausgabe der *Post* zu lesen. »Willst du, daß ich dir die Nachrichten vorlese?« fragte ich.

»Nein.«

»Wir hätten daran denken sollen, ein Radio mitzubringen. Du hättest das Spiel am Radio verfolgen können.«

»Ich brauch kein Radio.«

Eine Viertelstunde später war er eingeschlafen, und nach einer Stunde sah es so aus, als würde er vielleicht durchschlafen, und das, noch ehe die Krankenschwester ihm die Schlaftablette gegeben hatte, die anzufordern ich den Pfleger gebeten hatte. Seine Zähne lagen auf dem Nachttisch, wo er sie hingelegt hatte. Ich tat sie in den Plastiknapf, den das Krankenhaus für Zahnprothesen bereitgestellt hatte, setzte den Deckel darauf und versorgte den Napf in der Nachttischschublade. Es waren neue Zähne, für die untere rechte Seite seines Mundes gemacht. Wegen seiner Gesichtsentstellung hatte der Zahnarzt große Schwierigkeiten gehabt, sie genau einzupassen; erst vor zwei Tagen, als ich mit meinem Vater einen Spaziergang machte, hatte er sie sich plötzlich aus dem Mund gerissen – »Diese verdammten Dinger! Zu viele Zähne!« –, doch als er sie in der Hand hatte, wußte er nicht, was er damit anfangen sollte. Wir überquerten gerade die North Broad Street, und die Ampel mußte bald auf Rot schalten. »Komm«, sagte ich, »gib sie mir«, und ich nahm die Prothese und steckte sie in die Tasche. Zu meinem Erstaunen war es äußerst befriedigend, sie in meiner eigenen Hand zu halten. Weit davon entfernt, sie als ekelhaft oder abstoßend zu empfinden, während ich weiterging und ihn an einem Arm zum Bordstein geleitete, freute ich mich darüber, wie angemessen das war; als wären wir gerade offiziell Partner eines Komikerduos geworden – als hätte ich die Rolle eines Stichwortgebers für einen Clown übernommen, dessen schlechtsitzende falsche Zähne jedesmal einen riesigen Lacherfolg brachten, ein Ulk, der sich mit Durantes Nase oder Eddie Cantors Augen messen konnte. Indem ich die Prothese mitsamt der schleimigen Spucke nahm und sie in die Tasche steckte, hatte ich einigermaßen unabsichtlich die Kluft körperlicher Entfremdung überbrückt, die sich nicht ganz unnatürlich zwischen uns aufgetan hatte, seit ich kein kleiner Junge mehr war.

Ich wartete noch ein paar Minuten, und als immer noch keinerlei Zeichen des Erwachens zu sehen waren, ging ich leise hinaus. Bei der Stationsschwester fragte ich, wann er am nächsten Tag hinunter in den Operationssaal gebracht werden sollte. Von einer Telephonnische am Ende des Korridors aus rief ich dann meinen Bruder in Chicago an.

»Ich hoffe, wir machen das nicht nur, um einfach bloß irgend etwas zu machen«, sagte ich. »Irgendwie habe ich ein bißchen das Gefühl.«

»Wie geht es ihm?«

»Nun, er geht es frontal an, wie alles andere auch. Will nicht einmal ein bißchen Ablenkung. Sie nehmen dreieinhalb Bucks für einen Fernseher im Zimmer, und er hat zu dem überlasteten armen Hund da unten im Aufnahmebüro gesagt, das sei Straßenräuberei.«

Mein Bruder lachte. »Er ist wirklich ein verbohrter Dickschädel.«

»Naja, unter den Umständen ist es am Ende vielleicht gar nicht so schlecht, wenn man ein verbohrter Dickschädel ist. Ich rufe dich morgen an, wenn er aus dem Operationssaal nach oben gebracht wird. Gegen Mittag muß er hinunter.«

»First Avenue Ecke Dreißigste Straße«, sagte ich zum Taxifahrer am nächsten Tag. »Universitätsklinik.«

»Gutaussehendes Weibsstück, mit dem Sie da aus dem Hotel gekommen sind«, sagte der Fahrer, als die Fahrt durch die Stadt begann. Kurz bevor ich das Taxi herangewinkt hatte, war ich beim Verlassen des Essex House auf dem Weg zum Krankenhaus downtown der Frau eines alten Freundes über den Weg gelaufen, und ich hatte unter dem Hotelbaldachin eine Weile mit ihr gesprochen.

»Ja?«

»Auf'n Sprung zu Besuch bei ihr gewesen?«

»Verzeihung?«

»Sie ficken sie?«

Im Rückspiegel sah ich ein grünes Augenpaar, dessen brutaler Blick noch beunruhigender war als die Frage. Hätte ich nicht schon beim Gespräch vor dem Hotel Zeit verloren, dann hätte ich mich dagegen entschieden, mein Leben jenen Augen anzuvertrauen, und wäre aus dem Taxi ausgestiegen, doch da ich unbedingt im Krankenhaus sein wollte, um meinen Vater zu sehen, ehe er in den Operationssaal gebracht wurde, sagte ich: »Um die Wahrheit zu sagen, nein. Aber einer meiner Freunde. Sie ist seine Frau.«

»Welchen Unterschied macht das schon? Er würde Ihre Frau ficken.«

»Nein, dieser spezielle Freund nicht, wenn ich auch annehme, daß das vorkommt.« Ich nahm es an, weil ich es selbst gelegentlich getan hatte, doch anders als der Fahrer legte ich nicht gleich alle meine Karten auf den Tisch. Wir hatten noch ziemlich weit zu fahren.

»Das kommt dauernd vor, Kumpel«, erklärte er.

Ich dachte, es wäre keine gute Idee, ihn zu beleidigen, und so antwortete ich einigermaßen leichthin: »Nun, es ist immer gut, mit einem Realisten zu sprechen.«

Er antwortete mir mit unverhüllter Verachtung. »Ach, so nennt man das?«

Jetzt erst nahm ich Gebäude draußen wahr, und ich bemerkte, daß er am Park in die falsche Richtung abgebogen war und jetzt uptown fuhr. »He!« sagte ich und erinnerte ihn daran, wohin wir wollten.

Um seinen Irrtum zu korrigieren, beschloß er, ganz nach Osten bis zum F.D.R. Drive zu fahren und dann nach Süden »hinüberzuschießen«. Dazu gehörte, daß er sogar noch weiter in der falschen Richtung fahren mußte, um auf den Schnellweg zu gelangen.

Ich war weitaus früher aufgebrochen als nötig gewesen wäre, um gegen elf Uhr dreißig beim Krankenhaus zu sein, doch wegen eines Staus bei der Einfahrt zum Schnellweg war es jetzt schon nach elf, ehe das Taxi überhaupt angefangen hatte, sich in den dichten Verkehrsfluß nach Süden einzufädeln.

»Wohl'n Arzt, wie?« fragte er und fixierte mich, wie ich im Spiegel sah, mit jenem kriegerischen Blick.

»Ja«, sagte ich.

»Was für 'ne Art?«

»Raten Sie.«

»Kopf«, sagte er.

»Stimmt.«

»Psychiater«, sagte er.

»Stimmt.«

»In der Universitätsklinik.«

»Nein, oben in Connecticut.«

»Wohl Chef der Klinik?«

»Sehe ich aus wie der Chef der Klinik?«

»Klar«, sagte er mit Autorität.

»Nein«, sagte ich, »einfach einer der ärztlichen Mitarbeiter. Damit bin ich zufrieden.«

»Sie sind schlau – Sie gehen nicht auf Dollarjagd.«

Ich stellte fest, daß ich ihn unter Beobachtung genommen hatte, als wäre ich tatsächlich ein Profi, dessen Interesse über das eines gewöhnlichen, zeitweiligen Fahrgastes hinausging. Der Mann war ein Mastodon, und obwohl das Taxi eine großformatige Limousine war, quoll er über seine Hälfte der vorderen Sitzbank hinaus und reichte oben bis etwa einen Zentimeter unter das Wagendach – und das Lenkrad in seinen Händen war ein winziger Säugling, ein Säugling, den er erdrosselte. Alles, was ich im Spiegel von seinem Gesicht sehen konnte, waren jene Augen, die aussahen, als könnten sie, wenn sie aus seinem Kopf heraussprängen, einem ebenso den Garaus machen wie seine Hände. Seine Ausstrahlung war sogar noch bedrohlicher als seine einleitende Bemerkung hatte vermuten lassen, und die Idee, mit ihm den Schnellweg »entlangzuschießen«, gefiel mir gar nicht, insbesondere seit klar war – und nicht nur, weil er fast gleich zu Anfang in die falsche Richtung gefahren war –, daß seine Aufmerksamkeit auf etwas Zwingenderes gerichtet war, als mich dorthin zu bringen, wohin ich wollte.

»Wissen Sie was, Doc«, sagte er und schwenkte ganz plötzlich und ohne Mangel an Waghalsigkeit auf die Überholspur Richtung Süden hinüber, »mein alter Herr liegt jetzt im Grab, ohne seine vier Vorderzähne. Ich hab sie ihm aus seinem beschissenen Maul geschlagen.«

»Sie haben ihn nicht gemocht.«

»Er war ein Scheißer und ein Versager, und er wollte, daß ich auch ein Versager würde. Elend hat gern Gesellschaft. Er hat meinen älteren Bruder immer dazu angestiftet, mich auf der Straße zu verprügeln. Mein älterer Bruder hat mich verprügelt, und mein Alter hat ihn niemals davon abgehalten. Und da bin ich eines Tages, als ich zwanzig war, zu ihm hingegangen und hab ihm die beschissenen Zähne ausgeschlagen, und ich hab gesagt: ›Weißt du, wofür das ist? Weil du mich nie vor Bobby beschützt hast.‹ Ich bin nicht einmal zu seiner Beerdigung gegangen. Aber viele Kinder gehen nicht zur Beerdigung ihrer Eltern, oder?« Mit einer auf einmal ganz hohl klingenden, ganz auf Rechtfertigung bedachten Armsünderstimme fügte er hinzu: »Ich bin nicht der erste.«

Die Augen im Spiegel, die nichts Brutales oder Kriegerisches verbargen, warteten auf meine Antwort.

»Sie sind nicht der erste«, versicherte ich ihm.

»Meine Mutter ist nicht besser«, sagte er, und das Wort »Mutter« spuckte er aus, als wäre es kein Wort, sondern etwas Verdorbenes, in das er hineingebissen hatte. »Sie hat mich weinend angerufen, daß er tot ist, und ich habe gesagt: ›Los, nur weiter, wein bloß um den großen Helden.‹ Und ich habe zu ihr gesagt, was für eine dumme Kuh sie ist.«

»Es muß schwer für Sie gewesen sein, nicht wahr?«

Die Reinheit der Paranoia, die in jenen Augen auf-flammte, ließ mich denken: *Licht, das von der Klinge eines Messers springt.* Doch wenn er glaubte, ich sei eine Art von Ironiker, der wie sein Vater minus vier Vorderzähne in die Grube fahren wollte, hatte er sich in mir getäuscht. Ich war ein Psychiater, der sich nicht zu Urteilen herabließ, und das schien ihm glücklicherweise nicht zu spät zu dämmern. Er war keineswegs dumm, doch, meine Güte, war er mißtrauisch! Indem sein verstorbener Vater es versäumt hatte, ihn vor Bobby zu beschützen, hatte er einen sehr skeptischen jüngeren Sohn auf die Welt losgelassen.

»Tja«, antwortete er mit trauriger Stimme, »schwer kann man es schon nennen.« Doch indem er mit dem Kopf in die Luft stieß, setzte er zornig hinzu: »Ich habe überlebt.«

»Das ist mal sicher.«

Dann verblüffte er mich. Ich wäre nicht überraschter gewesen, hätte er vom Sitz neben sich eine Teetasse erhoben und mit höflich und zierlich abgespreiztem kleinen Finger einen kleinen Schluck genippt. »Doc, ich bin unsicher.«

»Sie?« Ungläubig, ich gönnte es ihm. »Wovon zum Teufel reden Sie? Sie haben Ihrem Vater die Zähne in den Rachen geschlagen, Sie haben Ihrer Mutter die Meinung gesagt, als sie in Tränen war – das ist Ihr Taxi, was Sie da fahren, oder?«

»Oh ja. Ich habe zwei.«

»*Zwei* – wieso, Sie sind so sicher, wie man überhaupt nur sein kann.«

»Bin ich das?« fragte mich dieser gewalttätige Bastard.

»So scheint's mir.«

»Sie sind gut zu mir, Doc – ich werde Ihnen einen Buck vom Fahrpreis abziehen. Sie sollen nicht für meinen Fehler zahlen müssen.« Als er vom Schnellweg zur Vierunddreißigsten Straße abschwenkte, wurde er sogar noch großzügiger. »Ich stelle schon jetzt den Taxameter ab und ziehe Ihnen noch einen Buck vom Gesamtpreis ab.«

»Wenn Sie wollen. Das ist sehr nett von Ihnen.«

Ich fragte mich, ob ich es nicht zu weit getrieben hatte. Ich blickte in den Spiegel in der Erwartung, daß er jetzt bereit wäre, mich umzubringen, weil ich ihn nett genannt hatte. Doch nein, es *gefiel* ihm. Dieser Kerl ist menschlich, dachte ich, im schlimmsten Sinne des Wortes.

Als ich vor dem Krankenhaus aus dem Taxi sprang, war ich ein guter Psychiater und gab ihm den einzigen Rat, dem er meiner Meinung nach folgen konnte. »Weiterboxen«, sagte ich zu ihm.

»He, Sie auch, Doc«, sagte er, und das Gesicht, das, wie ich jetzt sah, das eines Riesenbabys war, eines übermäßig fleischigen, schwer trinkenden, verbitterten Säuglings von vierzig Jahren, hatte sich jetzt in ein übersättigtes Lächeln aufgelöst und zeigte mir an, daß schon bei meinem allerersten professionellen

Debüt eine positive Übertragung stattgefunden hatte. Er hatte es tatsächlich getan, so wurde mir jetzt klar, er hatte den Vater vernichtet. Er gehört zu der Urhorde von Söhnen, die, wie Freud zu mutmaßen beliebte, dazu fähig sind, den Vater gewaltsam auszulöschen – die ihn hassen und fürchten und ihn, nachdem sie ihn überwältigt haben, dadurch ehren, daß sie ihn verzehren. Und ich komme aus der Horde, die keinen Schlag austeilen kann. Wir sind nicht so, und wir bringen es nicht fertig, weder gegen unsere Väter noch gegen sonst jemanden. Wir sind die Söhne, die Entsetzen empfinden angesichts von Gewalt, die nicht dazu fähig sind, jemandem körperliche Schmerzen zuzufügen, die zum Schlagen und Prügeln nicht taugen, wir eignen uns nicht dazu, den Feind, der es noch so sehr verdient, zu zermalmen, wenn wir auch nicht unbedingt ohne Ungestüm, Launen, selbst Grausamkeit sind. Wir haben Zähne, wie sie auch die Kannibalen haben, doch eingebettet in den Kiefer dienen sie uns dazu, uns besser zu artikulieren. Wenn wir Unheil anrichten, wenn wir etwas auslöschen, dann nicht mit wütenden Fäusten oder erbarmungslosen Intrigen oder verrückter wuchernder Gewalt, sondern mit unseren Worten, unseren Hirnen, mit Mentalität, mit all dem Zeug, das den quälenden Abgrund zwischen unseren Vätern und uns hervorgerufen hat und das uns zu geben sie sich den Rücken krumm gemacht haben. Indem sie uns ermutigten, so klug zu sein und zu solch guten *yeshiva buchers* heranzuwachsen, waren sie sich kaum bewußt, daß sie uns auf diese Weise dafür wappneten, sie angesichts all unseres wortgewaltigen Geplappers isoliert und verständnislos zurückzulassen.

Ich nehme an, die Furcht, meinen Vater dermaßen drastisch hinter mir zu lassen, war der Grund dafür, daß ich in meinen ersten College-Jahren das Gefühl hatte, ich wäre so etwas wie sein Double oder sein Medium, daß ich mir emotional vorstellte, ich wäre um seinetwillen auf dem College und nicht nur ich erhielte dort eine Ausbildung, sondern ebenso er, den ich von seiner Ignoranz erlöste. Natürlich fand genau das Gegenteil statt: jedes Buch, das ich mit Unterstreichungen und Randbemerkungen versah, jeder Kurs, den ich belegte, und jede Seminararbeit, die ich schrieb, vergrößerten die geistige Kluft, die zwischen uns immer breiter geworden war, seit ich mit zwölf Jahren vorzeitig in die High-School eingetreten war, also etwa in dem Alter, als er endgültig aus der Schule ausgeschieden war, um den Lebensunterhalt für die eingewanderten Eltern und all ihre Kinder bestreiten zu helfen. Dennoch gab es viele Monate lang nichts, was mein vernunftbegabtes Selbst hätte tun können, um das Gefühl der Verschmelzung mit ihm abzuschütteln, das mich in der Bibliothek und im Seminarraum und an meinem Wohnheimschreibtisch überfiel, die leidenschaftliche, wenn auch verrückte Überzeugung, daß er irgendwie in mir wohnte und ich seinen Intellekt zusammen mit dem meinen erweckte.

Als ich in der Klinik zum Zimmer meines Vaters kam, war es leer. Auf dem Nachttisch lag nichts mehr, was ihm gehörte, und im Schrank sah ich, daß seine Kleidung, sein Bademantel und sein kleiner Koffer nicht mehr da waren. Am erschreckendsten war der Anblick der nackten, vom gesamten Bettzeug befreiten Matratze. Ich eilte den Korridor zurück zum Pult der Stationsschwester, wobei ich dachte: *»Es ist vorbei, es ist vorbei, das Schlimmste ist ihm erspart geblieben«,* und dort erfuhr ich zu meiner ungeheueren Erleichterung, daß er einfach ein paar Minuten früher in den Operationssaal gebracht worden war. Ich hatte ihn wegen der überzogenen Sitzung mit meinem eigenen Patienten, dem vatermörderischen Taxifahrer, verpaßt. Er war nicht tot. *»Aber wenn sie die Nadel an der falschen Stelle einstechen, so daß er* *blind wird, so daß sein übriges Gesicht auch gelähmt sein wird ...«*

Es war beinahe fünf Uhr, als man ihn aus dem Beobachtungsraum herab in ein Zimmer für vier postoperative Fälle brachte, wo er an die Überwachungsmaschinen angeschlossen wurde und wo rund um die Uhr eine Krankenschwester zugegen war. Bis zum Ende der Besuchszeit saß ich an seinem Bett und beobachtete staunend, wie sich sein Puls von selbst bei einer beständigen Frequenz von sechzig Schlägen in der Minute hielt. Die anderen Patienten im Zimmer, die gerade eine Operation hinter sich hatten, wiesen drastisch schwankenden Blutdruck auf, während der seine praktisch fest bei 155 zu 78 blieb. Natürlich konnte ich nicht das EKG-Muster interpretieren, das beständig über den Bildschirm flackerte, doch schien es mir weder etwas Abweichendes noch Arrythmien zu signalisieren. Organisch war er immer noch ein Wunder, und deshalb sollte ihm nichts erspart bleiben.

Man hatte ihm Eis zu lutschen gegeben, um die Schmerzen im Mund zu lindern. Ich fütterte ihn damit und füllte die Schüssel immer wieder auf. Sein Mund tat so weh, daß er kaum sprechen konnte. Und als er schließlich etwas zu sagen hatte, machte er es kurz und lieb.

»Wie fühlst du dich jetzt?« fragte ich, nachdem er etwa seit einer Stunde aus dem Beobachtungsraum entlassen war.

Die Stimme war schwach, der Ton düster, die Botschaft unzweideutig. »Ich wünschte, ich wäre tot.«

Er klagte nicht noch einmal.

Im Bett auf der anderen Seite lag ein sehr hinfälliger alter Asiate mit einem Schlauch, den man ihm direkt in die Kehle gesteckt hatte. Er hatte eine Operation an den Verdauungsorganen hinter sich und würgte die ganze Zeit elendiglich, indem er versuchte, Schleim auszuhusten. Seine Tochter, eine recht hübsche kleine Frau von etwa vierzig Jahren, unglaublich tüchtig und völlig auf ihren Vater konzentriert, war still damit beschäftigt, alles zu tun, um es ihm behaglich zu machen, doch es schien nicht möglich, ihm sein Elend zu erleichtern. Obwohl sein Gesicht ausdruckslos blieb, hörten wir ihn alle paar Minuten mit dem Schlauch kämpfen, als ersticke er gerade.

Als ich am nächsten Morgen ins Krankenhaus kam, sagte ich zu meinem Vater: »Wie hast du geschlafen?«

»Nicht gut. Der Chinese hat alle wach gehalten.«

In einem Sessel neben seinem Bett kämpfte der alte Mann, jetzt im Sitzen, mit dem Schlauch, und seine Tochter war schon da und versorgte ihn still.

»Der Mund?« fragte ich.

Er schüttelte den Kopf, um zu signalisieren, daß sich sein Mund immer noch schrecklich anfühlte.

Die Schwester sagte, der Arzt habe entschieden, daß es meinem Vater nicht gut genug gehe, um ihn noch am selben Tag zu entlassen. Er habe auch noch nicht uriniert, und man könne ihn nicht nach Hause gehen lassen, ehe das nicht geschehen sei. Mein Vater erzählte mir, daß er auch noch nicht den Darm entleert habe, und er stieg ständig aus dem Bett, um auf die Toilette zu gehen und es zu versuchen. Ich begleitete ihn jedesmal zum Badezimmer und blieb draußen vor der Tür stehen, um zu warten, falls er Hilfe brauchte. Hin und wieder sahen die Asiatin und ich einander an, wie wir uns um unsere Väter kümmerten, und wir lächelten.

Lil kam zu Besuch; Seth kam mit seiner Frau Ruth; Sandy und Helen riefen ihn aus Chicago an; Claire, die aus London zurückgekehrt war, rief ihn aus Connecticut an; Jonathan rief ihn von seiner Arbeit unterwegs an; und später, als ich ihm zu essen half, was immer er von seinem wäßrigen, wenig appetitanregenden Abendessen herunterbrachte, da erschien Dr. Benjamin, der sehr elegant gekleidet war und all das Selbstvertrauen ausstrahlte, das man sich von einem Neurochirurgen erhofft. Er war in Begleitung eines tadellos aussehenden Verwaltungsassistenten mit Krawatte und weißem Hemd, der seine Pflicht mit militärischer Präzision erfüllte. Mein Vater dagegen, der zusammengesunken vor seinem Eßtablett saß, das bekleckerte Krankenhausnachthemd ungeschickt am Rücken zusammengebunden, ohne Zähne und das Gesicht halb zum Wegwerfen, war einer kleinen alten Dame ähnlich- und die kleine alte Dame, der er ähnlich sah, war seine Mutter, Bertha Zahnstecher Roth, so wie ich sie im Krankenhaus gegen Ende ihres Lebens in Erinnerung hatte. Ich erinnerte mich sehr deutlich, wie ich vom College nach Hause gekommen war und neben ihrem Bett stand, während *er sie* fütterte und sie auf Jiddisch etwas mit ihm murmelte.

Benjamin eröffnete uns die Ergebnisse der Biopsie. Der Tumor war ein äußerst seltener Typ, der aus einer knorpelartigen Substanz gebildet war, »etwa wie Ihr Fingernagel«, sagte er zu meinem Vater. Er sei gutartig, doch unempfindlich gegen Bestrahlung. Er schlage vor, ihn chirurgisch in zwei Operationen zu entfernen, jede etwa sieben oder acht Stunden lang. Das erste Mal würde er durch den Mund vorgehen, um auf diese Weise einen Teil der Masse zu extrahieren, und ein paar Monate später würde er dann die Rückseite des Kopfes aufmachen, um den Rest herauszuholen.

Wahrscheinlich war es taktisch für ihn nicht möglich gewesen, doch ich wünschte, der Arzt hätte mich beiseite genommen, um mir als erstem all das beizubringen. Das war doch reichlich viel für einen alten Mann, dessen Kraft an jenem Abend mit Teelöffeln zu messen war. Nachdem der Arzt seine Meinung gesagt hatte, sah mein Vater lange das Eßtablett an, auf dem man ihm ein zweites Abendessen serviert hatte, das aus kalter Brühe und Joghurt und einem Schokoladengetränk und Jell-O und einem Eis am Stiel bestand. Es war unmöglich, seinem verlorenen, ins Weite gerichteten Blick anzusehen, worüber er nachdachte, wenn er denn überhaupt etwas dachte. Ich dachte an den Fingernagel, der die Höhlungen seines Schädels seit einem Jahrzehnt vergrößert hatte, die Substanz, die so widerspenstig und knorpelig war wie er, die den Knochen hinter seiner Nase aufgeknackt hatte und sich mit einer störrischen, unnachgiebigen Kraft, der seinen gleich, wie ein Fangzahn in die Gesichtshöhlen vorgearbeitet hatte.

Als sich mein Vater schließlich an Benjamins Anwesenheit zu erinnern schien, blickte er auf und sagte zu ihm: »Nun, Herr Doktor, ich habe eine Menge Leute auf der anderen Seite, die mich erwarten«, und indem er ruckartig den Kopf zur Schüssel vorstieß, ließ er den Löffel in sein Jell-O sinken und nahm den Versuch wieder auf, etwas zu essen.

Ich ging mit dem Arzt und seinem Verwaltungsassistenten in den Gang hinaus. »Ich sehe nicht, wie er zwei solche Operationen überleben könnte«, sagte ich.

»Ihr Vater ist ein starker Mann«, antwortete der Arzt.

»Ein starker Mann von sechsundachtzig Jahren. Irgendwann ist es vielleicht einmal genug.«

»Der Tumor sitzt an einer kritischen Stelle. Sie können damit rechnen, daß er innerhalb von einem Jahr ernstere Beschwerden bekommt.«

»Womit?«

»Wahrscheinlich mit dem Schlucken«, sagte er, und das beschwor natürlich ein grauenvolles Bild herauf, allerdings auch nicht viel schlimmer, als wenn man sich vorstellte, er müsse sich nicht nur von einer achtstündigen Operation am Kopf erholen, sondern nun von zweien. Der Arzt sagte: »Es kann jetzt wirklich alles passieren.«

»Wir müssen alles durchdenken«, sagte ich.

Wir gaben einander die Hand, doch als er und sein Assistent davongingen, drehte er sich noch einmal um und gab freundlich etwas zu bedenken. »Mr. Roth, wenn erst einmal etwas passiert, könnte es zu spät sein, ihm zu helfen.«

»Vielleicht ist es schon zu spät«, antwortete ich.

Am nächsten Morgen hatte er immer noch kein Wasser gelassen, und da er ebensowenig wie jeder andere Wert darauf legte, katheterisiert zu werden, sagte ich ihm, er solle doch in die Toilette gehen und das Wasser im Waschbecken andrehen und dort sitzen bleiben, bis sich etwas tue. Er ging dreimal hinein, und das letzte Mal kam er nach zwanzig Minuten wieder heraus und sagte, es habe funktioniert. Er hatte dafür gesorgt, daß es funktionierte.

Nachdem ich ihm geholfen hatte, seine Straßenkleidung anzuziehen, ging ich hinaus, um meinen Bruder anzurufen und ihm zu sagen, daß wir im Begriffe seien, das Krankenhaus zu verlassen und zu unserem Haus in Connecticut zu fahren, wo Claire und ich den Sommer verbringen wollten. »Also, jetzt wissen wir mit Sicherheit, daß nichts zu machen ist«, sagte ich zu meinem Bruder. »Zwei Operationen, das kommt nicht in Frage. Du solltest sehen, wie ihn allein schon diese Sache mitgenommen hat.«

Als ich die Rasiersachen meines Vaters in seinen Koffer packte, würgte der alte Mann im Nebenbett nach wie vor an dem Schlauch in seiner Kehle, und die Tochter war nach wie vor still darum bemüht, ihm sein Los zu erleichtern. Ich ging hin, um mich von ihr zu verabschieden.

»Geht Ihrem Vater besser?« fragte sie, wobei ihr Englisch einen starken Akzent hatte und schwer zu verstehen war.

»Im Moment«, antwortete ich.

»Ihr Vater ist ein tapferer Mann«, sagte sie.

»Der Ihre auch«, sagte ich. »Das Alter ist kein Picknick, nicht wahr?«

Sie lächelte und gab mir die Hand, doch sie hatte wahrscheinlich nicht verstanden, was ich gesagt hatte.

Als wir außerhalb des Krankenhauses waren und ich ihn ganz langsam über den Parkplatz zu meinem Auto führte, sagte er zu mir, fast so wie ein Kind, dem man eine Belohnung versprochen hatte, wenn es eine schreckliche Arznei einnähme: »Kann ich *jetzt* mein Auge in Ordnung bringen lassen?«

Er sollte in einem Schlafzimmer im oberen Stockwerk wohnen, dessen Fenster auf die Apfelbäume und die Eschen und die Ahornbäume hinausgingen. Das Zimmer war mit einem Holzofen ausgestattet und hatte einen nordafrikanischen Teppich in hellen Farben, und es war ein Zimmer, in dem er nach eigenem Bekunden immer gern geschlafen hatte während der Jahre, als er mit meiner Mutter zu Besuch gekommen war, und später, nach ihrem Tod, wenn er und Lil ein paarmal jeden Sommer auf ein Wochenende zu uns auf dem Lande gekommen waren. Ich brachte ihn nach dem Essen hinauf, damit er sich ein wenig hinlegen konnte. Am Morgen hatte Claire für ihn einen großen Topf Gemüsesuppe für die nächsten paar Tage gekocht und im Garten ein paar Blumen geschnitten, um sein Zimmer freundlicher zu machen, doch es stellte sich heraus, daß er immer noch nichts Warmes in den Mund nehmen konnte und von der zweistündigen Fahrt vom Krankenhaus zu uns so erschöpft war, daß er einfach nur dagesessen und in seinen Suppenteller gestarrt hatte, unfähig auf ihre Bemühungen einzugehen, es ihm bei uns heimisch zu machen.

In seinem Zimmer schlief er sogleich auf der Tagesdecke ein; als ich jedoch zwanzig Minuten später kam, um nach ihm zu sehen, bemerkte ich, als ich an der offenstehenden Toilettentür neben seinem Schlafzimmer vorbeikam, daß er auf der Toilette saß und den Kopf in den Händen hielt. Auf der Fahrt hatten wir zweimal an Tankstellen anhalten müssen, als er dachte, er müsse vielleicht austreten.

»Alles in Ordnung?« rief ich.

»Es ist okay, es ist okay«, sagte er, doch als ich ihn später dazu bringen wollte, mit mir ein wenig auf dem Grundstück spazierenzugehen, sagte er, er habe Bedenken, das Haus zu verlassen, da er vielleicht auf die Toilette müsse. Er hatte sich noch nicht entleert, und er bat mich, loszufahren und ihm im Laden Pflaumensaft zu kaufen, das würde vielleicht helfen. Er war schrecklich niedergeschlagen, er war geistig und körperlich erschöpft, doch als ich einmal zufällig in der Halle vor dem Wohnzimmer war, wo er zusammengesunken im Lehnsessel vor dem Kamin saß, als wäre er geschrumpft, hörte ich ihn etwas vor sich hin murmeln, das, wie sich herausstellte, gar nichts mit seinem eigenen Elend zu tun hatte. »Dieser arme Chinese«, sagte er.

Am nächsten Morgen beim Frühstück war er kräftiger und sogar imstande, etwas lauen Tee zu trinken und etwa die Hälfte der Schüssel mit Haferbrei im

Mund zu ertragen, den Claire für ihn zubereitet und mit ein wenig Milch abgekühlt hatte. Ich ging zu seinem Schlafzimmer hinauf, während sie am Tisch miteinander sprachen – Claire hörte geduldig zu, wie er ihr nicht zum ersten Mal erzählte, was für eine Heilige seine Mutter gewesen sei, wie sie für acht, neun und zehn Personen gekocht habe, wie sie eingewanderte Verwandte aufgenommen habe, die ohne einen Penny vor ihrer Tür gestanden hätten, wie sie auf den Knien die hölzerne Vortreppe geschrubbt habe ... Ich hatte die Absicht, sein Zimmer zu lüften, das Bett für ihn zu machen und die schmutzigen Sachen aus seinem Krankenhauskoffer zu nehmen, um sie am Nachmittag mit unserer wöchentlichen Wäsche in die Wäscherei zu bringen. Doch als ich das oberste Laken von seinem Bett zurückzog, sah ich, daß das untere Laken ebenso wie der Hosenboden seines frischen Pyjamas mit Blut befleckt war. Ich warf seinen Pyjama in den Wäschebehälter, holte ihm von meinen eigenen einen sauberen und nahm dann das Laken ab und bezog das Bett frisch. In die Gegend der Körpermitte legte ich eine doppelte Schicht dicker Badetücher über die ganze Breite des Bettes, damit er das untere Laken nicht wieder befleckte. Ich war von dem Anblick so starker rektaler Blutungen beunruhigt und wußte nicht, wie sie zu erklären waren. Ich fragte mich, ob er es wußte.

Ich hatte keine Möglichkeit, das herauszufinden, da er, unmittelbar nachdem er sein Gespräch mit Claire beendet hatte – während sie das Frühstücksgeschirr spülte, hatte sie die Einzelheiten des Bankrotts des kleinen Schuhgeschäfts gehört, das er mit meiner Mutter nach der Hochzeit eröffnet hatte –, die Zeitung vom Vortage nahm und wieder ins Badezimmer hinaufging. Er hatte vor dem Schlafengehen ein Glas Pflaumensaft zu sich genommen und zum Frühstück ein weiteres, doch als ich etwa zwanzig Minuten später hinaufrief, um zu fragen, ob alles in Ordnung sei, antwortete er finster, wie jemand in der Wettstube an der Rennbahn statt auf der Toilette: »Kein Glück.«

»Kommt schon noch«, rief ich zurück.

»Vier Tage«, sagte er kummervoll.

»Die Biopsie, die Anästhesie, das Liegen im Bett – das alles hat den Körper durcheinandergebracht. Noch ein oder zwei Tage mit regelmäßigen Mahlzeiten, ein bißchen Bewegung, und es geht dir wieder gut. Wie wär's, wenn du mit hinauskämst? Seth und Ruth können jede Minute hier sein. Komm mit hinüber zu meinem Arbeitszimmer, da kannst du auf der Terrasse sitzen, während ich meine Korrespondenz erledige.«

»Ein bißchen noch.«

Es dauerte noch eine weitere halbe Stunde, ehe er erschien, und dann sah er nach einer so gründlichen Niederlage aus, daß man nichts zu fragen brauchte. Als er unten war, lehnte er das Angebot zu einem Spaziergang ab und versank wieder im Lehnsessel des Wohnzimmers. Ich saß mit der *Times* auf dem Sofa und fragte, ob ich ihm über Dukakis und Bush vorlesen solle. »Bush«, sagte er angeekelt, »und sein Boss, Mr. Ray-gun. Weißt du, was er in acht Jahren gelernt hat, der Mr. Ray-gun? Schlafen und salutieren. Der größte Salutierer im ganzen Land. Ich habe nie einen besseren Salutierer gesehen.« Ich fing damit an, ihm von der Titelseite der *Times* vorzulesen, doch er unterbrach mich, um zu sagen, er habe seine Zähne oben gelassen und er wolle nicht, daß »die Kinder« ihn ohne sie sähen. Ich legte also die Zeitung aus der Hand und ging hinauf, um sie vom Regal neben der Toilette zu holen, wohin er sie gelegt hatte, während er vergeblich versuchte, sich zu entleeren. Unter dem Wasserhahn spülte ich die Reste seines Frühstücks von den Zähnen und trug sie nach unten; wobei ich dachte: »Seine Zähne, seine Augen, sein Gesicht, sein Darm, sein Rektum, sein Gehirn ...« und es gab noch so viel mehr. Es hätte schlimmer sein können, und es würde schlimmer werden, viel schlimmer, doch war es immer noch eine recht gesunde Menge an Elend für den Anfang eines Endes. Es wäre vermutlich nicht einmal unangemessen gewesen, hätte der arme Chinese, während er im Bett lag und an seinem Schlauch würgte, sterbend von meinem Vater gedacht: »Dieser arme Jude.«

Wir aßen im Sommerzimmer gleich neben der Küche, einem rustikalen, großen, scheunenartigen Raum mit einem Steinfußboden, der ursprünglich der Holzschuppen des alten Farmhauses gewesen war. Eine Seite des Raumes bestand jetzt ganz aus Glasschiebetüren und ging hinaus auf den Rasen, die Steinmauern und die Wiesen und Felder, die sich vor dem Haus ins Weite erstreckten. Früher hatte ich ihn dort in einem Rohrsessel mit Blick ins Freie Platz nehmen lassen, und bei warmem Wetter konnte er dort den ganzen Morgen sitzen, wobei er zufrieden die tägliche *Times* las, zuerst die Nachrichten aus Israel und dann die Artikel über die Reagan-Administration, was es ihm ermöglichte, seinen Haß auf den Präsidenten für den Rest des Tages anzufachen.

Jetzt, da Seth und Ruth zum Essen zu Besuch waren und wir alle im leichten Plauderton redeten und der helle Tag so verführerisch war, wie ein Sommertag nur sein kann, war er bis zum äußersten isoliert in einem Körper, der zu einem erschreckenden, ausbruchssicheren Pferch geworden war, zum Viehgatter in einem Schlachthaus.

Gegen Ende der Mahlzeit schob er seinen Stuhl zurück und ging in Richtung der Stufen zur Küche. Es war das dritte Mal, daß er während des Essens vom Tisch aufstand, und ich erhob mich ebenfalls, um ihm die Treppe hinaufzuhelfen. Er wollte jedoch nicht, daß ich ihm half, und da ich mir vorstellte, daß er wiederum einen Versuch machte, den Darm zu entleeren, wollte ich ihn nicht in Verlegenheit bringen, indem ich mich aufdrängte.

Wir tranken unseren Kaffee, als mir auffiel, daß er immer noch nicht wiedergekommen war. Ich verließ still den Tisch und schlich mich ins Haus, während die anderen miteinander sprachen, in der Gewißheit, daß er tot war.

Er war es nicht, doch er mochte durchaus wünschen, er wäre es.

Ich roch die Scheiße auf der halben Treppe zum oberen Stockwerk. Als ich zu seinem Badezimmer kam, stand die Tür weit offen, und auf dem Fußboden des Ganges vor dem Badezimmer lagen seine

Jeans und seine Unterhose. In der Badezimmertür stand mein Vater, völlig nackt; er war gerade aus der Dusche gekommen und tropfnaß. Der Gestank war überwältigend.

Bei meinem Anblick brach er fast in Tränen aus. Mit einer Stimme, so verloren, wie ich sie nur je von ihm oder irgend jemand anderem gehört hatte, sagte er, was zu vermuten nicht schwer gewesen war. »Ich habe mich vollgemacht«, sagte er.

Die Scheiße war überall, auf der Bademate unter den Füßen verschmiert, über den Rand der Toilettenschüssel verteilt und unterhalb der Schüssel auf dem Fußboden in einem Haufen. Sie war über das Glas der Duschkabine versprenkelt, aus der er gerade herausgekommen war, und die Klumpen klebten an den Kleidungsstücken, die im Flur abgeworfen lagen. Sie war auch an einem Zipfel des Badetuchs, mit dem er sich abzutrocknen begonnen hatte. Er hatte in diesem kleinen Badezimmer, das normalerweise das meine war, versucht, sich allein aus seiner mißlichen Lage zu befreien, doch da er nahezu blind war und gerade erst aus dem Krankenhausbett aufgestanden war, hatte er, indem er sich entkleidete und unter die Dusche ging, es geschafft, die Scheiße überall auszubreiten. Ich sah, daß sie sogar an den Spitzen der Borsten meiner Zahnbürste war, die im Halter über dem Waschbecken hing.

»Es ist nicht schlimm«, sagte ich, »es ist nicht schlimm, es wird alles nicht so schlimm sein.«

Ich griff in die Duschkabine und ließ das Wasser wieder laufen und drehte an den Hähnen, bis es die richtige Temperatur hatte. Ich nahm ihm das Badetuch aus der Hand und half ihm wieder unter die Dusche.

»Nimm die Seife und fang noch einmal ganz von vorn an«, sagte ich, und während er gehorsam anfing, seinen Körper von oben bis unten einzuseifen, legte ich seine Kleidung und die Handtücher und die Badematte auf einen Haufen, ging den Flur hinunter zum Wäscheschrank und nahm einen Kissenbezug heraus, um alles hineinzustecken. Ich suchte ebenfalls ein frisches Badetuch für ihn heraus. Dann holte ich ihn aus der Dusche und brachte ihn geradewegs in den Flur an eine Stelle, wo der Boden sauber war; ich wickelte ihn in das Badetuch und fing an, ihn abzutrocknen. »Du hast dich wacker geschlagen«, sagte ich, »doch ich fürchte, die Situation war nicht zu meistern.«

»Ich habe mich vollgemacht«, sagte er, und jetzt löste er sich in Tränen auf.

Ich brachte ihn in sein Schlafzimmer, wo er sich auf den Bettrand setzte und sich weiter abtrocknete, während ich hinausging, um ihm einen Bademantel von mir zu holen. Als er trocken war, half ich ihm in den Bademantel; dann zog ich das obere Laken vom Bett zurück und sagte, er solle sich hineinlegen und ein wenig schlafen.

»Erzähl den Kindern nichts«, sagte er und blickte mit dem einen sehenden Auge vom Bett zu mir herauf.

»Ich erzähle es niemandem«, sagte ich. »Ich werde sagen, daß du ein wenig ruhst.«

»Erzähl es Claire nicht.«

»Niemandem«, sagte ich. »Mach dir deswegen keine Sorgen. Das hätte jedem passieren können. Vergiß es einfach, und ruh dich richtig aus.«

Ich ließ die Jalousien herab, um das Zimmer zu verdunkeln, und schloß die Tür hinter mir.

Das Badezimmer sah aus, als habe ein gehässiger Einbrecher seine Visitenkarte hinterlassen, nachdem er das Haus ausgeraubt hatte. Da mein Vater versorgt war und da er es war, auf den es ankam, hätte ich am liebsten die Tür zugenagelt und das Badezimmer auf ewig vergessen. »Es ist, als würde ich ein Buch schreiben«, dachte ich – »ich habe keine Ahnung, womit ich anfangen soll.« Doch ich stieg beherzt über den Fußboden und streckte mich und riß das Fenster auf, und das war schon mal ein Anfang. Dann ging ich über die Hintertreppe hinab in die Küche, und indem ich Seth und Ruth und Claire aus den Augen blieb, die noch im Sommerzimmer saßen und sich unterhielten, holte ich einen Eimer, einen Schrubber und eine Schachtel Scheuersand aus dem Schränkchen unter der Spüle und zwei Rollen Papiertücher und ging wieder die Treppe hinauf ins Badezimmer.

Wo seine Scheiße in einer mehr oder weniger zusammenhängenden Masse vor der Toilettenschüssel lag, war sie am leichtesten zu beseitigen. Einfach aufschaufeln und wegspülen. Und die Duschtür und die Fensterbank und das Waschbecken und die Seifenschüssel und die Beleuchtungskörper und die Handtuchstangen, all das war kein Problem. Unmengen von Papiertüchern und Unmengen von Putzmittel. Doch wo sie in den engen, ungleichmäßigen Ritzen des Fußbodens saß, zwischen den breiten alten Kastanienbrettern, da hatte ich eine wirkliche Aufgabe vor mir. Die Scheuerbürste schien alles nur noch schlimmer zu machen, und schließlich nahm ich meine Zahnbürste herab, und indem ich sie immer wieder in den Eimer mit heißem Seifenwasser tauchte, ging ich Zentimeter für Zentimeter von einer Wand zur

anderen vor, eine Ritze nach der anderen, bis der Fußboden so sauber war, wie es nur eben ging. Nachdem
ich etwa fünfzehn Minuten auf den Knien gearbeitet
hatte, beschloß ich, daß wir mit den Teilchen und
Partikeln, die so tief drinnen saßen, daß ich sie immer
noch nicht erreichen konnte, einfach würden leben
müssen. Ich nahm die Gardine vom Fenster, obwohl
sie sauber aussah, und steckte sie zu all den anderen
verschmutzten Sachen in den Kissenbezug, und dann
ging ich in Claires Badezimmer und holte Eau de
Cologne, das ich großzügig über den gescheuerten
und geschrubbten Fußboden versprenkelte, wobei ich
es von den Fingerspitzen schleuderte wie heiliges
Wasser. Ich stellte in einer Ecke einen kleinen Som-
merventilator auf und schaltete ihn ein; dann ging ich
zurück in Claires Badezimmer und wusch mir die
Arme und die Hände und das Gesicht. Es gab ein
wenig Scheiße in meinen Haaren, und so wusch ich
die auch aus.

Ich ging auf Zehenspitzen zurück in sein Zimmer,
wo er schlafend lag, noch immer atmend, noch immer
am Leben, noch immer bei mir – ein weiterer Schlag,
den dieser Mann überstanden hatte, den ich seit end-
losen Zeiten als meinen Vater gekannt hatte. Mir war
schrecklich zumute wegen seines heroischen, glück-

losen Kampfes, sich zu reinigen, ehe ich nach oben zum Badezimmer gekommen war, und wegen seiner Scham, wegen der Schande, die er sich gemacht zu haben glaubte, und doch dachte ich jetzt, da es vorbei war und er in so tiefem Schlaf lag, ich hätte mir gar nichts anderes wünschen können, ehe er stürbe – auch dieser Vorfall war richtig und so, wie er sein sollte. Du beseitigst die Scheiße deines Vaters, weil sie beseitigt werden muß, doch nachdem du sie beseitigt hast, empfindest du alles, was es zu empfinden gibt, anders als je zuvor. Es war auch nicht das erste Mal, daß ich das begriffen hatte: wenn man den Ekel beiseite schiebt und das Abstoßende ignoriert und all jene Phobien mit einem Schlag hinter sich läßt, die wie Tabus bewehrt sind, trifft man auf sehr viel Leben, das schätzenswert ist.

Obwohl es mit dem einen Mal vielleicht doch sein Bewenden haben sollte, setzte ich hinzu, indem ich mich im Geiste an das schlafende Gehirn wandte, das von dem knorpelartigen Tumor zusammengepreßt wurde; wenn ich das jeden Tag machen muß, ist es vielleicht am Ende nicht gar so faszinierend.

Ich trug den stinkenden Kissenbezug die Treppe hinab und steckte ihn in einen schwarzen Müllsack, den ich zuband, hinaus zum Auto trug und in den

Kofferraum legte, um ihn zur Wäscherei zu bringen. Und *warum* das alles richtig war und so, wie es sein sollte, hätte mir jetzt, da die Arbeit getan war, gar nicht deutlicher sein können. *Das* also war das Vermächtnis. Und nicht weil die Beseitigung symbolisch für etwas anderes gestanden hätte, sondern weil das nicht der Fall war, weil es sich um nicht mehr und auch nicht weniger handelte als um die durchlebte Wirklichkeit, wie sie nun einmal war.

Das also war das Vermächtnis für mich: nicht das Geld, nicht die Tefillin, nicht der Rasiernapf, sondern die Scheiße.

Am nächsten Abend half ich ihm beim Baden. Am Morgen, als ich sein Bett machte, hatte ich wieder Blutflecken in seiner Pyjamahose und auf den Badetüchern gefunden, die das untere Laken bedeckten, und als ich gefragt hatte, ob er wisse, daß er derartig blute, sagte er, das sei eben so, wenn er vor dem Schlafengehen kein Sitzbad nehme. »Aber wenn das alles ist, dann bade doch im vorderen Badezimmer«, sagte ich. »Das hättest du mir gleich sagen sollen. Du mußt doch nicht unbedingt duschen.«

»Ich brauche Epsom-Salz.«

Ich fuhr zur Drogerie in der nächsten Stadt, um eine Packung Epsom-Salz zu kaufen, und am Abend ließ ich ihm ein Bad ein und rührte eine Handvoll davon ins Wasser. Ich saß auf dem Wannenrand, während das Wasser einlief, und überprüfte die Temperatur mit den Fingern – meine Mutter, so erinnerte ich mich, hatte das immer mit dem Ellbogen gemacht. Er saß in meinem roten Frotteebademantel wartend auf dem Toilettendeckel. Als die Wanne voll war, legte ich die gummierte Duschmatte auf den Boden der Badewanne, um zu verhüten, daß er beim Hinein- oder Heraussteigen stürzte. Dann bot ich ihm meinen Arm, doch er wollte nicht zulassen, daß ich ihm half, selbst als ich darauf bestand. Statt dessen ließ er mich beiseite treten, und indem er sich hinkniete und den Unterleib herumschwenkte, gelang es ihm, erst das eine Bein ins Wasser zu bekommen und dann das andere, und als er drinnen war, drehte er sich langsam um, so daß er mit dem Gesicht nach vorn saß.

»Das ist aber ein kompliziertes Manöver«, sagte ich.

»Das mache ich abends ganz allein.«

»Na, ich bleibe mal hier sitzen. Falls du mich brauchst.«

»Ah, das tut gut«, sagte er und ließ sich mit beiden Händen Wasser über die Brust laufen. Er begann zunächst zaghaft, dann immer kräftiger, die Knie anzuwinkeln und zu strecken, und ich sah, wie in seinen dünnen Unterschenkeln die Muskeln arbeiteten. Ich schaute auf seinen Penis. Ich glaube nicht, daß ich ihn gesehen hatte, seit ich ein kleiner Junge war, und damals hatte ich gedacht, daß er recht groß sei. Es stellte sich heraus, daß ich recht gehabt hatte. Er war dick und füllig und der einzige Körperteil, der überhaupt nicht alt aussah. Er sah eher ganz dienstbar aus. Alles in allem stämmiger, so stellte ich fest, als mein eigener. »Wie gut für ihn«, dachte ich. »Wenn er ihm und meiner Mutter ein bißchen Freude gebracht hat, um so besser.« Ich sah ihn ganz bewußt an, als sähe ich ihn zum ersten Mal, und wartete auf die Gedanken. Doch es gab keine mehr, außer daß ich mich dazu aufrief, ihn in Erinnerung festzuhalten für die Zeit, wenn mein Vater nicht mehr leben würde. Das könnte vielleicht verhindern, daß er sich im Laufe der Jahre ätherisch verflüchtigte. »Ich muß mich genau erinnern«, sagte ich zu mir, »mich genau an alles erinnern, damit ich, wenn er nicht mehr ist, den Vater wiedererschaffen kann, der mich geschaffen hat.« *Du sollst nichts vergessen.*

242

Jetzt trat er kraftvoll mit den Füßen, fast wie ein Baby, das im Wasser spielt, doch es war nichts von der Freude eines Babys auf seinem finster gefaßten Halbgesicht. Er schien das Baden mit tödlichem Ernst anzugehen, als müsse auch diese Tätigkeit, wie fast alles in letzter Zeit, mit äußerster Entschlossenheit angepackt werden.

Ich wusch ihm den Rücken, und während ich bemerkte, wie bleich sein Körper geworden war, sagte er: »Das ist mir einmal zuvor in meinem Leben passiert.«

Ich verstand, worauf er anspielte, und seifte ihn bloß weiter mit dem Waschlappen ab, als könnte ich mit dem Rubbeln ein wenig von seiner Kraft erneuern.

»Das war, nachdem ich nach Südjersey versetzt worden war«, erzählte er. »Ich hatte gerade den Maple-Shade-Distrikt übernommen. Ich hatte da unten vierzig Leute. Großes Büro. Zwölf Sekretärinnen. Ich bekam mitten in der Nacht einen Telephonanruf, daß jemand im Büro wäre – jemand, so hieß es, wäre in das Büro eingebrochen. Ich bin aufgestanden, und ehe ich es bis zur Toilette schaffte, ist dieselbe Sache passiert. Muß die Sorge gewesen sein.«

»Hier«, sagte ich und gab ihm die Seife und den Waschlappen und setzte mich auf den Toilettendeckel, während er sich sanft den Hintern wusch. Dann hielt er sich mit den Händen auf beiden Seiten des Gesäßes die Backen auseinander. »Der Arzt hat gesagt, ich soll das machen«, erklärte er.

»Schön«, sagte ich. »Das ist eine gute Idee. Laß dir Zeit.«

1956, genau in meinem Alter, war mein Vater von der Metropolitan Life mit einer Geschäftsstelle von vierzig Versicherungsagenten, stellvertretenden Leitern und normalen Vertretern und einem zwölfköpfigen Sekretärinnenstab betraut worden. Er war ein Chef, der seine Angestellten ebenso unnachsichtig antrieb, wie er sich selbst antrieb, und die Versetzung zum Maple-Shade-Distrikt war seine dritte Beförderung seit 1948 gewesen, als er vom stellvertretenden Leiter in Newark aufgestiegen war. Diese Beförderungen bedeuteten eigentlich, daß man ihm die Verantwortung für eine bedeutendere Geschäftsstelle übertrug, die zwar ein größeres Potential zur Aufbesserung seines Einkommens bot, jedoch in noch schlimmerem Zustand war und ein noch geringeres Geschäftsvolumen aufwies als die vorherige Stelle, die er aus ihren Schwierigkeiten gerettet und zu einer der produktivsten im Gesamtbereich emporgebracht hatte. Für ihn war eine Beförderung gewöhnlich zugleich eine Herabstufung, und der Kampf fand immer auf steilem Gelände statt.

Während ich dasaß und zusah, wie er sich mit dem warmen Wasser die rektalen Fissuren linderte, die, wie er mir gesagt hatte, seine Blutungen verursachten, dachte ich, daß die Metropolitan-Lebensversicherungsgesellschaft niemals hinlänglich anerkannt haben konnte, was man dort an Herman Roth hatte. Zwar hatte man ihn, als er vor dreiundzwanzig Jahren in den Ruhestand ging, mit einer einigermaßen anständigen Pension belohnt, und während seines Arbeitslebens hatte er zahlreiche Plaketten und Urkunden und Anstecknadeln erhalten, die von seiner Leistung kündeten. Gewiß müssen recht viele Manager ebenso hart und mit nicht weniger Erfolg gearbeitet haben, doch unter den tausend über das ganze Land verstreuten Distriktmanagern der Metropolitan konnte es einfach keinen zweiten gegeben haben, der sich, mitten in der Nacht von einem Einbruch in seinem Büro in Kenntnis gesetzt, aus Sorge »vollgemacht« hatte – um sein Wort zu benutzen. Für diese Art von Lehenstreue hätte die Versicherungsgesellschaft Herman Roth seligsprechen müssen, wie die Kirche Märtyrer seligspricht, die um ihretwillen leiden.

Und hatte ich als sein Sohn von ihm eine weniger primitive und sklavische Hingabe erfahren? Nicht immer die aufgeklärteste Art von Hingabe – ja, eine Hingabe, der ich mich lieber entzogen sehen wollte, als ich sechzehn Jahre alt war und spürte, daß sie mich immer mehr beeinträchtigte, eine Hingabe jedoch, die ein wenig erwidern zu können, indem ich auf dem Toilettendeckel saß und ihm zusah, während er mit den Beinen strampelte wie ein Baby in der Kinderbadewanne, ich jetzt als befriedigend empfand.

Man kann sagen, daß es nicht viel bedeutet, wenn ein Sohn den zärtlichen Beschützer für seinen Vater spielt, der schon machtlos und nahezu zerstört ist. Ich kann nur antworten, daß ich diese Beschützerinstinkte genauso hatte angesichts seiner Verletzbarkeit (als ein gefühlsbetonter Familienmensch verletzbar durch familiäre Reibereien, als Brötchenverdiener verletzbar durch finanzielle Unsicherheit, als ungehobelter Sohn jüdischer Einwanderer verletzbar durch gesellschaftliche Vorurteile), als ich noch zu Hause wohnte und er von kräftiger Gesundheit war und mich verrückt machte mit Ratschlägen, die nutzlos waren, und mit Einschränkungen, die sinnlos waren, und mit einem Räsonnement, das mich, wenn ich allein in meinem Zimmer war, dazu brachte, mir vor die Stirn zu schlagen und voller Verzweiflung aufzuheulen. Das war ja gerade die Diskrepanz, die die Zurückweisung seiner Autorität zu solch einem bedrückenden Konflikt gemacht hatte, ebenso beladen von Kummer wie von Verachtung. Er war nicht irgendein Vater, er war *der* Vater, mit allem, was es an einem Vater zu hassen gibt, und allem, was es an einem Vater zu lieben gibt.

Als Lil am nächsten Tag aus Elizabeth anrief, um zu fragen, wie es ihm gehe, hörte ich zufällig mit an, wie er zu ihr sagte: »Phil ist wie eine Mutter zu mir.«

Ich war überrascht. Ich hätte gedacht, er würde sagen »wie ein Vater zu mir«, doch seine Beschreibung war tatsächlich genauer als meine gemeinplätzigen Erwartungen und zugleich sehr viel krasser, direkter und auf beneidenswerte, unbefangene Weise unverblümt. Ja, immer lehrte er mich etwas, nicht das konventionelle Klischee vom amerikanischen Daddy, nicht die Schulklischees oder die Sportklischees oder das Klischee vom Traumprinzen, sondern etwas Gröberes, als es mit meinen erwartungsgemäß prahlerischen Knabenzeitsehnsüchten nach einem weisen, würdigen Vater zu vereinbaren war, der den ungebildeten Vater ersetzen sollte, für den ich mich halbwegs schämte, während gerade zu der Zeit seine Angreifbarkeit insbesondere als Ziel antisemitischer Diskriminierung meine Solidarität mit ihm verstärkte und meinen Haß auf seine Schmäher verschärfte: er lehrte mich die Mundart. Er *war* die Mundart, unpoetisch und ausdrucksvoll und rundheraus, mit all den offenkundigen Beschränkungen der Mundart und all ihrer ausdauernden Kraft.

Antisemitismus war nun in der Tat erst im vorangegangenen Herbst das Thema eines kurzen Briefwechsels zwischen John Creedon, dem Präsidenten und Außendienstleiter der Metropolitan Life, und mir gewesen, als Folge eines autobiographischen Textes, den ich in der *New York Times Book Review* im Oktober veröffentlicht hatte. In dem Text, der unter der Überschrift »Zu Hause, wohlbehütet« dann zum Eröffnungskapitel von *Tatsachen* wurde, wird mein Stadtviertel in Newark als ein schutzbietendes Sanktuarium für die jüdischen Kinder beschrieben, die dort in den dreißiger und vierziger Jahren aufwuchsen, wobei ich mich beispielsweise als Amerikaner von den Deutschen und den Japanern bedroht fühlte und, obwohl noch ein Kind, mir als Jude »der Macht zur Einschüchterung nicht unbewußt« war, »die von den höchsten und niedrigsten Bereichen des nichtjüdischen Amerika ausging.«

Es war eine Anspielung im Text auf die in jenen Jahren bei der Metropolitan Life praktizierte diskriminierende Einstellungspolitik, die John Creedon in seinem Brief herausgegriffen hatte. Nach dem Hinweis, daß er meinen Vater vor etlichen Jahren persönlich kennengelernt habe, fuhr Creedon fort mit der Bemerkung, daß mein Vater bei jener Gelegenheit zu ihm nichts über derlei Diskriminierungen gesagt habe; und er sei ganz sicher, schrieb Creedon weiter, daß es heutzutage keinerlei Diskriminierungen bei der Metropolitan gebe. Was ihn eigentlich veranlaßt habe, mir zu schreiben, sagte er, sei ein Brief, in dem an meinem *Times*-Text Anstoß genommen würde, ein Brief, den ihm ein alter Mitarbeiter geschrieben habe, ein pensionierter Doktor der Medizin, der in den vierziger Jahren leitender Angestellter bei der Gesellschaft gewesen sei. Seinem eigenen Brief legte Creedon die Korrespondenz bei, die ich unfreiwillig zwischen den beiden in Gang gebracht hatte.

Der Brief des Doktors an Creedon widmete drei Absätze der Widerlegung meiner Charakterisierung der Metropolitan als diskriminierend während der dreißiger und vierziger Jahre. Er sei, so schrieb der

Doktor an Creedon, »schockiert«, daß Philip Roth so etwas glauben könne, und als Beweis des Gegenteils führte er an, daß »einer der bekanntesten führenden Angestellten der Metropolitan ein Jude war, Louis I. Dublin, weltberühmt für seine gesundheitspolitischen und statistischen Veröffentlichungen im Namen der Metropolitan«, und daß ein anderer Jude, Lee Frankel, »ein führender Angestellter und praktisch die rechte Hand von Haley Fisk« war, dem Präsidenten der Versicherung. »Ich nehme an«, fuhr er fort, »Mr. Roth wird zu seiner Verteidigung sagen, daß es sich um seine Kindheitserinnerungen handelt, und vielleicht gibt er nur Bemerkungen und Haltungen wieder, die bei ihm zu Hause über die Gesellschaft zum Ausdruck kamen. Ich wünschte, es gäbe eine Möglichkeit, diese Eindrücke richtigzustellen.«

Creedon erwähnte in seiner Antwort an den Doktor, daß er meinen Vater vor einigen Jahren eingeladen habe, ihn im Stammbüro zu besuchen und mit ihm zu Mittag zu essen, nachdem er bei einer Dinner Party in Chicago meinen Bruder kennengelernt habe, der ihm von der Laufbahn unseres Vaters bei der Metropolitan erzählt habe, von seinen Anfängen als kleiner Agent für sie und von seiner Pensionierung als Distriktmanager einer ansehnlichen Geschäftsstelle.

Creedon beschrieb meinen Vater als eine interessante Persönlichkeit und setzte hinzu, falls die Ansichten, die er einst über die religiöse Voreingenommenheit bei der Metropolitan gehegt habe, in der Autobiographie seines Sohnes richtig wiedergegeben seien, so hätten sie sich seither eindeutig geändert.

War der Doktor darüber schockiert, daß ich denken konnte, eine große amerikanische Versicherungsgesellschaft hätte je Juden diskriminiert, so war ich selbst nicht wenig überrascht, daß zwei der hochstehenden Repräsentanten jener Versicherungsgesellschaft, deren Briefe ansonsten ganz und gar wohlwollend waren, sich darin einig waren, daß diese schlichte historische Tatsache in den späten achtziger Jahren immer noch geleugnet werden müsse, sogar vor ihnen selbst. Wäre jedoch in diesen Briefen nichts Ärgerlicheres zum Ausdruck gekommen als diese unwahrscheinliche Unschuld, dann hätte ich wahrscheinlich mit einer freundlichen Notiz geantwortet, etwa des Inhalts, daß ich Gründe hätte, anderer Meinung zu sein, und damit hätte es sein Bewenden gehabt. Was mich wurmte und weiter anstachelte, war die Tatsache, daß beide entschlossen waren, eine unvorteilhafte Einschätzung ihrer Gesellschaft meinem Vater zur Last zu legen, also seinen gegenstandslosen »Haltungen« und »Ansichten«, statt sie früheren Praktiken ihrer Gesellschaft zuzuschreiben.

Nachdem ich diese Briefe bekommen hatte, rief ich meinen Vater an und sagte zu ihm: »He, du hast dich all die Jahre hinsichtlich der Metropolitan geirrt. Sie haben die Juden geliebt. Konnten sie gar nicht schnell genug befördern. All das andere Zeug war schlichter jüdischer Verfolgungswahn.«

Ich las ihm den Brief vor, den der Doktor an John Creedon als Reaktion auf meinen Text geschrieben hatte.

Als ich fertig war, fing er an, ein wenig sarkastisch zu lachen.

»Nun, was hältst du davon?« fragte ich.

»Der Kerl ist wohl noch grün hinter den Ohren. Wie heißt er nochmal?«

Ich sagte es ihm.

»Klar war Dublin ein Jude«, sagte er. »Genau wie mein Boss, Peterfreund. Aber daß ein Jude in der Gesellschaft genauso vorwärtsgekommen wäre wie ein Christ? Also wirklich. Die Juden im Stammbüro, die konnte man zählen, und man hätte nicht die ganze Hand dazu gebraucht.«

Ich verbrachte die nächsten paar Nachmittage in den Archiven des American Jewish Committee in der

Sechsundfünfzigsten Straße East. Dorthin hatte mich ein Vertreter der B'nai Brith Anti-Defamation League verwiesen, als ich bei der A.D.L. angerufen hatte, um mich zu erkundigen, wo ich Recherchen über Diskriminierung in der Versicherungswirtschaft anstellen könnte. Nachdem ich etliche Seiten mit Notizen aus Artikeln kompiliert hatte, die im Laufe der Jahre in der *New York Times* erschienen waren, aus Aufzeichnungen der Bürgerrechtsabteilung der A.J.C. und aus verschiedenen Büchern und Zeitschriften, setzte ich einen zweieinhalbseitigen Brief an John Creedon auf, in dem ich eine Dokumentation für jene »Haltungen« meines Vater bot, die er und der Doktor so eilfertig abgetan hatten.

10. Dezember 1987

Sehr geehrter Mr. Creedon,

... ich bin sicher, daß sich bei der Metropolitan, wie Sie es in Ihrem Brief andeuten, die Aufstiegschancen in leitende Funktionen für Angehörige von Minderheiten seit den dreißiger und vierziger Jahren, also der Zeit, über die ich in meinem autobiographischen Essay geschrieben habe, beträchtlich verbessert haben. Seit der Verabschiedung des *Fair Employment Practice*

Act im Jahre 1951 zur Verbesserung der Chancengleichheit in der Beschäftigungspolitik hat es selbstverständlich ständigen und erfolgreichen Druck auf bis dahin diskriminierende Geschäfts- und Wirtschaftszweige gegeben, künftig Angehörige von Minderheiten anzusprechen, einzustellen und in leitende Stellungen zu befördern. Dennoch sah sich – laut einem Artikel der *New York Times* vom 20. März 1966 – die Bundesregierung immerhin noch in den sechziger Jahren veranlaßt, »eine diskrete, doch anscheinend konsequente Kampagne gegen vermutete religiöse Diskriminierung in Versicherungsgesellschaften« in Gang zu bringen. »Das Ziel«, so heißt es weiter, »ist es, führende Stellungen zugänglich zu machen für Juden und Katholiken wie für Neger und andere rassische Minderheiten, und zwar in Gesellschaften, deren obere Stellungen möglicherweise angelsächsischen Protestanten vorbehalten sind.«

Im weiteren zitierte ich aus einer Untersuchung über die Versicherungswirtschaft, die 1966 vom New Yorker Oberstaatsanwalt Louis Lefkowitz veröffentlich worden war, und aus einer Studie vom Jahr 1960, als mein Vater immerhin noch für die Metropolitan arbeitete, aus denen hervorging, daß in den Stamm-

büros der sieben größten Lebensversicherungsgesell-
schaften der Anteil jüdischer höherer Angestellter zusammen etwa dreieinhalb Prozent betrug und daß bei
zwei Dritteln von diesen, wie bei Louis I. Dublin, die
Tätigkeit weitgehend auf statistische Arbeiten be-
schränkt blieb oder daß sie als Mathematiker, Ärzte,
Rechtsanwälte oder Buchhalter beschäftigt waren. Ich
schloß meinen Brief wie folgt: »In Anbetracht dessen, was diese Belege über diskriminierende Praktiken in der Geschichte der größeren amerikanischen
Versicherungsgesellschaften offenbaren ... frage ich
mich, weshalb ausgerechnet meines Vaters ›Ansichten‹, wie sie hoffen, sich hätten ändern sollen: die
historischen Tatsachen geben zu einer Revidierung
seiner Ansichten keinen Anlaß. Was als nötig erachtet wurde, war eine Revidierung der Beschäftigungspolitik seitens der Versicherungsgesellschaften im
Hinblick auf Minderheiten, und das hat als Reaktion
auf Bundesgesetze und Untersuchungen seitens der
Regierung tatsächlich stattgefunden.«

Ich schickte ein Exemplar des Briefes an Creedon
und gab meinem Vater eine Kopie, als ich ihn das
nächste Mal sah.

Nachdem er den Text gelesen hatte, wußte er mit
dem, was ich getan hatte, offenbar nichts anzufangen.

»Wie hast du all das Zeug herausgefunden?« fragte er.

»Die Archive beim American Jewish Committee. Ich habe dort ein paar Nachmittage verbracht.«

»Er ist ein schrecklich netter Kerl, dieser Mr. Creedon. Er hat mich einmal zum Mittagessen ins Stammbüro eingeladen, weißt du.«

»Ich weiß.«

»Er hat damals einen Wagen hierhergeschickt, mit dem ich zum Stammbüro gefahren wurde.«

»Schau, ich bin sicher, daß er ein netter Kerl ist. Es gibt einfach nur ein paar Löcher in seinem Sinn für Geschichte.«

»Nun ja, das hast du ihm ja ganz gut dargestellt.«

»Nun ja, und mir gefiel es nicht, was er über dich geschrieben hat – daß er hoffe, *du* habest *deine* Meinung geändert. Das ist doch wohl das letzte.«

»Man ist furchtbar gut zu mir gewesen, bei der Metropolitan. Weißt du, was ich an Pension bekommen habe, seit ich im Ruhestand bin? Ich habe es gerade letzte Woche mal ausgerechnet. Gut über eine Viertelmillion Dollar.«

»Das sind doch Kinkerlitzchen. Du hättest das Doppelte verdient.«

»Mit einer achtjährigen Schulbildung? Denkst du?«
Er lachte. »Ich hatte nichts, absolut nichts. Mutter und
ich, wir waren schlicht pleite, und sie haben mich genommen. Es ist ein Wunder, was mit einem Mann wie
mir geschehen ist.«

»Den Teufel ist es. Du hast gearbeitet. Du hast Blut
für sie geschwitzt. Du hast eine Geschichte, und sie
haben auch eine. Der Unterschied ist, daß du zu deiner stehst, du sagst, du wärest ›nichts‹ gewesen, doch
sie stehen nicht gern zu der ihren, wenn diese Briefe
irgendeinen Aussagewert haben.«

»Ihnen gefällt die Wahrheit nicht. Was ist so unge-
wöhnlich daran? Tu mir einen Gefallen, bitte. Damit«,
sagte er und hielt meinen Brief empor, »ist es genug.«

Nun, *das* war jedenfalls neu – daß mein Vater sich
bekümmert äußerte über etwas, das ich geschrieben
hatte. In meinen Zuckerman-Romanen hatte ich
Nathan Zuckerman einen Vater gegeben, der die Dar-
stellung jüdischer Charaktere in den Büchern seines
Sohnes nicht ausstehen konnte, wogegen das Schicksal mir einen kämpferisch loyalen und ergebenen Vater beschert hatte, der an meinen Büchern niemals das
Geringste auszusetzen hatte – was *ihn* wütend machte, waren die Juden, die meine Bücher brandmarkten
als antisemitisch und von Selbsthaß geprägt. Nein,

was meinen Vater nervös machte, war nicht, was ich über Juden geschrieben habe, sondern, wie sich herausstellte, was ich jetzt über Nicht-Juden geschrieben hatte – über Nicht-Juden an Nicht-Juden, und zwar an Nicht-Juden, die seine Bosse gewesen waren.

»Ich glaube nicht, daß sie aufgrund meines Briefes dir etwas von deiner Pension abknapsen werden – falls dir *das* Sorgen macht.«

»Nichts macht mir Sorgen«, sagte er.

»Ich habe gewiß nicht die Absicht gehabt, dich zu verärgern. Ganz im Gegenteil.«

»Ich bin nicht verärgert. Aber schick ihnen nicht noch so einen Brief.«

Und doch erzählte mir meine Cousine Ann bei der Beerdigung meines Vaters, daß er, als sie und ihr Mann Peter ihn eines Abends besucht hatten, an seine Akten gegangen sei und den Brief hervorgezogen habe, um ihn voller Stolz Peter zu zeigen, der sein Anwalt war. Mir gegenüber hat er ihn nie wieder erwähnt, und ebensowenig habe ich von irgend jemandem bei der Metropolitan eine Antwort erhalten.

Er blieb nach der Biopsie eine Woche lange bei uns, und als er bereit war, nach Elizabeth zurückzukehren, hatte er kaum noch Schmerzen im Mund und konnte wieder mit Appetit essen; er hatte die paar Pfund wieder zugelegt, die er im Krankenhaus abgenommen hatte, und war sogar wieder so weit zu Kräften gekommen, daß er nach dem Frühstück und wiederum am Nachmittag einen kleinen Spaziergang mit mir machen konnte. Jeden Morgen kam er in die Küche und sagte: »Habe geschlafen wie ein Weltmeister«, und abends saß er nach dem Essen mit seinem Kaffee Claire gegenüber, und lange nachdem ich hinausgeschlüpft war, um zu lesen oder das Baseballspiel anzuschauen, war er immer noch in der Küche und erzählte ihr seine Geschichten über die Familie und ihre Geschicke in Amerika. Es waren weitschweifige Geschichten, Geschichten fast ohne Pointe für jemanden, der außerhalb der Familie aufgewachsen war, und, so möchte man annehmen, selbst für ihn inzwischen reichlich abgeleiert (der eine ist gestorben, der andere hat geheiratet, dieser hat sein Geld verloren, jener hat seine Frau verloren, und wieder ein anderer hat es schließlich Gott sei Dank geschafft). Doch er rezitierte sie Abend für Abend, und mit nicht weniger Frische als Yul Brynner, wenn er in *The King and I* zum viertausendsten Mal »'Tis a Puzzlement« sang. Jeden Abend saß Claire am Küchentisch und hörte zu, der Kopf sank ihr vor Langeweile, doch sie war keineswegs unbeeindruckt von der Konsequenz, mit der sich diese mäandernde Saga entfaltete, oder von dem hypnotischen Bann, in dem das irdische Schicksal einer gewöhnlichen Einwandererfamilie ihn in seinem siebenundachtzigsten Lebensjahr immer noch zu halten schien. Wie sein dahingegangener Bruder Charlie, der 1936 gestorben war, im Jahre 1912 Fanny Spitzer heiratete; wie Charlie, nachdem Fanny vierzehn Jahre später gestorben war, Sophie Lasker heiratete; wie Sophie Milton, Rhoda, Kenny und Jeanette zur Welt brachte; wie Jeanette 1942 im Alter von nur achtundzwanzig Jahren starb; wie sein Bruder Morris, der tüchtige, erfolgreiche Bruder, der mit neunundzwanzig Jahren starb, eine Schnürsenkelfabrik in der Pacific Street hatte, wo mein Großvater die Schnürsenkel mit Spitzen versah; wie Morris zwei Häuser und vier Garagen besaß; wie er, als er starb, sein Vermögen seiner verschwenderischen Frau hinterließ, die nach Morris' Tod einen Velie kaufte. »Hast du je vom Velie gehört? Ein Automobil. Kannst du nachschlagen. V-e-l-i-e. Das war ein großer Zweisitzer. Alles verschwand, Ella verkaufte alles. Dann hat sie wieder geheiratet. Sie heiratete einen Kerl, und er schwängerte sie, und sie dachte, sie hätte einen Klumpen in ihrem Magen. Und der Kerl war ein Captain

260

bei der Armee, und er nahm ihr ganzes Geld, Morris'
Vermögen, und er ging nach Deutschland, er überre-
dete sie, Leder zu kaufen – doch ihr Vater, Onkel Klein,
sagte, sie müßten das Geld bei einer amerikanischen
Bank einzahlen, oder er würde die Frachtpapiere nicht
herausgeben. Onkel Klein hatte einen Kiosk an der
Ecke Avon Avenue – nein, Clinton Avenue, Clinton
und Hunterdon Street-« Es war sein Deuteronomium,
die Geschichte seines Israel, und seit seiner Pensionierung, ob er nun auf einer Kreuzfahrt in der Karibik
war oder in einer Hotelhalle in Florida oder im Wartezimmer eines Arztes, blieben nur sehr wenige, die
zufällig eine beliebige Zeit ihm gegenüber zu sitzen
kamen, von seinem heiligen Text, und sei es in ge-
kürzter Fassung, verschont. Nichtjuden, denen er zuweilen auf seinen Reisen mit meiner Mutter begegnet war, hatten, so war ruchbar geworden, sich
aufgerafft und waren mitten im Satz fortgegangen,
und selbst bei solchen Gelegenheiten, wenn meine
Mutter ihm zu erklären gewagt hatte, weshalb ein
völlig Fremder sich vielleicht nicht für Charlies
Schuhgeschäft in der Belmont Avenue oder Morris'
Filmtheater neben der Schnürsenkelfabrik in der
Pacific Street interessierte, schien er das niemals zu
verstehen oder verstehen zu wollen. All die Verluste

und der Wiederaufbau und die Erneuerung, all diese *Menschen,* all das *Sterben,* all ihre *Arbeit* – wie konnte da jemand nicht berührt, ja, nicht ebenso ehrfurchtsvoll sein wie er angesichts dessen, was unsere Roths in Amerika durchgemacht und überdauert hatten.

Am Ende der Woche brachte ich ihn nach Elizabeth zurück, wobei ich in Manhattan haltmachte, um ihn zum Augenarzt zu begleiten. Wir hatten entschieden, daß jetzt nichts anderes zu tun sei als den Tumor zu vergessen und die Augenoperation in Angriff zu nehmen. An jenem Nachmittag sollte eine voroperative Untersuchung stattfinden, und er sollte Anfang Juli nach dem Feiertagswochenende zur Entfernung des grauen Stars ins Krankenhaus zurückkehren. Mein Bruder würde mit dem Flugzeug kommen, um in dieser Zeit bei ihm zu sein.

Da er auf dem rechten Auge zu neunzig Prozent erblindet war, würde er nach der Operation am anderen Auge, so sagte uns der Arzt, vielleicht immerhin für drei oder vier Wochen praktisch ohne Augenlicht sein. Wir hatten sehr wenig Zeit, jemanden zu suchen, der ihn während der Genesungszeit versorgte, doch glücklicherweise fand ich schon nach einem oder zwei Tagen des Herumtelephonierens heraus, daß die frühere Haushälterin meines Bruders, Ingrid Burlin, die Sandy fünf Jahre lang geholfen hatte, seine beiden Jungen großzuziehen, nachdem seine erste Frau 1971 an Krebs gestorben war, im Begriff stand, ihre Arbeit bei einer Familie in Manhattan zu beenden. Ingrid war bereit, ihre Aufgabe bei uns am Tage seiner Rückkehr nach der Staroperation anzutreten und dazubleiben, bis er im Dezember mit Lil zu den gemeinsamen vier Monaten in West Palm Beach aufbräche (wenn der Tumor ihn für West Palm Beach verschonen würde). Ingrid war jetzt in den Vierzigern, eine außerordentlich gutmütige, intelligente und zuverlässige Frau, zu der sowohl meine Mutter wie mein Vater während der Jahre, als sie bei meinem Bruder gewesen war, ein sehr enges Verhältnis entwickelt hatten, und es erwies sich als erstaunlicher Glücksfall, daß sie gerade in diesem Moment für ihn zur Verfügung stehen konnte. Ingrid sollte fünf oder sechs Tage die Woche für acht Stunden mit dem Bus aus Manhattan kommen, um für ihn zu kochen, einzukaufen, die Wohnung sauberzuhalten und, was uns am meisten erleichterte, ihm den ganzen Tag Gesellschaft zu leisten, solange er ans Haus gebunden war. Da Sandy und ich wußten, daß unser Vater seine Kommunalobligationen und seine Sparkonten nicht angreifen würde, um Ingrids Gehalt zu bezahlen, kamen wir überein, uns die Kosten zu teilen und sie aus unserer Erbschaft nach seinem Tode zu decken. Es gab genug Geld, um Ingrid drei Jahre lang zu bezahlen, falls er, was unwahrscheinlich war, so lange am Leben bleiben sollte.

Als ich auf der Fahrt nach Hause sah, daß seine Munterkeit nachzulassen begann, weil die Woche bei uns zu Ende war und sich alles wieder so düster vor ihm auftürmte, wie es zuvor der Fall gewesen war, erinnerte ich ihn daran, daß durch Ingrids Anwesenheit vieles ganz anders sein würde – wie auch durch die Staroperation. Wenn Ingrid im Hause wäre und er wieder sehen könnte, würde er weitaus weniger von Lil abhängig sein, und vielleicht ließe sich die Spannung zwischen ihnen, die sich durch seine Krankheit verschärft hatte, wieder in den Griff bekommen.

Doch meine Worte brachten ihn auf ein Thema, das ich nicht vorausgesehen hatte. »Plötzlich ist sie eine Jüdin«, sagte er. »Ich mußte sie zum Gottesdienst mitschleppen. Bis sie mich kennengelernt hat, ist sie gar nicht hingegangen. Lil wußte nicht einmal, wo die Synagoge überhaupt *war.* Aber am Freitag vor meiner Operation mußte sie unbedingt zum Gottesdienst gehen. Ich habe zu ihr gesagt: ›Selbst ein Hund bleibt bei seinem Herrn. Leute kaufen sich einen Hund, um Gesellschaft zu haben, und du läufst von mir weg!‹«

»Nun«, sagte ich, »ein Hund war vielleicht nicht gerade das beste Beispiel. Ich kann verstehen, wenn sie sich durch den Vergleich nicht gerade geschmeichelt fühlte.«

Doch er war nicht dazu aufgelegt, sich erheitern oder besänftigen zu lassen. Er war eher zu Haß aufgelegt, jetzt, da es nach Hause ging. Ich fragte mich, ob das, was da zum Ausdruck kam, nicht vielleicht verschleierter Haß auf mich war, weil ich ihn nach Hause brachte. Oder vielleicht war er zornig über die Frage, die er an Dr. Benjamin oder Dr. Meyerson oder mich, den Schriftsteller, zu richten sich nicht die Mühe gemacht hatte, weil er wußte, daß keiner von uns trotz all unserer Bildung, unserer akademischen Titel, unserer glatten Sätze und klugen Worte ihr mehr Sinn abgewinnen konnten als er. Warum sollte jemand eigentlich sterben? Sie hätte jeden in Wut bringen können, diese Frage. Er war unentbehrlich, gottverdammtnochmal, und wenn schon nicht mehr für andere, dann für sich selbst. Warum also sollte er sterben? Jemand mit Grips soll darauf mal die Antwort geben!

»Sie macht aber auch gar nichts recht«, sagte er.

»Wer macht das schon?«

»Mutter. Mutter hat alles recht gemacht.«

»Nun, damit dürfte sie so ziemlich die einzige auf der Welt gewesen sein. Vielleicht läßt du Lil lieber in Ruhe.«

»Hör mal, es gibt eine Unmenge von Frauen unten in Florida, bei denen ich einziehen könnte. Sie sind ganz verrückt nach meiner Gesellschaft.«

Ich hatte einen Moment zuvor nicht die Grausamkeit besessen, ihn daran zu erinnern, daß meine Mutter, die vielleicht anscheinend alles recht gemacht hatte, als er zehn und zwölf Stunden am Tag nicht zu Hause, sondern im Büro war, ihm während der letzten Jahre ihres Lebens nicht gar so vollkommen erschienen war. Noch konnte ich ihn jetzt daran erinnern, daß die Frauen in Bal Harbour, die er 1981 angehimmelt hatte – damals, als er eben verwitwet im Swimming-pool der Wohnanlage erschienen war, um jeden Nachmittag eine Viertelstunde lang sein methodisches, langsames Brustschwimmen zu absolvieren und dann in Badehose und Bademantel in der Sonne zu sitzen und den »Girls« die Witze aus dem Y in Elizabeth zu erzählen –, vielleicht nicht gar so verrückt waren nach der Gesellschaft des Mannes, der er 1988 war.

Doch es bedurfte ohnehin meiner nicht, um ihn daran zu erinnern; ein oder zwei Sekunden später fiel es ihm spontan selber ein, und es machte ihn eher noch wütender als zuvor, diesmal offenkundig auf Lils Schwester, die nicht allzu hoch in seiner Gunst stand (noch er in der ihren, wie ich ahnte).

»Warum heiratet sie *die* nicht?« fragte er. »Sie hängen sechzehn Stunden am Tag zusammen am Telephon – warum heiratet sie nicht ihre Schwester, und damit hat sich's!«

Doch der Mensch, den Lil einmal hatte heiraten wollen, war mein Vater. Nur war er schon verheiratet, wenn auch nicht mehr mit meiner Mutter, so doch mit der Ehe, die sie geführt hatten. Vor einiger Zeit hatte er in einer sanfteren Stimmung zu mir gesagt: »Manchmal denke ich, daß Lil mir von Mutter gesandt worden ist.« Ich war überrascht von dieser Verträumtheit, die gar so untypisch war, doch da ich nicht sah, was daran nachteilig war – ich fragte mich sogar, ob es nicht einfach das Wiegenlied war, mit dem er sein Gewissen beruhigen und ein wenig die Scham und das Schuldgefühl verringern wollte, daß er immer noch einem Leichnam die Treue hielt –, sagte ich: »Wer weiß? Vielleicht ist es so.« Anscheinend hatte er versucht, eine Möglichkeit zu finden, nicht so sehr Lil von ganzem Herzen zu lieben (selbst er war zu erfahren, um das zu erwarten), als vielmehr ihr eine ebenbürtige Position in seiner distinguierten Sippe mit ihrer für ihn beispiellosen Geschichte einzuräumen. Er war immer schon wunderbar aufmerksam und aufopfernd gewesen, wenn ein Freund krank war, und wahrscheinlich war er einer Rolle als liebevollem Ehemann niemals näher gekommen als zu der Zeit, da er Lil über zwei Brustamputationen innerhalb eines Jahres hinweggeholfen und sie nachher gesundgepflegt hatte. Doch nur als seine Patientin durfte sie annähernd so etwas wie eine auf Händen getragene Frau sein; und als *er* anfing abzubauen, als er selbst zunehmend hilfsbedürftig wurde, da war es ihr Verhängnis, daß sie unvollkommen war und niemals den Status von Bess Roth erlangen konnte, die er nun zusammen mit seiner Mutter zum Inbegriff vorbildlicher Weiblichkeit erhob. Mit Lil lebte er, als die romantische Verzauberung nachgelassen hatte, die weniger zensierte Version dessen aus, was er mit meiner Mutter gemacht hatte, insbesondere gegen Ende ihres Lebens.

Zeitweilig erschöpft von dem Ansturm der Wut, ließ er bald schon den Kopf nach vorn sinken und schlief ein. Als er auf der Route 684 wieder aufwachte, waren andere Autofahrer und ihre Fahrweise der Gegenstand seines Zorns. Jemand wechselte vor mir die

Fahrspur, und er sagte angewidert: »Was zum Teufel macht der Kerl nur?« Jemand flitzte links an mir vorbei, und er rief: »Hält sich denn niemand mehr an die Beschränkung von fünfundfünfzig Meilen?« Dann: »Diese gottverdammten Lastwagen!« Dann: »Die raucht! Sie hat ein Baby im Auto und raucht!«

»Laß gut sein«, sagte ich.

»Nun hat man ja die Telephone. Eine brillante Erfindung. Sie fahren, und sie sprechen zugleich am Telephon! Vielleicht kann Ingrid bei Abe aushelfen«, sagte er plötzlich.

»Was? Wovon redest du?«

»Vielleicht kann Ingrid bei Abe aushelfen«, wiederholte er. »Abe lebt mit einer schrecklichen Hexe zusammen.«

Abe war ein dreiundneunzig Jahre alter Nachbar, mit dem mein Vater, wenn das Wetter gut war, einen täglichen Gesundheitsspaziergang zu machen versuchte. Abe machte einen recht rüstigen Eindruck und bewegte sich für einen Mann seines Alters mit einem erstaunlich aufrechten, zuversichtlichen Gang, doch wenn er und mein Vater am Nachmittag loszogen, um ihre Runde um den Block zu machen, hakten sie einander unter, damit keiner von beiden auf dem geborstenen Zement der Gehsteige stolperte. »Der Lahme und der Blinde« nannte mein Vater ironisch sie beide. Manchmal gingen sie die North Broad Street immerhin bis zum Drugstore hinab, manchmal begleiteten sie einander zum Friseur, und eines Tages, als ich zu Besuch kam, waren sie gerade zurückgekehrt, nachdem sie zusammen an den Bürgermeistervorwahlen teilgenommen hatten. Die Ergebnisse der Vorwahlen waren eine ausgemachte Sache, erzählte mir mein Vater, doch die Wahl hatte ihm und Abe etwas zu tun gegeben. Und wann immer sie zurückkehrten von wo immer sie gewesen waren und Abe zu seiner eigenen Wohnung weiterging, sagte mein Vater unweigerlich: »In fünf Minuten wird er vergessen, daß er mich gesehen hat.«

Am Tag, als ich gekommen war, um ihm von dem Tumor zu berichten, hatte Abe angerufen, gerade als ich meinem Vater die schlechte Nachricht eröffnet hatte und er zusammengesunken in einer Ecke des Sofas saß und darüber nachsann, was ihm bevorstand. Ich stand auf und ging ans Telephon, und da war Abe am anderen Ende, mit einem echten Schwung in der lebhaften Stimme. »Hallo, Herman?« »Nein, Philip«, sagte ich. »Will dein Vater einen Spaziergang machen?« »Er will jetzt hier sitzen und mit mir sprechen, Abe. Vielleicht wird er später ausgehen.« Kaum zehn

Minuten waren vergangen, als das Telephon wieder klingelte. »Will dein Vater einen Spaziergang machen?« »Nein, Abe, im Moment nicht, fürchte ich.« Und nachdem ich zum zweiten Mal abgehängt hatte, ließ ich den Hörer neben der Gabel liegen, wie ich es in der Nacht vor der Beerdigung meiner Mutter gemacht hatte, als Wilkins, ein anderer Nachbar, versuchte, meinen Vater mit seinem verrückten Gelächter zu erschrecken.

»Was ist Ingrids Telephonnummer in New York? Ich werde mit ihr über Abe sprechen.«

»Dad, laß Abe zufrieden, okay? Im Moment soll Ingrid erst einmal dir helfen.«

»Wenn bloß erst dieses verdammte Auge in Ordnung gebracht ist! – Wenn ich sehen könnte, könnte ich zur Bank gehen, ich könnte zum Zahnarzt gehen, ich würde niemanden brauchen.«

»Nun, in ein paar Wochen wird es dir in Ordnung gebracht. David Krohn hat Himmel und Erde in Bewegung gesetzt, um so bald wie möglich einen Termin für dich zu bekommen. Deshalb fahren wir ja heute zu ihm.«

»Als Tante Millie gestorben ist, hat Ann mich angerufen, und ich habe einfach die Fassung verloren und eine halbe Stunde lang mit ihr am Telephon geweint. Habe ich dir das erzählt?«

Ann, Sie erinnern sich, war die Tochter von Tante Millie, der jüngeren Schwester meiner Mutter.

»Ich habe eine halbe Stunde lang geweint«, sagte er. »Und weißt du, um wen ich geweint habe? Das ist mir jetzt klar. Um Mutter. Als sie starb, bin ich im Krankenhaus herumgelaufen und habe geschrien: ›Wo ist meine Frau? Was tun Sie für meine Frau?‹ Ich hatte keine Zeit zum Weinen, so wütend war ich. Doch als ich hörte, daß Millie gestorben ist, da war sie das Letzte, was noch von Mutter übriggeblieben war, und ich habe wie ein Baby geweint.«

Wir kamen über den West Side Highway nach Manhattan herein, als er zum dritten Mal aus dem Schlaf erwachte und resigniert und recht verzagt klingend sagte: »Vielleicht kann Ingrid sich auf Dauer um mich kümmern?«

»Das ist auch möglich«, sagte ich.

6
Sie haben gefightet,
weil sie Fighter waren,
und sie haben gefightet,
weil sie Juden waren

Etwa ein Jahr war vergangen, als er plötzlich begann, seinen Gleichgewichtssinn zu verlieren. Inzwischen hatte er den grauen Star entfernen lassen – wodurch sein linkes Auge praktisch wieder die volle Sehkraft bekommen hatte – und er und Lil waren zu ihrem gewohnten viermonatigen Aufenthalt nach Florida gefahren. Im Dezember hatten sie in Palm Beach sogar an der Hochzeit teilgenommen, zu der Sandy Kuvin ihn im vorangegangenen Frühjahr eingeladen hatte, damals, als der Hirnchirurg mir gesagt hatte, daß er, wenn wir der Operation nicht zustimmen würden, in relativ kurzer Zeit sehr viel schlechter dran sein würde – damals, als ich dachte, daß er Florida niemals wiedersehen würde.

Als er Ende März nach Elizabeth zurückkehrte und ich hinfuhr, um ihn zu Hause willkommen zu heißen, sah ich, daß sich sein Zustand seit meinem Besuch im

273

Vormonat in Florida bereits verschlechtert hatte. Er litt jetzt fast jeden Tag unter Kopfschmerzen, die Gesichtslähmung schien sich verschlimmert zu haben, und das hatte zur Folge, daß er jetzt immer undeutlicher sprach, so daß er kaum noch zu verstehen war, und er hielt sich beunruhigend schlecht auf den Beinen. Ein paar Wochen nach seiner Rückkehr verlor er, als er spät abends aufstand, um ins Badezimmer zu gehen, das Gleichgewicht (oder sein Bewußtsein hatte einen Moment lang ausgesetzt) und fiel hin. Er lag etwa zehn Minuten lang auf dem Fußboden im Badezimmer, ehe Lil aufwachte und ihn rufen hörte. Er kam mit nichts Schlimmerem als ein paar bös verstauchten Rippen davon, doch die Beeinträchtigung seines Kampfgeistes war enorm.

Etwa um diese Zeit erzählte mir ein Freund von einer Patienten Verfügung, einem juristischen Dokument, das einen – in der dabei üblichen Terminologie – in den Stand versetzt, im vornherein festzulegen, daß man im Falle extremen körperlichen oder geistigen Verfalls, bei dem keine vernünftige Hoffnung auf Genesung besteht, jede Art lebenserhaltender Maßnahmen ablehnt. Der Unterzeichnende bestimmt, wer über die notwendigen medizinischen Behandlungsmaßnahmen entscheiden soll, falls er oder sie nicht mehr dazu in der Lage ist. Ich rief meine Rechtsanwältin an, um zu fragen, ob Patienten Verfügungen auch in New Jersey gültig seien, und als sie ja sagte, beauftragte ich sie, zwei Patienten Verfügungen aufzusetzen, eine für meinen Vater und eine zweite für mich.

In der folgenden Woche fuhr ich nach New Jersey hinüber, um mit meinem Vater, Lil und Ingrid zu Abend zu essen – Ingrid, die jetzt nach seiner Rückkehr wieder als Haushälterin bei ihm arbeitete; sie hatte im vergangenen Juli bei ihm angefangen, direkt nachdem er sich den grauen Star hatte entfernen lassen. Ich brachte meine eigene Patientenverfügung mit, unterzeichnet und notariell beglaubigt am gleichen Nachmittag in einer nahe gelegenen Imbißstube, und die Patientenverfügung, die meine Anwältin für ihn vorbereitet hatte, in der die Vollmacht, medizinische Entscheidungen zu treffen – falls er selbst das nicht mehr konnte –, auf meinen Bruder und mich übertragen wurde. Wenn ich ihm zeigte, daß ich für mich selbst eine Patientenverfügung aufgesetzt hatte, dann würde ihm vielleicht, so hoffte ich, die Unterzeichnung seiner eigenen nicht so sehr als unheilverkündend denn als vernünftig erscheinen, als etwas, das jeder erwachsene Mensch tun sollte, unabhängig von Alter oder körperlicher Verfassung.

Doch als ich ankam und feststellte, wie deprimiert er immer noch als Folge des Sturzes im Badezimmer war, fiel es mir sogar noch schwerer, über die Patientenverfügung zu sprechen, als im Vorjahr, als es gegolten hatte, ihm den Hirntumor zu eröffnen. Ich brachte es einfach nicht übers Herz. Ingrid hatte ein großes Abendessen mit Truthahn vorbereitet, ich hatte Wein mitgebracht, und wir saßen lange am Eßtisch, wo ich, statt zu erklären, was eine Patientenverfügung war und warum ich wollte, daß er eine solche machte, mir Mühe gab, seine Gedanken so weit vom Tod abzulenken, wie ich nur konnte, indem ich ihm von einem Buch erzählte, das ich gerade zu Ende gelesen hatte. Ich hatte es ein paar Tage zuvor erstanden, als ich während eines Spaziergangs in einem Buchladen für Judaica am Upper Broadway gestöbert hatte. Es hieß *The Jewish Boxers' Hall of Fame* – alte Archivphotos und kapitellange Biographien von neununddreißig Boxern, einige von ihnen Weltmeister oder »Titelanwärter«, die im Ring aktiv gewesen waren, als mein Vater jung war. Als Junge war ich zusammen mit meinem Bruder von ihm zu den Kämpfen am Donnerstagabend in Newarks Laurel Garden mitgenommen worden, und wenngleich ich mich selbst auch nicht mehr für diesen Sport interessierte, so schaute er sich doch immer noch mit größtem Vergnügen im Fernsehen die Boxkämpfe an. Ich fragte ihn, an wie viele der alten jüdischen Boxer er sich noch erinnern könne.

»Nun«, sagte er, »da gab es Abe Attell.«

»Stimmt«, sagte ich. »Du bist noch ein kleiner Junge gewesen, als Attell Champion im Federgewicht war.«

»Tatsächlich? Ich dachte, ich hätte ihn kämpfen sehen. Dann gab es noch, wie-hieß-er-gleich, dieser große Lümmel ... Levinsky – Battling Levinsky. Er war Champion – stimmt's?«

»Champion im leichten Schwergewicht.«

»Benny Leonard natürlich. Ruby Goldstein. Er wurde dann Schiedsrichter.«

»Leonard auch. Er fiel als Schiedsrichter bei einem Kampf in der alten St. Nick's Arena tot um. Erinnerst du dich?«

»Nein, das weiß ich nicht mehr. Aber es gab Lew Tendler. Er hat schließlich ein Restaurant aufgemacht. Da bin ich immer wieder mal hingegangen, in Philadelphia. Ein Steak-Haus. Das waren tolle Kerle. Es waren arme Jungs, genau wie die Farbigen, die es im

Boxen zu etwas brachten. Die meisten von ihnen warfen das Geld zum Fenster raus und starben in Armut. Der einzige, der Geld gemacht hat, war Tendler, soweit ich weiß. Ich kann mich an die Zeit von Tendler, Attell und Leonard noch sehr lebhaft erinnern. Barney Ross. Er war ein Teufelskerl von Fighter. Ich habe ihn in Newark kämpfen sehen. Es gab Bummy Davis – er war ein Jude. Es gab Slapsie Maxie Rosenbloom. Klar erinnere ich mich an sie.«

»Hast du gewußt«, sagte ich, »daß Slapsie Maxie im Endkampf um den Titel im leichten Schwergewicht gegen einen anderen Juden gekämpft hat?« Das hatte ich selbst erst am Abend zuvor erfahren, als ich im Buch *Hall of Fame* einen Anhang mit dem Titel »Juden, die gegen andere Juden um den Weltmeistertitel kämpften« überflogen hatte. Der Liste, die länger war, als ich erwartet hätte, folgte ein weiterer Anhang, der »Lester Brombergs 10 große jüdisch-amerikanische Boxer aller Zeiten« auflistete. »Er hat gegen einen Kerl namens Abie Bain gekämpft«, sagte ich.

»Klar. Abie Bain«, sagte mein Vater, »das war ein Verrückter aus Jersey – Newark, Hillside, diese Gegend hier. Und er war ein Taugenichts. Sie waren alle Taugenichtse. Du weißt ja, wie es war: diese Kerle

278

sind eben so aufgewachsen, sie hatten ein schweres Leben, die Slums, kein Geld, und sie haben immer einen Gegner gehabt. Die christliche Religion war ein Gegner. Sie kämpften zwei Schlachten. Sie haben gefightet, weil sie Fighter waren, und sie haben gefightet, weil sie Juden waren. Man hat immer zwei Kerle in den Ring geschickt, einen Italiener und einen Juden, einen Iren und einen Juden, und die haben gefightet, als meinten sie es ernst, sie haben gefightet, daß es weh tat. Da war immer ein gewisser Anteil an Haß dabei. Wollten zeigen, wer der Überlegene war.«

Dieser Gedankengang brachte ihn auf einen Freund aus der Kindheit, Charlie Raskus, der, nachdem er aus dem Viertel fortgegangen war, zu einem Killer für den Newarker Gangsterboss Longie Zwillman wurde.

»Charlie hat schon als Kind nichts getaugt«, sagte mein Vater.

»Wie das?« fragte ich.

»Er hat in der Mittelschule seine Lehrerin an ihrem Pult festgebunden.«

»Im Ernst?«

»Gewiß doch. Sie haben ihn hinausgeworfen und auf eine Grundschule geschickt, und schließlich hat er für Longie Leute umgebracht. Das war schon eine üble Bande, Charlie und seine Freunde. Das waren alles jüdische Jungs da im Dritten Bezirk. Die Polakken haben immer die Juden umgebracht, die Bärte hatten, im Dritten Bezirk, meine ich, nicht bloß in der Alten Welt, und so bildeten die jüdischen Jungs eine Bande – sie hatte auch einen Namen, doch der fällt mir im Moment nicht ein – und sie haben die Polakken umgebracht. Ich meine, sie persönlich umgebracht. Sie haben alle nichts getaugt. Mein Vater hat sie immer ›jiddische Taugenichtse‹ genannt.«

»Was ist aus Charlie Raskus geworden?«

»Er ist tot. Er ist gestorben. Eines natürlichen Todes. Er war gar nicht mal so alt. Auch die Bastarde sterben«, sagte mein Vater. »Das ist so ungefähr das einzige Gute, was sich vom Tod sagen läßt – er holt auch die Hurensöhne.«

Gegen halb elf, nachdem wir in den Nachrichten das Ergebnis der Mets abgewartet hatten und er zumindest für den Augenblick von seiner Düsterkeit abgelenkt schien, nahm ich die Patientenverfügungen, die seine und die meine, die ich ziemlich offiziell mitgebracht hatte, und zwar in einem Behältnis, das ich nur sehr selten benutze – in meinem alten Aktenkoffer – , und fuhr mit ihnen nach New York zurück, denn ich dachte, es wäre vielleicht ein Fehler, ihn zu zwingen, die bitterste aller Möglichkeiten ins Auge zu fassen. »Genug«, dachte ich und fuhr nach Hause, wo ich, unfähig zu schlafen, die Nacht damit verbrachte, den Anhang V zu studieren, die Gewinn- und Verlustverzeichnisse von etwa fünfzig jüdischen Weltmeistern und Kämpfern, darunter auch Jerseys ureigener Abie Bain, der achtundvierzig Kämpfe gewonnen – einunddreißig durch K.o. –, elf verloren und diesem Buch zufolge seltsamerweise einundreißig Unentschieden aufzuweisen hatte.

Früh am nächsten Morgen jedoch, ehe er auch nur die Möglichkeit hatte, von seinen Sorgen niedergedrückt zu werden, rief ich meinen Vater an und lancierte mein *spiel:* ich erzählte ihm, daß meine Rechtsanwältin vorgeschlagen habe, ich solle eine Patientenverfügung aufsetzen, daß sie mir deren Funktion erklärt habe, daß ich gesagt hätte, ich fände es eine gute Idee, und sie gebeten hätte, da sie schon für mich eine vorbereitete, auch für ihn eine aufzusetzen. Ich sagte: »Ich möchte dir meine vorlesen. Hör zu.« Und natürlich war seine Reaktion völlig anders, als ich befürchtet hatte.

Wie hatte ich vergessen können, daß ich es mit einem Menschen zu tun hatte, der ein Leben damit verbracht hatte, Leute gerade auf das anzusprechen, woran sie am wenigsten denken wollten? Als ich ein kleiner Junge war und mit ihm Samstagmorgens in sein Büro ging, pflegte er zu mir zu sagen: »Lebensversicherungen ist das Schwerste auf der Welt, was man verkaufen kann. Weißt du warum? Weil der Kunde dabei nur etwas zu gewinnen hat, indem er stirbt.« Er war ein alter und kenntnisreicher Experte in Verträgen, die mit dem Tod zu tun hatten, weitaus mehr daran gewöhnt als ich, und während ich ihm langsam jeden Satz am Telephon vorlas, reagierte er so sachlich, als läse ich die kleingedruckte Prosa einer Versicherungspolice vor.

»›Künstliche lebensverlängernde Maßnahmen angesichts des drohenden Todes‹«, las ich vor, »›die ich insbesondere ablehne, sind die folgenden: (a) Elektrische oder mechanische

Wiederanregung meines Herzens, wenn es aufgehört hat zu schlagen.‹«

»Hmm-hmm«, sagte er.

»›(b) Nasogastrische Schlauchernährung‹ – das ist Ernährung durch die Nase – ›wenn ich gelähmt bin oder unfähig, mittels des Mundes Nahrung aufzunehmen.‹«

»Hmm-hmm, jaja.«

»›Mechanische Beatmung, wenn ich nicht mehr fähig bin, aus eigener Kraft zu atmen.‹«

»Hmm-hmm«.

Ich las weiter vor bis zu der Stelle, wo mein Bruder und ich als diejenigen erwähnt waren, die die medizinischen Entscheidungen für ihn treffen sollten, falls er nicht mehr in der Lage sein sollte, es selbst zu tun. Dann sagte ich: »Nun? Was hältst du davon?«

»Schick es her, und ich unterschreibe.«

Und das war alles. Statt mich als Sohn des Versicherungsagenten zu fühlen, fühlte ich mich selbst als Versicherungsagent, als einer, der soeben seine erste Versicherungspolice an einen Kunden verkauft hatte, der nur etwas zu gewinnen hatte, indem er starb.

Als Claire und ich ein paar Wochen später an einem Freitag im Mai zum Abendessen kamen, sollte der Mittelpunkt des Abends, soweit ich wußte, Ingrids wunderbare Bouillabaisse sein, ein Gericht, das mein Vater zwar mochte, aber um keinen Preis aussprechen konnte. Aus Bequemlichkeitsgründen hatte er sich angewöhnt, es »*ballaboosteh*« zu nennen, eine brauchbare und immerhin witzige Annäherung insofern, als es sich dabei um das jiddische Lobeswort für »Hausfrau« oder »Wirtschafterin« handelt, und es schien sowohl die Herzhaftigkeit der Speise zu beinhalten, die Ingrid für uns zubereitete, als auch die sänftigende organisierende Rolle, die sie im Haushalt schnell zu spielen gelernt hatte.

Obwohl er jetzt die Arme ausstrecken mußte, um sich an den Wohnungswänden des Gleichgewichts zu vergewissern, wenn er von einem Zimmer ins andere ging – und auch nur ganz winzige Schritte machen konnte, wollte er nicht stürzen –, hatte Ingrids Anwesenheit sein Gefühl der Anfälligkeit enorm verringert und ihn so (entgegen meinen naiven Erwartungen) in die Lage versetzt, seine Kritik an Lil zu *verstärken*. Ich hätte nicht gedacht, daß es ihm möglich gewesen wäre, noch mehr Dinge aufzustöbern, die an ihr nicht richtig waren, doch im Hinblick auf Lils Unvollkommenheiten war sein Sehvermögen selbst mit nur einem guten Auge mikroskopisch.

»Sie kann nicht einmal eine Melone kaufen«, sagte er angewidert eines Morgens am Telephon zu mir, und da ich inzwischen zu dem allgemeinen Thema der Unzulänglichkeiten Lils eigentlich genug gehört hatte, antwortete ich: »Hör mal, es ist schwierig, eine Melone zu kaufen – vielleicht gibt es gar nichts Schwierigeres, wenn du es richtig bedenkst. Eine Melone ist kein Apfel, bei dem man von außen feststellen kann, was drinnen vor sich geht. Ich würde lieber ein Auto kaufen als eine Melone – ich würde lieber ein *Haus* kaufen als eine Melone. Wenn ich in einem von zehn Fällen mit einer anständigen Melone aus dem Laden komme, schätze ich mich glücklich. Ich rieche daran, ich schnüffle daran, ich drücke mit dem Daumen an beiden Enden, ich rieche an einer anderen, drücke wieder mit dem Daumen – acht, neun, zehn Melonen kann ich so durchprüfen, bis ich mich endlich zu einer entschließe, und dann nehme ich sie mit nach Hause, und wir schneiden sie zum Abendessen auf, und das Ding ist ohne Geschmack und hart wie ein Fels. Ich werde dir etwas sagen, was den Irrtum mit einer Melone angeht: *wir alle begehen ihn.* Wir sind nicht dazu *geschaffen,* Melonen zu kaufen. Tu mir einen Gefallen, Herm, laß die Frau doch einmal in Ruhe, denn es ist nicht allein Lils Schwäche, wenn sie eine beschissene Melone kauft: *es ist eine menschliche Schwäche.* Sie wird von dir verfolgt für etwas, das vielleicht nur ein Prozent der menschlichen Bevölkerung richtig machen kann – und selbst bei denen ist es wahrscheinlich zur Hälfte geraten.«

»Nun«, sagte er, wegen meiner Gründlichkeit ein wenig zurückhaltender, »die Melone ist ja das wenigste ...«, doch im Moment hatte er mir keine weiteren Beschwerden über Lil vorzutragen.

Als wir am Freitagabend zum gemeinsamen Abendessen mit meinem Vater, Lil, Ingrid und Seth und Ruth nach Elizabeth gefahren waren, stellte sich heraus, daß der Mittelpunkt nicht die Bouillabaisse war, sondern ein Gast, von dessen Anwesenheit ich zuvor nichts gewußt hatte. Es war ein wenig überraschend, daß unser Gast, als er am Tisch Platz nahm, zu mir sagte, er habe zu Hause schon mit seiner Frau zu Abend gegessen. Es hatte den Anschein, als sei er wie ein mittelalterlicher Barde oder ein Wanderschausteller eingeladen worden, um uns seine Geschichte zu erzählen, während *wir* unser Abendessen einnahmen – um sie vor allem mir zu erzählen.

Es handelte sich um Walter Herrmann, einen Überlebenden zweier Konzentrationslager, der 1947 nach Newark gekommen war und damals nur Deutsch sprechen konnte; gerade aus Auschwitz gekommen und erst einundzwanzig Jahre alt, hatte er irgendwie irgendwo ein wenig Geld aufgetrieben und zusammen mit einem Partner ein kleines Gemüsegeschäft nicht weit von meiner High-School an der Chancellor Avenue gekauft. Später hatte er dann das ganze Gebäude gekauft, dann das Gebäude daneben und so weiter, bis er schließlich Mitte der fünfziger Jahre seine weitläufigen Besitztümer in Newark verkauft hatte – kurz bevor die Immobilienpreise dort ins Bodenlose zu fallen begannen –, ins Pelzgeschäft – die Branche seiner Familie im Vorkriegsdeutschland – eingestiegen und ein sehr reicher Mann geworden war. Mein Vater kannte ihn aus dem Y in Elizabeth; sie hatten dort zusammen Karten gespielt, als mein Vater noch seinen Wagen besaß und drei- oder viermal die Woche zum Y gefahren war. Er hatte ihn eingeladen, um ihn mit mir bekanntzumachen, da Walter ein Buch über seine Erlebnisse während des Krieges schrieb. Es war nicht das erste Mal, daß mein Vater mir einen aufstrebenden Autor vorgestellt hatte. Es spielte auch keine Rolle für ihn, als ich ihm sagte, daß es absolut nichts gebe, was ich für jemanden tun könne, der beispielsweise über Hypotheken oder Rentenfonds schrieb; er pflegte mir dann die Bürotelephonnummer eines meiner Verlegerfreunde wie Aaron Asher oder David Rieff abzuluchsen, um dann unter Umgehung meiner Person direkt mit ihnen zu verhandeln. Vor ein paar Jahren hatte eines der Manuskripte aus der Feder eines seiner Freunde, das er an Aaron geschickt hatte, ein Buch über das Immobiliengeschäft, schließlich seinen Weg gemacht und war erfolgreich bei

Harper & Row erschienen, Aarons damaligem Verlag. Mein Vater erhielt eine Vermittlungsprovision, und Aaron lud uns beide zu einem Essen in Manhattan ein. Danach gab es kein Halten mehr für ihn, wenn es das denn je gegeben hatte.

Während wir im Wohnzimmer vor dem Abendessen einen Drink nahmen – Walter hatte bei seiner Ankunft meinem Vater eine Flasche Champagner überreicht –, erinnerte ich mich, daß mein Vater diesen seinen Freund vor ein paar Wochen mir gegenüber erwähnt hatte, als ich ihm am Telephon erzählte, daß wir in meinem Literaturseminar in Hunter gerade ein Buch über Auschwitz gelesen hatten – Tadeusz Borowskis *Bei uns in Auschwitz* – und ein weiteres über Treblinka – Gitta Serenys *Into That Darkness*. Meine Verpflichtungen als Universitätsdozent waren ihm all die Jahre über immer ein wenig unklar geblieben, und immer wieder einmal fragte er mich, was ich denn eigentlich in meinen Seminaren unterrichte, und ich versuchte jedesmal, es ihm zu erklären. Nachdem ich ihm von den Büchern über Konzentrationslager erzählt hatte, sagte er: »Ich habe einen Freund aus dem Y, der in Auschwitz war. Er schreibt selbst ein Buch. Ein wunderbarer Mann.« »Tatsächlich?« »Vielleicht kannst du ihm helfen.«

»Ich habe alle Hände voll zu tun, um mir mit meinen eigenen Büchern zu helfen.« »Aber du könntest ihm ein paar Tips geben.« »Dad, ich habe keine. Es gibt keine Tips.« »Was ist mit Aaron Asher?« »Was soll mit ihm sein?« »Hat er wieder gewechselt? Oder ist er immer noch dort?« »Grove? Ja.« »Gib mir doch nochmal seine Nummer.« »Hat dein Freund denn wenigstens sein Buch fertig?« »Habe ich dir doch gesagt – er schreibt gerade daran.« »Dann warte doch lieber und ruf Aaron erst an, wenn das Buch beendet ist.«

Seitdem hatte ich von Walter und dem Buch nichts mehr gehört, bis er beim Bouillabaisse-Abendessen auftauchte, wo mein Vater ihm Instruktionen gab: »Zeigs ihm, zeig ihm deine Nummer, Walter.«

Wir saßen mittlerweile bei Tisch, und da Ingrid zwischen meinem Vater und Walter saß (der sich einen zusätzlichen Stuhl herangezogen hatte, um direkt neben mir zu sitzen) und in dem Moment gerade Claire und Ruth über den Tisch hinweg erklärte, was alles zu ihrer Bouillabaisse gehörte, mußte mein Vater ihr Gespräch *übertönen.* »Zeig ihm deine Nummer!« rief er noch einmal seinem Freund zu.

Da es eine recht warme Nacht war und Walter ein kurzärmeliges Hemd trug – sein leichtes Sportjackett hatte er schon ausgezogen und über die Lehne seines Stuhls gehängt –, brauchte er nur sein Handgelenk ein wenig zu drehen, damit ich die Zahlen auf seinem Unterarm lesen konnte. Während er das tat, sagte er zu meinem Vater: »So was hat er bestimmt schon gesehen, da bin ich sicher.«

Wahr. Die Eltern meiner Schwägerin waren Überlebende des Holocaust, ich kannte Überlebende in Israel, und natürlich war es nichts Ungewöhnliches, Lagernummern auf den Armen aller möglichen Leute zu sehen, denen man in New York begegnete. Darüber hinaus hatte ich im vergangenen Jahr einen Platz zwischen mindestens einem Dutzend Überlebender gehabt, und zwar während der Wochen, die ich in Jerusalem dem Prozeß gegen John Demjanjuk beigewohnt hatte, dem Aufseher in Treblinka, der als Ivan der Schreckliche bekannt war. Der Überlebende, dessen Nummer wohl den größten Eindruck bei mir hinterlassen hatte, als ich sie sah, war der italienische Schriftsteller Primo Levi. Ich war 1986 nach Turin gefahren, um mit ihm ein langes Interview für die *New York Times* zu führen, und im Verlauf der vier gemeinsam verbrachten Tage waren wir auf mysteriöse Weise zu engen Freunden geworden – so eng, daß Primo zu mir sagte, als der Moment des Abschieds gekommen war: »Ich weiß nicht, welcher von uns beiden der jüngere Bruder ist und welcher der ältere«, und wir umarmten einander so emotional, als würden wir uns vielleicht niemals wiedersehen. Und so sollte es auch sein. Wir hatten ausführlich über Auschwitz gesprochen, über seine zwölf Monate dort als junger Mann und die beiden ernsten Bücher, die er über die Lager geschrieben hatte, und das war zum Mittelpunkt des Interviews geworden. Es erschien im Literaturteil der Sonntagsausgabe der *Times,* gerade sechs Monate, ehe Primo Levi Selbstmord beging, indem er von der oberen Etage des Treppenhauses seines Apartmentgebäudes in Turin sprang – desselben Treppenhauses, dessen fünf Stockwerke ich jeden Tag während unserer Gespräche mit solcher Vorfreude hinaufgestiegen war. Ich fragte mich, ob Primo Levi und Walter Herrmann wohl einander in Auschwitz begegnet sein konnten. Sie wären etwa im selben Alter gewesen und hätten einander auf deutsch verstehen können – in der Meinung, daß sich seine Überlebenschancen verbessern könnten, hatte Primo sich in Auschwitz sehr angestrengt, die Sprache der Herrenrasse zu erlernen. Auf welche Weise konnte Walter für *sein* Überleben einstehen? Was hatte *er* gelernt? Wie stümperhaft oder schlicht sein Buch auch immer geschrieben sein mochte, ich erwartete, daß irgend etwas in dieser Richtung das Thema wäre.

Walter hatte auf seinem Schoß einen großen braunen Umschlag, in dem ich ein Manuskript vermutete. Während des Essens sprach er beständig in mein Ohr, über seine bürgerliche Kindheit in Berlin, die Tanzstunden, den Lateinunterricht, über seine Mutter, die wundersamerweise den Krieg überlebt hatte, und seinen Vater, den die Nazis ermordet hatten; er sprach über seine Kindheitslektüre – »Heine«, sagte er und küßte sich vor Verehrung die Fingerspitzen – und ließ mich wissen, wie sehr er die Werke von Franz Werfel geliebt hatte. Dann erzählte er mir, wie es ihm gelungen sei, sich etliche Jahre in Berlin zu verstecken, ehe die Nazis ihn aufstöberten und zuerst nach Belsen schickten und dann nach Auschwitz, nur wenige Monate, bevor der Krieg zu Ende ging.

»In Berlin?« fragte ich. »Wie konnten Sie sich in Berlin verstecken?«

»Frauen. Bei Frauen. Ich war der einzige Mann, den es noch in Berlin gab. Ich war achtzehn, neunzehn. Alle deutschen Männer waren in der Wehrmacht, und alle jüdischen Männer waren fort. Ich wurde von Frauen versteckt.« Er lächelte koboldhaft. »Mein Buch ist kein Buch, wie Ehe Wiesel es schreibt oder

Samuel Pisar. Ehe Wiesel ist ein Genie für mich. So ein tragisches Buch könnte ich gar nicht schreiben. Bis zu den Lagern hatte ich einen sehr glücklichen Krieg.«

Walter öffnete den Umschlag auf seinem Schoß, und was er herauszog, war nicht das Manuskript seines Buches – nein, das noch nicht –, sondern zunächst so etwas wie die Beglaubigungen, die ihn berechtigten, sein Buch zu schreiben. Er legte auf das Leinentischtuch neben meine Schüssel mit Bouillabaisse ein kleines, abgeschabtes Stück Papier, das wie entfärbtes Pergament aussah. Es war ein oftmals angefaßter, oftmals gefalteter Personalausweis, den die Deutschen in den späten dreißiger Jahren ihm verabfolgt hatten. Ich sah, daß Walter Herrmann wie jeder andere jüdische Mann von den arischen Behörden den zweiten Vornamen »Israel« erhalten hatte. Ein Photo in einer Ecke des Dokuments zeigte einen kaum zwanzigjährigen Jungen, schmal, dicklippig, dunkel, von ein wenig tatarenhaftem Aussehen, und keineswegs einen Adonis. Eine Ähnlichkeit mit dem Mann zu meiner Rechten war immer noch auszumachen, obwohl das Photo etwa fünfzig Jahre alt war. Doch während Walter heute Mitte sechzig nicht weniger Selbstvertrauen ausstrahlte als jeder andere respektable Geschäftsmann in Jersey, sah der Junge, der er damals gewesen war, wie ein Mensch aus, der sich sehr viel behaglicher gefühlt hätte, könnte er im stillen Winkel Franz Werfel lesen, statt der einzige Mann zu sein, der für die Frauen von Berlin übriggeblieben war.

Das schwarze Haar, das auf dem Photo mit tiefem Ansatz von der Stirn aufstieg und streng zurückgekämmt wirkte, war ihm eine Woche nach dem Krieg ausgefallen; er habe es über Nacht verloren, sagte er, als er nach der Befreiung aus dem Lager Typhus bekommen habe und beinahe daran gestorben wäre. Diese Geschichte, die er kaum ein oder zwei Minuten, nachdem er der Familie im Wohnzimmer vorgestellt worden war, über sich erzählte, war für mich der erste Hinweis, daß Walter nicht zu jenen Überlebenden zählte, die ihre Erinnerungen lieber unter Verschluß halten.

Er hatte ein weiteres Glaubwürdigkeitszertifikat vorzuweisen, ehe wir zum Manuskript kamen. Es handele sich, so erklärte er mir, um die äußere Hülle eines Päckchens Zigarettenpapier, auf dessen Innenseite er einen winzigen Brief aus Auschwitz an seine Mutter gekritzelt hatte. Sie hatte sich irgendwo in Deutschland verborgen gehalten, und damit ein solcher Brief sie erreichen konnte, mußte es einiger Anstrengungen bedurft haben. Doch offenkundig hatte sie ihn bekommen, ihn aufbewahrt und mit nach Amerika gebracht, denn hier lag vor uns, in New Jersey im Jahre 1989, was 1944 die letzten Worte eines Sohnes hätten sein können.

»Gib sie mal rum«, forderte mein Vater mich auf, und so gingen Walters Personalausweis des Dritten Reiches und sein fünf Zentimeter breiter Auschwitzbrief von mir zu Claire und dann von Claire zu Seth und Ruth, die 1957 beziehungsweise 1961 geboren worden waren und von den beiden Dokumenten ebenso verwirrt zu sein schienen, wie sie es von dem redseligen Fremden mit der Nummer auf dem Arm waren. Sie gaben sie an Lil weiter, die über das Bild sagte: »Walter, Sie sehen wie ein echter *yeshiva bucher* aus«, und sie meinem Vater weitergab, der sagte: »Ich habe sie im Y schon gesehen«, und er gab sie an Ingrid mit ihrem praktischen Verstand weiter, und sie untersuchte jedes Dokument völlig neutral, als hätte man das, was sie in den Händen hielt, ihr als Identifikationspapiere übergeben, um einen Scheck einzulösen. Schließlich wurden die beiden Dokumente ihrem Besitzer zurückgegeben, der sie wieder in den Umschlag schob und als nächstes immer noch nicht die Manuskriptseiten hervorzog, sondern eine Anzahl neuerer Polaroidphotos von seinen Enkelkindern bei einer ihrer Geburtstagsparties. Auch diese nahmen ihren Weg rund um den Tisch, und erst dann brachte er aus dem Umschlag in einer durchsichtigen Plastikhülle etwa ein halbes Dutzend Probeseiten seines Buches zum Vorschein und überreichte sie mir.

»Ich arbeite auf einem Macintosh«, sagte er zu mir. »Und Sie?«

»Immer noch Schreibmaschine«, sagte ich.

Obwohl ich merkte, daß Claire alles andere als von Walters Persönlichkeit eingenommen war – als ich auf dem Heimweg im Auto fragte, was sie von Walter halte, beschrieb sie ihn als gespenstischen Exhibitionisten –, hatte nur sie am Tisch mein Gespräch mit ihm verfolgt. Mein Vater, ein Zirkusdirektor, der mit allen zugleich reden wollte, konnte sich nur von Zeit zu Zeit bei Walter und mir einschalten, und die anderen waren an Walter nicht brennender interessiert als er an ihnen. Ich selbst wußte nicht, was ich von ihm halten sollte, ob er nun jedem gegenüber so offen von seiner Vergangenheit in Auschwitz erzählte, oder ob das, was Claire als Exhibitionismus erlebte, nicht vielleicht ein wenig vom Versprechen meines Vater auf Unterstützung durch seinen Schriftstellersohn ausgelöst war, der seinen Klassen im College Bücher über die Konzentrationslager zu lesen gab.

»Ich habe es auf deutsch geschrieben«, erklärte er, als ich die Seiten aus der Hülle nahm. »Die Übersetzung habe ich selbst besorgt. Mein Deutsch ist inzwischen nicht mehr so gut, und mein Englisch, wenn ich schreibe, ist nur einigermaßen. Ich werde es meiner Tochter geben, damit sie das Englisch für mich in Ordnung bringt.« Indem er leise nur zu mir sprach, sagte er: »Ich weiß ja nicht, was meine Tochter denken wird. Sie weiß nicht, wie ich in Berlin überlebt habe. Das ist nicht gerade, wie ein Kind von seinen Eltern denkt. Sie ist natürlich eine verheiratete Frau; aber dennoch, ein Vater ...«

Und hier, was ich las: *Mein Glied war schon wieder riesig, und dabei waren wir gerade erst fertig geworden ... Die Fontäne meines Saftes ergoß sich in ihr köstliches Loch ... Ihre Lippen senkten sich auf meinen angeschwollenen Schwanz ... Ach, mach mir das nochmal, sagte sie, ach, Geliebter, nochmal ... Ihr Kleid fiel herab und entblößte Titten vor mir, die glorioser waren als die von Barbara und größer als Helens ... Ich kam ... Sie kam ... Es war ein Delirium.*

Und währenddessen, dachte ich, nahm ein Holocaust seinen Lauf.

»Nun, Phil, was hältst du davon?« fragte mein Vater. Alle am Tisch blickten in meine Richtung, niemand jedoch so ernst wie Walter.

»Bin noch nicht fertig«, sagte ich.

Sie war ausgehungert nach einem Mann, wie es nur eine Frau von fünfunddreißig Jahren in Kriegs Zeiten sein kann. Sie badete mich in ihrer Wanne. Während das Wasser abfloß, lehnte ich mich zurück. Als wäre es eine Mahlzeit mit zehn Gängen, fiel sie über meinen Penis her. Mein Sohn, sagte sie, mein Sohn. Ich war noch nie auf diese Weise verschlungen worden. Nur bei Katrina war es in etwa ähnlich gewesen. Schau ihn dir an, sagte sie, es ist ein Wunder! Ich kam schon wieder. Sie kam wieder. Ich kam wieder.

Und immer so weiter.

Als ich all die Seiten durchgelesen hatte, steckte ich sie schweigsam wieder in die Hülle. Walter sagte: »Das ist nur eine Probe.«

»Es gibt noch mehr davon?«

»Viel mehr. Ließe sich das veröffentlichen?«

»Sie sollten es erst fertigschreiben, ehe Sie sich über eine Veröffentlichung Gedanken machen.«

»Es *ist* fertiggeschrieben. Meine Tochter muß nur noch das Englisch korrigieren.«

»Was ist mit Asher?« sagte mein Vater zu mir.

Ich zuckte die Achseln. Walter wäre es natürlich nicht im Traum eingefallen, diese Seiten meinem Vater zu zeigen, noch war mein Vater auf die Idee gekommen, ihn zu bitten, sie ihm zu lesen zu geben. Er wollte ja nur einem jüdischen Opfer Hitlers und Freund aus dem Y helfen.

Mein Achselzucken, das sah ich, hatte meinen Vater irritiert - und ihm auch Rätsel aufgegeben. Hatte ich nun Interesse an Büchern über den Holocaust oder nicht?

»Gib es *mir,* Walter«, sagte er. »Ich werde mich bei Aaron Asher dafür verwenden. Was ist mit David Rieff?« wandte sich mein Vater an mich.

»Ja«, sagte ich, »es gibt ja immer noch David.«

»Habe ich seine Telephonnummer?« fragte mein Vater. »Ist es die alte Nummer?«

»Die alte Nummer.«

»Also – was hältst du nun *wirklich* davon?« fragte mein Vater noch einmal, und er konnte seine Verärgerung nicht mehr verbergen.

Ich machte eine Geste mit beiden Händen, die nichts bedeutete, begleitet von einem verbindlichen Lächeln.

»Ihr Sohn ist nicht der Mann, der sich festlegt«, sagte Walter höflich zu meinem Vater.

»Jaja ...« murmelte er angewidert und wandte sich wieder seiner *ballaboosteh* zu.

Schon zwei Tage später sagte mir mein Vater am Telephon: »Es gibt Post, die ich dir schicken will. Walter war heute Nachmittag hier. Er hat etwas für dich.«

»Dad, bitte keine weiteren Seiten von dem Buch.«

»Es ist der Mantel, von dem er dir erzählt hat. Er hat ein Photo und Informationsmaterial hiergelassen. Er will, daß ich dir das schicke.«

Nach dem Dessert hatte Walter Claire und mir erzählt, daß er den perfekten Mantel für einen Filmstar habe: »Für die Winterkollektion dieses Jahres angefertigt – etwas so Besonderes, daß es nur wenige Frauen auf der Welt tragen können. Ein fußlanger Zobel, der weicheste, leichteste Zobel, den Sie je gesehen haben, mit einem wunderbaren Schalkragen aus Sommerhermelin. Ich könnte ihn für Miss Bloom umgestalten lassen, und er wäre herrlich.« Er müßte mit Fug und Recht weit über hunderttausend Dollar kosten, so erzählte uns Walter, doch er wolle mit seinem Sohn reden, und sie würden uns einen interessanten Vorschlag unterbreiten. »Sie sind so was Besonderes, diese Felle«, fügte er hinzu, »daß überhaupt nur zwei solche Mäntel je angefertigt wurden.« »Ich nehme sie beide«, sagte ich zu ihm. »Ich fürchte, daß nur noch einer übrig ist«, antwortete Walter.

Sein humorloses Bestreben, diesen fußlangen Sommerhermelin- und Zobelmantel zu einem Schleuderpreis wegzugeben, den letzten auf der Welt und gerade das, was wir bräuchten, ließ mich an das Kapitel in *Ist das ein Mensch?* denken, in dem Primo Levi das verbotene Tauschen und Schachern unter den Gefangenen beschreibt; eine Brotration war die gängigste Zahlungseinheit, doch in einer von den SS-Baracken am weitesten entfernten Ecke des Lagers wurde mit allem gehandelt, vom zerlumpten Fetzen eines Hemdes bis hin zum Goldzahn im eigenen Mund. Konnte es nicht sein, daß Walter als junger Mann zu den schamlosesten jener Händler in Auschwitz gehört hatte, oder war der kapitalistische Eifer etwas, das er sich angeeignet hatte, als er nach Amerika kam? Ich sagte zu meinem Vater: »Dein Freund läßt sich nicht so leicht abwimmeln.«

»Weißt du, daß er vierundfünfzig Mal in Israel gewesen ist?«

»So? Was verkauft er ihnen denn?« fragte ich.

»Du Schlaumeier.«

»Das ist Walter auch, wenn ich das mal sagen darf. Er ist ein ganz übler Jude. Auch jüdisches Übel hat die Lager Gott sei Dank überlebt. Rate mal, wovon sein Buch handelt.«

»Ich werde dir das Bild von dem Mantel zuschikken.«

»Behalt es, und kauf ihn für Lil. Ich habe gesagt, sein Buchrate, wovon es handelt.«

»Nun, es handelt von seiner Lagerhaft.«

»Nein, nein«, sagte ich.

»Es handelt von seinen Tagen in Deutschland.«

»Es ist Pornographie. Hast du das gewußt?«

»Ich weiß überhaupt nichts. Ich habe nichts davon gelesen.«

»Es geht um nichts als Ficken. Auf jeder Seite. Gegen ihn sehe ich wie ein Waisenknabe aus.«

»Ach ja? Im Ernst?« Er klang einen Moment lang ein wenig schockiert.

»Deshalb habe ich nichts gesagt, als du mich gefragt hast. Ich sitze da und esse mit euch allen zu Abend, und er gibt mir diese Sache, und es ist Pornographie.« Jetzt lachte ich, und mein Vater stimmte ein.

»Und er ist erst vor einer halben Stunde weggegangen«, sagte mein Vater.

»Ja, also, die eine hat mir einen geblasen, die andere hat mit mir gefickt, ich hatte den größten Schwanz in ganz Nazideutschland.«

Wir lachten immer noch, als mein Vater sagte: »Vielleicht wird es ein Bestseller, wie *Portnoy*.«

»Gewiß doch. Ein pornographischer Bestseller über den Holocaust.«

»So etwa.«

»Nun, das wäre was Neues«, sagte ich.

»Seine Tochter lektoriert es«, sagte mein Vater.

»Da wird sie ganz schön überrascht sein.«

Er lachte immer noch ein wenig, als er sagte: »Ich habe heute diesen Stock gekauft.«

»Was für einen Stock?«

»Sandy wollte, daß ich ihn mir kaufe. Mit vier Dornen dran.«

»Und hast du ihn ausprobiert?«

»Jaja. Er gefällt mir nicht, weil man sich an ihn gewöhnt. Ich will nicht davon abhängig werden.«

»Hast du ihn auf deinen Spaziergang mitgenommen? War er eine Hilfe?«

»Jaja, gewiß. War schon eine Hilfe. Ich brauche mich nicht an Abe festzuhalten. Weil er selbst auch allmählich ein bißchen nachläßt.«

»Worüber unterhaltet ihr Knaben euch eigentlich bei euren Spaziergängen?«

»Wir kommen auf alte Zeiten zu sprechen. Die alten Komiker. Die Howard Brothers. Lou Holtz. Cantor.

Benny. Und wir singen Lieder zusammen. Abe gefällt das. Erinnerst du dich an Lou Holtz? Er hat immer gesagt: ›Vas you dere, Chollie?‹«

»Ach, *der* hat das gesagt? Ich habe mich oft gefragt. Ich sage es immer zu Claire, doch ich wußte nie, von welchem Komiker es stammte. Lou Holtz, das war vor meiner Zeit. Vas you dere, Chollie?«

»Na klar. Wir sprechen über Harry Lauder. Dann singe ich ihm ein Lied über Harry Lauder vor, und Abe fällt ein. So gehen wir jeden Tag die Straße entlang. Abe hat Harry Lauder sehr gemocht. Den schottischen Komiker. Ich bin immer hingegangen, wenn er im Palace in Newark auftrat. Er kam immer auf die Bühne und hat dieses eine Lied gesungen. Jetzt, wo ich mich daran erinnern will, fällt es mir gerade nicht ein.

Er kam immer mit einem gebogenen Stock auf die Bühne, und dann hat er dieses schottische Lied gesungen. Abe hat das Lied sehr gern. Er singt es immer. Es war immer der reine Spaß.«

»Na, da hast du also den Unterschied zwischen dem alten Newark und Berlin.«

»Jaja. Der arme Walter.«

»Der arme Walter braucht dir gar nicht leid zu tun. Er kann für sich selber sorgen. Er hat zu seiner Zeit eine Menge Spaß gehabt.«

»Ach ja? Du glaubst das Zeugs? Du glaubst die ganzen Sachen da drin?«

»Du etwa nicht?«

»Wer weiß? Vielleicht schreibt er ja einfach nur ein Buch.«

Unseren Familienplan, seinen Geburtstag in Connecticut zu feiern – wie wir es seit dem Tod meiner Mutter vor acht Jahren jeden August getan hatten –, mußten wir aufgeben, als im Verlauf des Sommers seine Gesundheit weiter nachließ. Selbst mit dem neuen vierdornigen Stock war es jetzt schlicht gefährlich für ihn, wenn er versuchte, sich in der Wohnung allein zu bewegen, geschweige denn nach draußen zu gehen. Die Singspaziergänge Arm in Arm mit Abe waren plötzlich zu Ende, und dann begann er, phasenweise Schluckschwierigkeiten zu entwickeln – besonders schwer hustete und würgte er, wenn er versuchte, Flüssigkeiten zu sich zu nehmen. Er brachte diese Schwierigkeiten mit einer verschleppten Erkältung in Verbindung, aber in Wirklichkeit hatte der sich vergrößernde Tumor begonnen, den Teil des Hirns anzugreifen, der den Schluckmechanismus steuert.

Anders als mein Vater war ich darauf nicht unvorbereitet, da Dr. Benjamin mir vor etwas mehr als einem Jahr – als ich im Krankenhaus die Hirnoperation ablehnte – prophezeit hatte, daß das Schlucken wahrscheinlich als nächstes in Mitleidenschaft gezogen würde; Ich setzte mich mit Dr. Wasserman in Verbindung, um ihn zu fragen, was man allenfalls für meinen Vater tun könne. Es wurden einige Untersuchungen angesetzt, und sie bestätigten, daß er angefangen hatte einzuatmen, was er aß, und nun Gefahr lief, sich eine Bronchialpneumonie zuzuziehen, indem Speise oder Getränke durch die Luftröhre in die Lunge gelangten. »Es wäre besser«, legte Harold Wasserman mir nahe, »er würde nicht mehr essen.« Als ich – aufgerüttelt von seinen Worten – fragte, was das denn heißen solle, erklärte Harold, daß man die Gefahr einer Lungenentzündung umgehen könne, indem man meinem Vater einen Schlauch in den Magen einführen und ihn auf diese Weise ernähren würde. Eine Gastrostomie, so heiße das. »Und was macht er mit seinem Speichel?« fragte ich. »Spuckt er aus«, war die Antwort. »Kann aber auch mit einer Maschine abgesaugt werden.«

Jetzt kommt die Rechnung, dachte ich, die Folgen davon, daß gegen die Operation entschieden wurde. »Es wird jetzt allmählich furchtbar«, sagte ich zu meinem Bruder, und in den nächsten paar Wochen ließen er und ich meinen Vater im Glauben, sein neues Problem sei auf die Erkältung zurückzuführen; bis die Schwierigkeit sich nicht dramatisch verschlimmerte – und wir waren sicher, daß das bald genug geschehen würde –, wollten wir ihn nicht noch zusätzlich belasten, indem wir ihn über die wahre Ursache seiner Beschwerden aufklärten. Er schien jedoch selber zu spüren, daß es sich um etwas Ernstes handelte, denn als ich ihn am Telephon fragte, ob ihm das Essen ein wenig leichter falle, fing er an zu leugnen, daß es überhaupt schwierig geworden war. »Ich kann einfach nur keine süßen Flüssigkeiten trinken«, »das Essen ist einfach nur zu heiß« und so weiter. »Es kommt Schleim hoch«, sagte er, »aufgrund meiner Erkältung. Ich werde mir nicht die Kehle operieren lassen.« »Kein Mensch schlägt eine Operation vor. Aber du scheinst doch ein kleines Problem mit dem Schlucken zu haben.« »Habe ich nicht. Mir geht's gut.«

Mittlerweile war es Sommer geworden, und ich pflegte jeden Morgen in der Frühe in den Hügeln von Connecticut einen raschen Spaziergang von vier Meilen zu machen, während es noch kühl war, und am späten Nachmittag pflegte ich nach der Tagesarbeit an einem Roman, der kurz vor der Fertigstellung stand, im Swimming-pool dreißig Minuten zu schwimmen. Trotz der Sorgen um meinen Vater hatte ich mich seit Jahren nicht so gesund gefühlt, und daß das Ende der Überarbeitung von *Deception,* meinem neuen Roman, in Sicht war, verschaffte mir die glückliche Erleichterung, die die Fertigstellung eines Buches immer mit sich bringt. Doch als ich Anfang August eines Nachmittags schwimmen wollte, geschah etwas Unerwartetes, nur diesmal nicht mit meinem Vater, sondern mit mir – nach einer locker geschwommenen Hin- und Rückbahn wollte mir schier der Kopf platzen, mein Herz schlug wie verrückt, und ich konnte kaum wieder zu Atem kommen. Ich klammerte mich an den Beckenrand und sagte mir: »Es ist ein Angstzustand. Wovor hast du solche Angst?« – die Art von Frage, welche nicht zu stellen Menschen mit körperlichen Malaisen vor dem Aufkommen der Psychosomatik vernünftig genug waren. Was meinem Vater bevorstand, hatte mich mehr als nur moralisch angegriffen: ich fühlte mich jämmerlich, so sagte ich mir, weil sein monatelanges Elend mit dem Hirntumor jetzt auf den Höhepunkt zutreiben sollte, da man ihm auf Dauer einen Ernährungsschlauch in den Magen einführen würde.

Meine Diagnose war falsch. Ich fühlte mich jämmerlich nach nur einer Hin- und Rückbahn, weil sich im Verlauf von sechsundfünfzig Jahren nahezu jede größere Herzarterie zu achtzig bis hundert Prozent verstopft hatte und ich nicht weit von einem äußerst schweren Herzinfarkt war. Vierundzwanzig Stunden, nachdem ich um Luft ringend aus dem Swimmingpool geklettert war, wurde ich vor dem Herzinfarkt bewahrt – und davor, meinem Vater ins Grab voranzugehen – und ihm blieb erspart, mich beerdigen zu müssen – man hatte mir in einer Notoperation einen fünffachen Bypass gemacht.

Als sich in der Nacht vor der Operation um zwei Uhr morgens die Symptome alarmierend verschlimmerten und etwa ein halbes Dutzend Nachtwachen, Pfleger und Krankenschwestern geschäftig um die Apparate zu kreisen begannen, die meinen sich verschlimmernden Zustand überwachten, rief man den Chirurgen an, ob er nicht seinen Plan ändern und sofort operieren wolle. Mir wurde bewußt, daß ich mit meinem Vater niemals direkter einsgewesen war als in diesem Moment: seit dem College, als ich ihn heimlich mit mir ins Seminar schmuggelte, ihn, den intellektuellen Homunkulus, für dessen Entwicklung ich mich ebenso verantwortlich fühlte wie für meine eigene, war unser beider Leben nicht mehr so – wenn schon nicht identisch – eng miteinander verknüpft und auf gespenstische Weise austauschbar gewesen. Hilflos inmitten dieses kleinen medizinischen Aufruhrs sah ich durch einen erhellenden Schock der Unausweichlichkeit ins Auge, von der für ihn jetzt jede Sekunde seiner Existenz umzingelt war.

Der Unterschied war natürlich der, daß ich mich *nach* der Operation neugeboren fühlte – neugeboren und zugleich, als hätte ich selbst geboren. Mein Herz, das vor der Operation einige Jahre offensichtlich mit nur zwanzig Prozent seiner normalen Blutzufuhr funktioniert hatte, wurde jetzt von so viel Blut durchströmt, wie es sich nur wünschen konnte. Ich lächelte des Nachts im Krankenhaus vor mich hin, wenn ich mir mein Herz als kleinen Säugling vorstellte, der sich an dem Blut päppelte, das nun ungehindert durch die meinem Bein entnommenen, frisch verpflanzten Arterien strömte. So, dachte ich, muß das erregende Gefühl sein, wenn man seinen eigenen Säugling nährt – der scharfe, trommelartige postoperative Herzschlag war nicht der meine, sondern *seiner.* Stimmlos, damit es die Nachtschwester nicht hörte, flüsterte ich jenem Baby zu: »Saug, ja, saug, saug nur immerfort, es gehört dir, es ist alles deins, nur für dich ...«, und niemals in meinem Leben bin ich glücklicher gewesen.

Ich weiß nicht, in welchem Maße diese wiederkehrende Phantasievorstellung und die damit verbundene Litanei eine Folge der Euphorie war, daß man mir das Leben gerettet hatte, und in welchem Maße es sich um die noch verbliebenen Nachwirkungen einer fünfstündigen schweren Anästhesie handelte, doch in den ersten paar Nächten, als der Schmerz in meiner Brustwand längeren Schlaf unmöglich machte, bescherte mir der Gedanke, daß ich mein eigenes neugeborenes Herz säugte, viele Stunden höchst intensiven Genusses, Gelegenheiten, während derer ich keinerlei Einbildungskraft bemühen mußte, um auf androgyne Weise an köstlichsten Mutterfreuden teilzuhaben. Wenn ich jetzt zurückblicke, dann kommt es mir so vor, als wäre ich in den überschwenglichen Träumereien jener ersten postoperativen Nächte einem Double meiner eigenen, stillenden Mutter ebenso nahe gewesen, wie ich mich während der angsterfüllten, Ungewissen Stunden am Vorabend der Bypass-Operation in meinen hinfälligen Vater *hineinversetzt,* mit ihm austauschbar – ja, als rituelles Ersatzopfer für ihn – gefühlt hatte, für ihn, der am

Eßtisch an seiner Sterblichkeit würgte. Ich war als Herzpatient in jenem Bett nie allein: ich war eine vierköpfige Familie.

Ich hatte gehofft, diese Nachricht vor meinem Vater geheimhalten zu können, bis ich wieder völlig hergestellt war – oder sogar für immer, falls sich das bewerkstelligen ließ –, doch es war unmöglich. Am Donnerstagabend vor der Operation – ein paar Stunden, ehe es mir plötzlich schlechter ging – hatte ich ihn von meinem Bett in der Herzstation aus angerufen; ich hatte so getan, als wäre ich zu Hause in Connecticut, und ihm erzählt, daß man mich in letzter Minute gebeten habe, bei einem literarischen Symposion für einen Schriftsteller einzuspringen, der krank geworden sei, und daß ich das ganze Wochenende in New Haven sein würde, vermutlich ohne ein Telephon zur Verfügung zu haben, bis ich Sonntagabend wieder zu Hause wäre. »Wieviel zahlen sie dir?« fragte er. »Zehntausend Bucks«, sagte ich, wobei ich eine etwas überhöhte Zahl aus dem Stegreif erfand, die ihm sicherlich gefallen und ihn – wie ich zurecht annahm – von weiteren Fragen ablenken würde. »Nicht schlecht«, sagte er, wobei er aber meinte, daß ich durchaus nicht weniger verdient hätte. Schon etwa sechzig Stunden nach der Operation rief ich am Sonntagabend wieder an und erklärte, wenn meine Stimme schwach sei, so deswegen, weil ich beim Symposion das ganze Wochenende über geredet hätte. »Haben sie bezahlt?« »Da kannst du drauf wetten. In einzelnen Scheinen. Sie sind mit einer Schubkarre angekommen.« »Na also«, antwortete er lachend, »dann war das ja ein einträgliches Wochenende.«

Während der nächsten paar Tage überzeugte ich ihn weiterhin jeden Morgen am Telephon, daß ich mein normales Leben führte – das heißt, bis das Öffentlichkeitsbüro des Krankenhauses eines Nachmittags in meinem Zimmer anrief, um mir mitzuteilen, daß sie soeben von den *News* und der *Post* Anrufe erhalten hätten, in denen nach Einzelheiten über mich gefragt wurde. Die Öffentlichkeitsbeauftragte versicherte mir, sie habe keinerlei Informationen gegeben, doch müsse ich damit rechnen, daß wahrscheinlich dennoch etwas in der Zeitung stehen würde. Aus Angst davor, was geschehen könnte, falls mein Vater, gebrechlich und anfällig, wie er nun war, unvorbereitet am nächsten Tag in einer Klatschspalte auf die Nachricht stieße – oder es von jemand anderem erführe, der ihn anriefe, um mit ihm über das zu sprechen, was er gerade in der Zeitung über mich gelesen habe –, nahm ich alle meine Kräfte zusammen und rief in New Jersey an.

Als ich ihm erzählte, daß ich eine erfolgreiche Bypass-Operation hinter mir hatte (fürs erste ließ ich das Wort *fünffache* weg), konnte er sich einen Moment lang gar nicht fassen.

»Aber mit wem habe ich dann gesprochen?«

Ich erklärte, daß ich selbst es gewesen war, der ihn, gerade wie ich es jetzt eben auch täte, vom Krankenhausbett aus angerufen hatte. Ich versicherte ihm, daß ich ausgezeichnete Fortschritte machte, und erzählte, daß der Arzt erwarte, mich in einer Woche nach Hause entlassen zu können.

Da wurde er zu meiner Überraschung wütend. »Weißt du noch, als du im College warst und Mutter die Operation hatte und wir dir nichts gesagt haben? Weißt du noch, was du da gesagt hast, als du es herausfandest?«

»Nein, weiß ich nicht mehr.«

»Du hast gesagt: ›Sind wir eine Familie oder sind wir keine Familie?‹ Du hast dich aufs hohe Roß gesetzt. Du hast gesagt: ›Versucht bloß nicht noch einmal, mich zu „verschonen".‹ Du hast uns wirklich scharf zurechtgewiesen.«

»Hör mal, dir geht es sicher nicht schlechter, weil du nicht schwitzen mußtest, während ich im Operationssaal war.«

»Wie lange bist du im Operationssaal gewesen?«

Ich sagte es ihm, wobei ich ein paar Stunden wegließ. »Und diese Wartezeit brauchtest du wirklich nicht«, sagte ich. »Du hast im Moment genug, mit dem du fertigwerden mußt.«

»Das hast nicht du zu entscheiden.«

»Herm, ich habe es aber entschieden«, sagte ich mit einem Lachen, um zu versuchen, die Dinge etwas heller erscheinen zu lassen.

Doch er blieb ernst – sogar drohend. »Also, mach das nie wieder«, ermahnte er mich, als hätten wir das ganze Leben noch vor uns.

Während des Krankenhausaufenthaltes und während der ersten paar Wochen meiner langsamen Genesung zu Hause betete ich jeden Tag und jede Nacht direkt zu ihm. »Stirb nicht. Stirb nicht, ehe ich wieder zu Kräften gekommen bin.

Stirb nicht, ehe ich es nicht rechtmachten kann. Stirb nicht, solange ich hilflos bin.« Am Telephon vom Krankenhaus aus mußte ich mich manchmal zwingen, es nicht laut zu ihm zu sagen. Ich glaube

heute, daß er verstanden hat, worum ich ihn still gebeten habe.

»Wie geht es *dir?*« fragte ich ihn immer. »Mir?«
antwortete er – »mir geht's großartig. Ich habe Abe
eine Geburtstagsparty zum Vierundneunzigsten gegeben. Ingrid hat Schweinerollbraten und Petersilien-
kartoffeln gemacht. Seth und Ruth waren da, Rita,
Abe, Ingrid, ich und Lil. Es war sehr gelungen. Abe
kann essen, Gott segne ihn. Er kann gehen und er kann
essen, und am nächsten Tag hat er sich sogar an die
Party erinnert.«

Etwa sechs Wochen später, als ich in der Lage war,
zu Besuch hinüberzufahren, überraschte er mich wieder, wenn auch diesmal, indem er sich auf beinahe
kindische Weise apologetisch gebärdete. Ich konnte
mir nicht vorstellen, was ihm solchen Kummer gemacht hatte, zum Teil, weil ich selbst so entsetzt war
über die Veränderungen, die mit ihm vorgegangen
waren, seit ich das letzte Mal dort gewesen war. Es
war, so würde ich sagen, als wäre inzwischen ein Jahr
vergangen – wenn ich nicht ebenso leicht bei seinem
Anblick hätte sagen können, daß es ein ganzes Leben
war. Er, der Abe eine Geburtstagsparty zum Vierundneunzigsten gegeben hatte, war selbst zu einem der
Alten geworden, deren Alter nicht mehr einschätzbar

ist, er war kaum noch mehr als ein zusammengesunkenes Etwas mit eingefallenem Gesicht, mit schwarzer Augenklappe und völlig untätig dasitzend, selbst für mich kaum wiederzuerkennen. Wie er so an seinem gewohnten Platz am Ende des Sofas hockte, schien es unwahrscheinlich, daß er sich überhaupt noch von der Stelle rühren konnte, ohne daß man ihm auf die Füße half. Eine schmerzende Zehe, die er sich einen Monat zuvor gebrochen hatte – er hatte wieder im Badezimmer das Bewußtsein verloren und war gestürzt –, fing gerade erst zu heilen an. Später sah ich, daß er sich auch mit Hilfe seines nagelneuen Gehstockes allein kaum noch weiter als einen oder zwei Schritte fortbewegen konnte.

Auf dem Schreibtisch gegenüber dem Sofa stand die Vergrößerung des zweiundfünfzig Jahre alten Schnappschusses, der mit einer Box-Kamera am Jersey-Ufer aufgenommen worden war – dasselbe Photo stand auch zu Hause bei meinem Bruder und bei mir gerahmt an einem würdigen Platz. Ein Roth hinter dem anderen posieren wir in Badehose im Hof beim Ferienhaus in Bradley Beach, wo unsere Familie jeden Sommer einen Monat lang ein Schlafzimmer mit Küchenbenutzung mietete. Es ist August 1937. Wir sind vier, neun und sechsunddreißig. Wir drei erheben uns zu einem großen V, wobei meine winzigen Sandalen die untere Spitze, und die Breite der stämmigen Schultern meines Vaters – dazwischen befindet sich Sandys spitzes, helles Gesicht genau in der Mitte – die eindrucksvollen Seitenstriche des Buchstabens bilden. Ja, V für Victory steht über das ganze Bild geschrieben: für Victory, für Vacation [Ferien], für aufrechte, ungebeugte Vertikalität! Da sind wir, die männliche Linie, ungebremst und glücklich, aufsteigend von Geburt zur Reife!

Die robuste Stämmigkeit des Mannes auf dem Photo mit der Hinfälligkeit auf dem Sofa zu einem einzigen Bild zu vereinigen, war unmöglich, und doch auch wieder nicht. Der Versuch, mittels all meiner Gemütskraft die beiden Väter miteinander zu verbinden und zu einem zu machen, war eine beklemmende, ja höllische Aufgabe. Und doch hatte ich plötzlich das Gefühl (oder ich erweckte in mir das Gefühl), als könne ich mich an gerade den Moment vor über einem halben Jahrhundert, da das Photo aufgenommen wurde, ganz genau erinnern (oder ich erweckte in mir die Einbildung, ich könne mich erinnern). Ich konnte sogar glauben (oder in mir den Glauben erwekken), daß unser Leben nur scheinbar durch die Zeit gesickert war, daß eigentlich alles simultan geschah, daß ich ebensosehr wieder dort in Bradley war, wo er über mir aufragte, wie ich mich hier in Elizabeth befand, wo er fast völlig gebrochen zu meinen Füßen saß.

»Was ist denn?« fragte ich, als ich bemerkte, daß mein bloßer Anblick ihn so erregte, daß er hätte weinen können. »Dad – mir geht's wieder gut«, sagte ich. »Das sieht man doch. Schau mich an. *Schau.* Dad, was ist los?«

»Ich hätte dort sein sollen«, sagte er mit brechender Stimme, wobei die Worte kaum noch Worte waren, so hatte die Lähmung seinen Mund zugerichtet. »Ich hätte dort sein sollen!« wiederholte er, diesmal voller Zorn.

Er meinte, im Krankenhaus an meiner Seite.

Er starb drei Wochen später. Während einer zwölfstündigen Agonie, die am 24. Oktober kurz vor Mitternacht einsetzte und kurz nach Mittag des folgenden Tages endete, kämpfte er um jeden Atemzug mit einem ehrfurchtgebietenden Ausbruch, einer letzten Entfaltung seiner lebenslangen beharrlichen Zähigkeit. Man muß das gesehen haben.

Als ich früh am Morgen seines Todes in der Notaufnahme des Krankenhauses ankam, in die er von seinem Schlafzimmer zu Hause mit dem Krankenwagen gebracht worden war, fand ich mich einem diensthabenden Arzt gegenüber, der sich anschickte, »außerordentliche Maßnahmen« einzuleiten und ihn an eine Beatmungsmaschine anzuschließen. Ohne dieselbe gebe es keine Hoffnung mehr, wenn auch die Maschine, das erübrige sich zu sagen – so fügte der Arzt hinzu –, das Fortschreiten des Tumors nicht rückgängig machen würde, der jetzt offenbar das Atemzentrum anzugreifen begonnen habe. Der Arzt informierte mich auch darüber, daß die Maschine, wenn mein Vater erst einmal angeschlossen sei, vom Gesetz her nicht mehr abgeschaltet werden dürfe, bis er wieder aus eigenen Kräften die Atmung aufrechterhalten könne. Es mußte sofort eine Entscheidung getroffen werden, und zwar, da mein Bruder noch mit dem Flugzeug aus Chicago unterwegs war, von mir allein.

Und ich, der ich meinem Vater die Vorkehrungen der Patientenverfügung erklärt und ihn dazu gebracht hatte, sie zu unterzeichnen, ich wußte nicht, was ich tun sollte. Wie konnte ich diese Maschine ablehnen, wenn sie doch bedeutete, daß er dann diesen quälenden Kampf um den Atem nicht länger durchzumachen brauchte? Wie konnte ich die Entscheidung auf mich nehmen, daß es mit dem Leben meines Vaters ein

Ende haben solle, ein Leben, das uns doch nur ein einziges Mal gegeben ist? Weit entfernt davon, mich auf die Patientenverfügung zu berufen, war ich sogar nahe daran, sie zu ignorieren und zu sagen: »Tut doch was! Egal was!«

Ich bat den Arzt, mich mit meinem Vater allein zu lassen, oder immerhin so allein, wie er und ich das inmitten der Hektik der Notaufnahme eben sein konnten. Während ich dort saß und ihm zusah, wie er sich abquälte, um weiter zu leben, versuchte ich, mich darauf zu konzentrieren, was der Tumor bei ihm schon angerichtet hatte. Das war nicht weiter schwer in Anbetracht der Tatsache, daß er auf dem Krankenbett aussah, als hätte er hundert Runden mit Joe Louis hinter sich. Ich dachte an das Elend, das unausweichlich noch kommen würde, vorausgesetzt, er konnte überhaupt mit einer Beatmungsmaschine am Leben erhalten werden. Ich sah das alles, alles, und dennoch mußte ich eine sehr lange Zeit dort sitzen, ehe ich mich zu ihm hinbeugte, so nahe ich konnte, um es schließlich, die Lippen an seinem eingesunkenen, zerstörten Gesicht, über mich zu bringen zu flüstern: »Dad, ich muß dich wohl gehen lassen.« Er war seit einigen Stunden nicht mehr bei Bewußtsein und konnte mich nicht hören, doch erschüttert, erstaunt und weinend wiederholte ich ihm das immer wieder, bis ich es selbst glaubte.

Danach konnte ich nichts weiteres tun als seinem Krankenbett bis in das Zimmer zu folgen, wo sie ihn unterbrachten, und an seinem Bett zu sitzen. Sterben ist Arbeit, und er war ein Arbeiter. Sterben ist schrecklich, und mein Vater starb. Ich hielt seine Hand, die sich wenigstens immer noch wie seine Hand anfühlte; ich streichelte ihm die Stirn, die wenigstens immer noch wie seine Stirn aussah; und ich sagte alle möglichen Dinge zu ihm, die er nicht mehr wahrnehmen konnte. Zum Glück gab es nichts, was ich an jenem Morgen zu ihm sagte, das er nicht schon wußte.

Später an jenem Tag stieß mein Bruder am Boden einer Schreibtischschublade im Schlafzimmer meines Vaters auf eine flache Schachtel, die zwei sauber gefaltete Gebetsschals enthielt. Von ihnen hatte er sich nicht getrennt. Sie hatte er nicht fortgeschafft in den Umkleideraum des Y oder einem seiner Großneffen gegeben. Den älteren Tallith nahm ich mit nach Hause, und in dem anderen beerdigten wir ihn. Als der Leichenbestatter uns in der Wohnung aufforderte, einen Anzug für ihn auszusuchen, sagte ich zu meinem Bruder: »Einen Anzug? Er geht doch nicht ins Büro. Nein, keinen Anzug – das wäre unsinnig.« Er sollte in einem Leichentuch begraben werden, sagte ich und dachte daran, daß so seine Eltern begraben worden waren und daß Juden traditionell so begraben werden. Doch als ich es sagte, fragte ich mich, ob ein Leichentuch nicht noch unsinniger wäre – er war nicht orthodox, und seine Söhne waren überhaupt nicht religiös – und ob es nicht vielleicht prätentiös literarisch und darüber hinaus ein wenig hysterisch frömmelnd wäre. Ich dachte, wie bizarr unpassend ein städtischer Erdenbürger wie mein Vater, der Versicherungsagent, ein robuster Mann, der sein ganzes Leben lang in der Alltäglichkeit verwurzelt war, in einem Leichentuch aussehen würde, während ich zugleich doch verstand, daß das die ausschlaggebende Idee war. Doch da sich mir niemand widersetzte und da ich nicht die Kühnheit besaß zu sagen: »Beerdigen Sie ihn nackt«, benutzten wir das Leichentuch unserer Vorfahren, um seinen Leichnam zu bekleiden.

Ich träumte, ich stünde auf einer Landungsbrücke inmitten einer Gruppe unbegleiteter Kinder, die vielleicht darauf warteten, evakuiert zu werden, vielleicht aber auch nicht. Die Landungsbrücke befand sich in Port Newark, doch einem Port Newark von vor etwa fünfzig Jahren, wohin ich von meinem Vater und meinem Onkel Ed mitgenommen worden war, um die Schiffe zu sehen, die in der Bucht vor Anker lagen, welche sich in der Ferne zur Freiheitsstatue und zum Atlantik hin öffnete. Als Kind war es immer eine Überraschung für mich gewesen, wenn mir ins Bewußtsein kam, daß Newark eine Küstenstadt war, da der Hafen jenseits des Marschlandes lag, hinter dem neuen Flugfeld von Newark und fern vom Leben in den Wohnvierteln. Zum Hafen mitgenommen zu werden und dann zu den Werften, um an den Schiffen emporzusehen und hinaus aufs Meer jenseits der Bucht, bedeutete, momentweise mit einer geographischen Unermeßlichkeit in Berührung zu kommen, die man sich nicht vorstellen konnte, wenn man mit den kleinen Spielkameraden auf unserer heimeligen, stammesmäßigen Straße von Zweieinhalbfamilienhäusern Ball spielte.

In diesem Traum trieb ein Schiff, ein mittelgroßes, schwer gepanzertes, schlachtengraues Schiff, eine Art alter amerikanischer Kriegsfregatte, die ihrer Bewaffnung entledigt und völlig manövrierunfähig war, unmerklich auf den Strand zu. Ich erwartete, daß mein Vater sich auf dem Schiff befand, daß er irgendwie zur Mannschaft gehörte, doch an Bord rührte sich kein Leben und es gab nirgends ein Anzeichen, daß

324

irgend jemand das Kommando gehabt hätte. Der totenstille Anblick, Bildnis der Folge einer Katastrophe, war erschreckend und unheimlich: die gespenstische Masse eines Schiffes, durch irgendeine Katastrophe aller Lebewesen beraubt, das auf den Strand zuhielt, allein von der Strömung gesteuert, und wir auf der Landungsbrücke, die wir vielleicht Kinder waren, die zur Evakuierung versammelt waren, oder vielleicht auch nicht. Die Stimmung war herzzerreißend, genau wie sie es damals gewesen war, als ich zwölf Jahre alt war und Präsident Roosevelt nur wenige Wochen vor dem Triumph des Siegestags an einem Schlaganfall starb. In schwarzes Tuch gehüllt war der Eisenbahnzug, der F.D.R.s Sarg von Washington zum Hyde Park brachte, mit rumpelnder Feierlichkeit durch die trauernde Menge gefahren, die sich downtown zusammengedrängt neben den Gleisen aufgestellt hatte – und weihte während jener schweigenerfüllten Sekunden auf seiner Reise nach Norden selbst das werktägliche Newark. Schließlich wurde der Traum unerträglich, und ich erwachte, verzweifelt und verschreckt und traurig – und da verstand ich, daß es nicht darum ging, daß mein Vater an Bord des Schiffes war, sondern daß mein Vater das Schiff *war*. Und evakuiert zu werden war physiologisch eben das: ausgetrieben, hinausgeschleudert, geboren zu werden.

Ich lag bis zum Morgengrauen wach. Der Traum hatte meinen Schlaf nur wenige Stunden vor dem Morgen gegen Ende Juli gestört, als mein Vater die zweite Kernspintomographie seines Gehirns machen lassen sollte. Dr. Benjamin hatte die Aufnahmen verordnet, nachdem ich Harold Wasserman gebeten hatte, sich wegen der Schluckbeschwerden meines Vaters mit Dr. Benjamin in Verbindung zu setzen. Ich rief ihn an, nachdem er von der Kernspintomographie nach Hause gekommen war, und als ich fragte: »Wie ist es gegangen?«, antwortete er: »Alte Leute, junge Leute, gesund aussehende Leute, krank aussehende Leute – und alle dort haben irgend etwas in sich.«

Am Vorabend jener zweiten Kernspintomographie vom Tod meines Vaters zu träumen, war ja nichts Besonderes, und ebensowenig war es die Gestaltgebung, die der Traum seinem Körper hatte angedeihen lassen. Ich blieb im Bett liegen, bis es hell wurde, und dachte an all das, was an Familiengeschichte in dem Ausschnitt eines Traumstummfilms zusammengedrängt war: nahezu jedes bedeutende Thema seines Lebens war darin enthalten, alles, was für uns beide von Wichtigkeit war, angefangen bei der Atlantiküberquerung seiner einwandernden Eltern auf dem Zwischendeck, fortgesetzt über sein zermürbendes Bestreben, vorwärts zu kommen, über den Kampf, um aufzuholen gegen so viele widrige Kräfte – als Junge armer Eltern, dem eine ernsthafte Ausbildung fehlte, als jüdische Arbeitskraft in dem nichtjüdischen Versicherungskoloß –, und endend mit seiner Verwandlung in ein durch den Hirntumor geschwächtes Wrack.

Das blind auf den Strand zutreibende untüchtige Kriegsschiff ... das ist kein Bild meines Vaters gegen Ende seines Lebens, wie es mein hellwacher Verstand mit seinem Widerwillen gegen jammervolle Metaphorik und poetisch aufgeladene Analogien so leicht zugelassen hätte. Statt dessen war es der Schlaf, der mir in seiner Weisheit freundlicherweise diese kindisch einfache Vision lieferte, die so reich war an Wahrheit und meinen eigenen Schmerz so treffend in der Gestalt eines kleinen, vaterlosen Evakuierten in den Docks von Newark kristallisierte, so erschüttert und voller Trauer, wie es einst die gesamte Nation beim Ableben eines heldenhaften Präsidenten gewesen war.

Etwa sechs Wochen später kam er dann eines Nachts gegen vier Uhr morgens in einem weißen Leichentuch mit Kapuze, um mich zu tadeln. Er sagte: »Ich hätte in einem Anzug beerdigt werden sollen. Du hast es falsch gemacht.« Ich wachte schreiend auf. Alles, was aus seinem Leichentuch hervorlugte, war das Mißvergnügen auf seinem toten Gesicht gewesen. Und seine einzigen Worte waren ein Tadel: ich hatte ihm für die Ewigkeit die falschen Kleider angezogen.

Am Morgen wurde mir klar, daß er auf dieses Buch angespielt hatte, an dem ich, in Übereinstimmung mit der Unschicklichkeit meines Berufes, während seiner Krankheit und seines Sterbens die ganze Zeit über geschrieben hatte. Der Traum sagte mir, daß ich, wenn schon nicht in meinen Büchern oder in meinem Leben, zumindest in meinen Träumen ewig als sein kleiner Sohn leben würde, mit dem Gewissen eines kleinen Sohnes, so wie er dort lebendig bleiben würde, nicht nur als mein Vater, sondern als *der* Vater, der zu Gericht sitzt über alles, was immer ich tue.

Du sollst nichts vergessen.